Peter Weghorn
Lothar Lachner

Rattenfänger in Designerklamotten

›wie Strukturvertriebe arbeiten‹

UEBERREUTER

Die Deutsche Bibliothek - CIP-Einheitsaufnahme

Weghorn, Peter:
Rattenfänger in Designerklamotten: wie Strukturvertriebe
arbeiten; warum es sie gibt, Arbeitsweise, faule Tricks &
Manipulation / Peter Weghorn ; Lothar Lachner. - Wien:
Ueberreuter, 1996
  ISBN 3-7064-0192-4
NE: Lachner, Lothar:

Für den Inhalt verantwortlich: Peter Weghorn, mit Ausnahme des Kapitels über
das „Handelsvertreterrecht", das von Lothar Lachner verfaßt wurde.

S 0174   1 2 3 4 / 99 98 97 96

Inhalt

Vorwort

Jeder, der dieses Buch liest, wird sich fragen, warum ein ehemaliger Generalrepräsentant und Mitarbeiter der Stufe 6 ein derartiges Buch schreibt. Die Antwort ist relativ einfach. Nicht die Wandlung vom Saulus zum Paulus oder gar Gewissensbisse, sondern die Tatsache, daß es praktisch keine qualifizierte Literatur darüber gibt, haben mich bewogen, Licht ins Dunkel der Arbeitsweise von Strukturvertrieben zu bringen. Erstaunlicherweise ist dieses Buch ehrlicher geworden, als es zuerst geplant war.

Jeder, der es liest, wird sich selbst die Frage beantworten, ob er es mit Blendern und Scharlatanen zu tun hat, oder mit Leuten, die aus Menschen, einfachen Bürgern, gutverdienende Persönlichkeiten formen. Auch bei Trägern von Nadelstreifanzügen können Sie Gefahr laufen, einem Rattenfänger auf den Leim zu gehen.

Dieses Buch beschreibt Strukturvertriebe: wie sie funktionieren, was hinter den Kulissen abläuft und wie die Strukturvertriebsrealität bei den meisten aussieht. Die Umsatzzahlen (das Neugeschäft) können dabei keinesfalls als „Erfolgsmaßstab" angesehen werden.

Das Buch ist so aufgebaut, daß ein interessierter Leser ein für ihn interessantes Kapitel lesen kann, ohne auf irgendwelche Vorkapitel zurückgreifen zu müssen.

Empfehlenswert ist es allerdings, zuerst das Kapitel Strukturvertrieb und dann jenes über „Faule Tricks" zu lesen.

Da dieses Buch ein Konzentrat darstellt, ist auf weitschweifige Ausführungen zu Spezialthemen verzichtet worden.

Der Strukturvertrieb

WAS IST EIN STRUKTURVERTRIEB?

Allein der Begriff „Struktur" weist auf eine straffe Organisations-
form mit klar definierten Spielregeln hin. Strukturvertriebe gibt
es schon sehr lange und dürften in den USA ihre Ursprünge haben.

Organisationen wie Amway oder Avon sind heutzutage fast jedem bekannt. Spätestens aber nach dem Zusammenbruch der IOS
ist auch in Deutschland klargeworden, wohin sich solche Orga-
nisationsformen bewegen können. „Überlebende" des **IOS**-De-
sasters haben dann auch Organisationen wie die **HMI** (Dr. Kunkler
†, Hamburg-Mannheimer Versicherung) oder die **Deutsche Vermögensberatung** (Dr. Pohl, Aachener & Münchner Versicherung)
groß gemacht. Neben diesen existieren die Objektive-
VermögensBeratung (seit den 60er Jahren mit Otto Witschier) als
Allfinanzkonzern (Deutscher Ring), die **Bonnfinanz** (Deutscher
Herold – Deutsche Bank) und der AllgemeineWirtschaftsDienst
(Carsten Maschmeyer früher OVB, Hauptvertriebspartner Trans-
leben/Nürnberger/Allianz Lebensversicherung), um nur die Großen
der Branche zu nennen.

Gerade in der „Finanzdienstleistungsbranche" gibt es auch sehr
viele kleinere Strukturvertriebe mit z. T. obskuren Bezeichnungen. Meist verbirgt sich hinter diesen Organisationen mehr oder
weniger der Vertrieb von Lebensversicherungsprodukten, da diese
die meiste Provision im Allfinanzdienstleistungssektor (bis auf Immobilien) abwerfen.

Auch in anderen Bereichen, wie in der Kosmetik-, Haushalts-
mittel-, Staubsauger- (wer kennt nicht das klassische Beispiel vom

Vorwerkvertreter), Heizungs-, Immobilien- und Bücherbranche (Bertelsmann), um nur einige wenige Beispiele zu nennen, sind Strukturvertriebe gerne praktizierte Vertriebsformen. Allein in Deutschland dürften Hunderttausende – wenn nicht Millionen – Menschen in Strukturvertrieben als Mitarbeiter tätig sein. Ganz zu schweigen von den Millionen, die schon einmal auf eine derartige Tätigkeit angesprochen worden sind.

Immer wenn es darum geht, simple Produkte und Finanzdienstleistungen im großen Stil an den Mann zu bringen, wird auf Strukturvertriebe zurückgegriffen mit dem Ziel, innerhalb kürzester Zeit möglichst viele Neukunden zu akquirieren (gewinnen).

Das System, das diese Vertriebsform trägt, ist vom Grundsatz her äußerst einfach. In jeder großen Rettungsorganisation (z. B. Johanniter Unfallhilfe) findet es bei Katastrophenfällen Anwendung. Ein Retter ruft drei weitere Retter an, diese handeln ebenso und so fort, bis Tausende im Notfall einsatzbereit sind (s. Abb. 1).

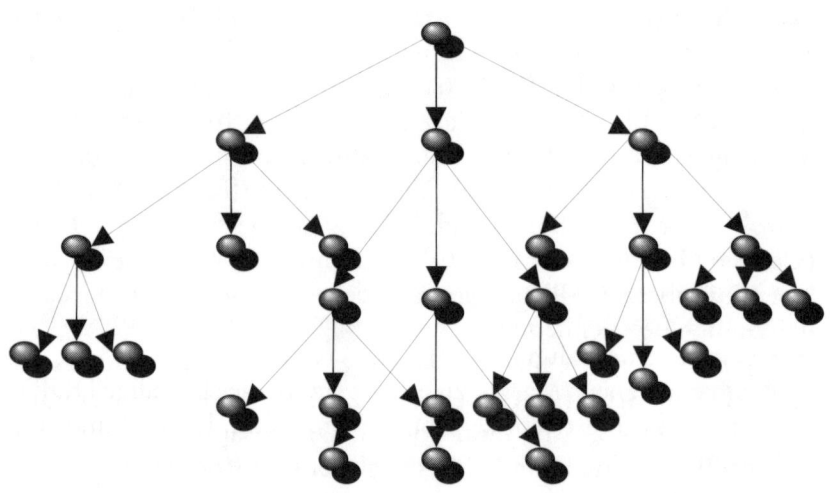

Abb. 1 Schneeballsystemeffekt

Diese Kettenreaktion wird auch als Schneeballsystem bezeichnet, da ein Schneeball eine Lawine auslösen kann.

Es wird allerdings an dieser Stelle darauf hingewiesen, daß Systeme, die als Schneeballsysteme bezeichnet werden, häufig eine kriminelle Qualität besitzen. Strukturvertriebe sind im Gegensatz dazu eine legale Vertriebsform.

Andere Bezeichnungen sind z. B. Pyramidensystem, MLM (Multilevelmarketingsystem) oder Strukturvertrieb.

Am Beispiel des Kettenbriefsystems, das in regelmäßigen Abständen immer wieder in verschiedenen Varianten auftaucht, ist dieses System sehr gut zu studieren. Kettenbriefe sind Briefe, die an beliebige Personen mit dem Ziel verschickt werden, daß die Empfänger wiederum z. B. fünf Briefe versenden. Dabei ist ein bestimmter Betrag zu bezahlen, welcher theoretisch auf Grund des Schneeballsystemeffekts schnell anwachsen sollte. Der Absender steigt dabei in einer vorgegebenen Hierarchie auf. Tatsächlich ist es aber so, daß die Initiatoren von Kettenbriefen selbst die Top-Positionen schon belegt haben und somit die einzigen großen Gewinner sind. Trotz aller Warnungen beteiligen sich immer wieder sehr viele Menschen daran, da sich jeder schnell das große Geld erhofft. *Bei Betrachtung der Pyramidenstruktur erkennt man aber, daß nur wenige das große Geld machen und die Masse Gefahr läuft, einen Totalverlust zu erleiden.*

Strukturvertriebe versuchen also, ihre Produkte über möglichst viele Mitarbeiter, die pyramidal „strukturiert" sind, an den Mann (die Frau) zu bringen.

Die theoretisch enorm hohe Wachstumsrate an Mitarbeitern und damit an Umsatz, den sich Unternehmen erhoffen, hat dieses System am Leben erhalten.

Wenn es gilt, neue Märkte zu erobern (z. B. die ehemalige DDR), werden Strukturvertriebe sehr häufig eingesetzt. Deren Mitarbeiter fallen dann heuschreckenschwarmartig über das Land her. Ist nach einer gewissen Zeit nicht mehr genug Nahrung vorhanden, kollabieren diese Systeme und spucken ihre ehemaligen Mitarbeiter als dem Markt neu zur Verfügung stehende Arbeitskräfte aus.

Jene Unternehmen, die sich der Strukturvertriebe bedienen, haben dabei vorrangig – ein Ziel vor Augen: Umsatz – Umsatz – Umsatz.

Da die Mitarbeiter in Strukturvertrieben aber weit mehr an der schnellen Mark als an langfristigen Geschäften interessiert sind, wird die Gewinnspanne auf die Produkte so großzügig bemessen, daß die „Kasse" in jedem Fall stimmt.

Konsequenz: diese Produkte sind erheblich teurer als auf dem freien Markt.

In der Finanzdienstleistungsbranche liegen die Provisionen im Kapitallebensversicherungsbereich, die an der abgeschlossen **Versicherungssumme** oder sog. **Beitragssumme** bemessen werden, bei 3,5 bis zu 5 % von der Versicherungssumme.

Offiziell erlaubt waren bisher 3,5 %. Da aber bis zum 1.1.1997 alle Unternehmen in Europa auf die sogenannte Beitragsverprovisionierung umstellen, sind nach der Umstellung 4 % möglich. Aber auch daran halten sich bei weitem nicht alle Unternehmen. In Form von Büro-, Wettbewerbs- und **Verkaufsförderungszuschüssen** werden diese Grenzen von vielen Versicherern überschritten. Da die **Provisionen** unter die Abschlußkosten fallen und diese wiederum im **Sparanteil** einer **Lebensversicherung** einkalkuliert sind, zahlt die Zeche letztlich der **Verbraucher** (Abb. 2).

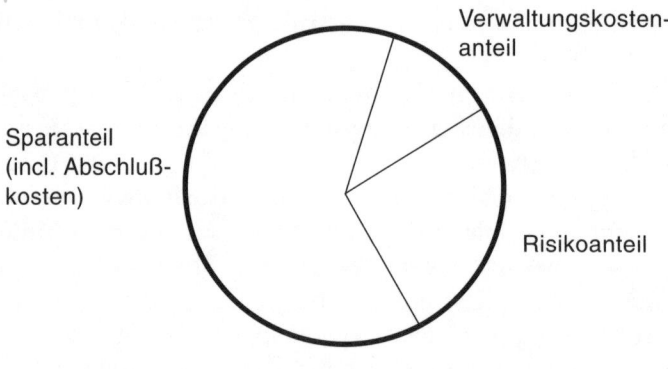

Verwaltungskosten-
anteil

Sparanteil
(incl. Abschluß-
kosten)

Risikoanteil

Abb. 2

Um die Verrechnung für die Mitarbeiter etwas einfacher zu gestalten (vor allem, wenn mehr Produkte wie Bausparverträge, **Kredite** etc. verkauft werden), wurden sogenannte Punkte- oder Einheitensysteme eingeführt.

In der **Vertriebsorganisation**, für die ich tätig war, sah dies folgendermaßen aus (Abb. 3):

Stufe	A	1	2	3	4	5	6	6	6
Provision	16	21	26	31	35,50	39	41,50	42,50	43
Stufe	6	6	6	6	6	6	6	6	6
Provision	43,40	43,70	43,90	44	44,10	44,20	44,30	44,40	44,50

Abb. 3 Provisionsmodell eines Strukturvertriebs

Die Provision ist in DM/Einheit (z. B. 1.240,— DM Versicherungssumme = 1 E = 1 Einheit) angegeben. Da ein solches System mehrere Mitarbeiter in der Stufe 6 zuläßt, gilt die Staffelung wie oben dargestellt.

Allerdings wurden andere Kosten wie z. B. Büros, Sekretärinnen, Material und Wettbewerbe zum Teil von der Gesellschaft getragen.

Im Gegensatz dazu hat der AWD als Mehrfachagent (er vermittelt Produkte für verschiedene Anbieter) in der Gestaltung seiner Vertriebsverträge mit den entsprechenden Unternehmen (Banken, Versicherungen etc.) mehr freie Hand und kann dadurch höhere Provisionen und ein reichhaltigeres Angebot als ein Einfirmen-Strukturvertrieb anbieten.

Auf dem Markt existieren somit vom Einfirmen- (ein Produkt-) bis zum freien Strukturvertrieb alle Mischformen.

Wenn also nachfolgend von Strukturvertrieben die Rede sein wird, beziehen sich die Ausführungen auf den Finanzdienstleistungssektor, dabei wird sich der eine oder andere Strukturvertrieb mehr oder auch weniger angesprochen fühlen.

Nichtsdestoweniger sind so ziemlich alle in diesem Buch dargestellten Sachverhalte im Prinzip auf jeden Strukturvertrieb (mehr oder weniger) übertragbar.

Zu meiner aktiven Zeit hatte die HMI zwischen ca. 8.000 (1984) und ca. 40.000 (1991) Mitarbeiter. Die heutige Anzahl dürfte bei ca. 15.000 liegen.

Die gesamte zur Verfügung stehende Abschlußprovision, die an die Mitarbeiter als finanzielle Vergütung ihrer Arbeit ausgeschüttet wird, teilt sich nach einem definierten Schema (s. Abb. 3) auf. *Die Besonderheit im Vergleich zum herkömmlichen Versicherungsverkäufer ist die sogenannte Leitungsvergütung.* Dabei handelt es sich um eine Differenzprovision (Overheadprovision oder Superprovision), die an den Strukturhöheren ausgeschüttet wird (s. Abb. 4).

Stufe	A	1	2	3	4	5	6	6	6
Provision	16	21	26	31	35,50	39	41,50	42,50	43
Leitungsvergütung	0	5	5	5	4,50	3,50	2,50	1,00	0,50
Stufe	6	6	6	6	6	6	6	6	6
Provision	43,40	43,70	43,90	44	44,10	44,20	44,30	44,40	44,50
Leitungsvergütung	,40	,30	,20	,10	,10	,10	,10	0,10	0,10

Abb. 4 Provisionsmodell mit Leitungsvergütung

Beträgt die **Stufendifferenz** z. B. 2 Stufen (Stufe 1 u. 3), so beträgt die **Leitungsvergütung** DM 10,— (s. Abb. 5).

Stufe 3 (31,— DM/Einheit)

Leitungsvergütung 10,— DM/Einheit

Stufe 1 (21,— DM/Einheit)

Abb. 5 Erklärung der Leitungsvergütung anhand des Strukturmodells

Dies bedeutet umgerechnet für einen Lebensversicherungsvertrag mit DM 30.000,— Versicherungssumme ca. DM 250,— Provision, wenn der Mitarbeiter der Stufe 1 diesen Antrag vermittelt.

Ab dem 01.01.94 gilt eine neue Regelung für die unteren Stufen:

> Stufe A: DM 10,— /Einheit
> Stufe 1: DM 18,— /Einheit
> Stufe 2: DM 25,— /Einheit

Damit erhöht sich die Leitungsvergütung von der Stufe A auf die Stufe 1 um DM 3,— auf DM 8,—.

Im oben dargestellten Beispiel hätte somit der Mitarbeiter der Stufe 3 durch die Erhöhung der Differenz von DM 10,— auf DM 13,— anstatt DM 250,— nun DM 325,— verdient.

Es ist offensichtlich, daß gerade jene Mitarbeiter, die ca. 80 % des Gesamtumsatzes bewirken, wesentlich weniger in der Tasche haben (Stufe A ca. 40 % und Stufe 1 ca. 14 % weniger), als ihre Vorgesetzten in höheren Stufen.

Der Clou jedes Strukturvertriebs besteht also darin, eine breite Masse von Verkäufern (Indianern) Umsatz für wenig Provision produzieren zu lassen. Über die Leitungsvergütung, welche rein rechnerisch phantastische **Verdienstmöglichkeiten** in Aussicht stellt, werden die Führungskräfte (**Häuptlinge**) zu **Millionären**.

Da keiner gerne lange Indianer bleibt, bietet das System schon ab der Stufe 1 die Position des Minihäuptlings an. Ziel ist aber immer, Oberhäuptling in der Hierarchie zu werden (**Stufe 6** oder **Generalrepräsentant** – dazu später).

Positiv formuliert bietet das System die Möglichkeit, den **Aufstieg** durch Leistung zu erreichen. Ein beliebter Slogan ist, „sich über den Verkauf für die Führung zu qualifizieren".

Der zentrale Punkt jedes Strukturvertriebs ist somit das **Karrieresystem** (Stufen- und **Provisionsmodell**).

STUFEN

Der Begriff „Stufe" ist im Strukturvertrieb gleichbedeutend mit der Abgrenzung eines Kompetenz-, Provisions- und Statusbereichs. Jeder Stufe kann also eine ganz bestimmte definierte Funktion und ein für den Mitarbeiter entsprechender **Aufgabenbereich** zugeordnet werden. Höhere Stufen können nur erreicht werden, wenn ein bestimmtes Umsatzkriterium erfüllt ist (Abb. 6).

Stufe	1	2	3	4	5	6
Einheiten	500	2.000	4.000	10.000	30.000	80.000

Abb. 6 Altes Karrieremodell

Um die Stufe 1 zu erreichen, werden z. B. 500 Einheiten (ca. DM 600.000,— Versicherungssumme = ca. 20 Lebensversicherungsverträge mit durchschnittlich DM 100,— mtl. Beitrag des Kunden) benötigt.

Hierbei muß zwischen dem Eigenumsatz und dem Fremdumsatz bei unterstellten Mitarbeitern unterschieden werden. Eigenumsatz ist jener Umsatz, der durch den einzelnen Mitarbeiter selbst bewirkt wird (z. B. durch Klinkenputzen). Fremdumsatz dagegen ist der Umsatz, der durch die unterstellten Mitarbeiter zustande kommt. Die Summe der einzelnen Eigenumsätze ergibt den gesamten Umsatz eines Strukturvertriebs. Am Anfang (Stufe A) muß jeder Mitarbeiter Eigenumsatz produzieren, da noch keine unterstellten Mitarbeiter zur Verfügung stehen (Abb. 7).

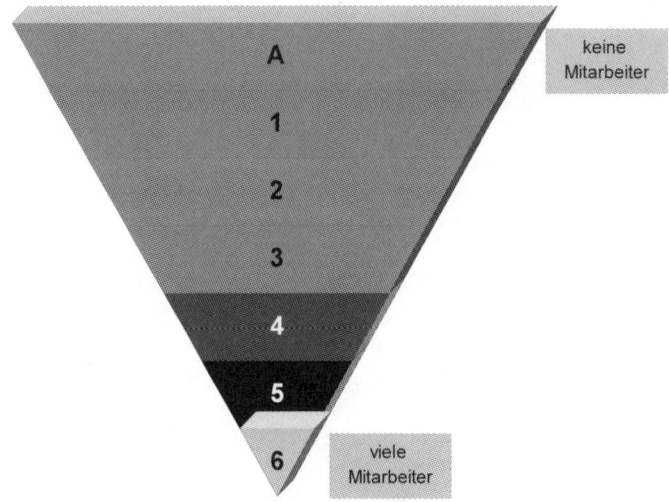

Abb. 7 Mitarbeiterverteilung in einem Strukturvertrieb

Theoretisch muß somit in der **Stufe 6** kein Eigenumsatz mehr produziert werden, da genug selbständig arbeitende und unterstellte Mitarbeiter vorhanden sind (Abb. 8).

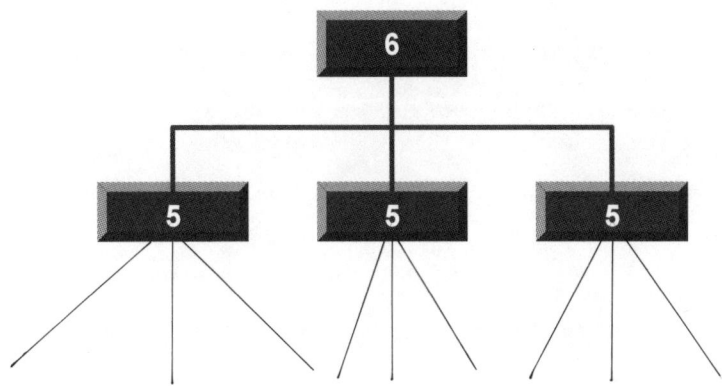

Abb. 8 Unterstellungshierarchie und Symmetrie im Strukturvertrieb

Geht man z. B. davon aus, daß ein Sechser drei Mitarbeiter der Stufe 5 hat und diese wiederum jeweils drei Mitarbeiter in der Position 4 usw., ergibt sich folgende Mitarbeiteranzahl (Abb. 9):

Stufe	A	1	2	3	4	5	6
Anzahl	729	243	81	27	9	3	1

Abb. 9 Schneeballeffekt im Strukturvertrieb

Es stehen also insgesamt 1093 Mitarbeiter zur Verfügung, wobei der Eigenumsatz von der Stufe A bis hin zur 6 stark abnimmt (Abb. 10):

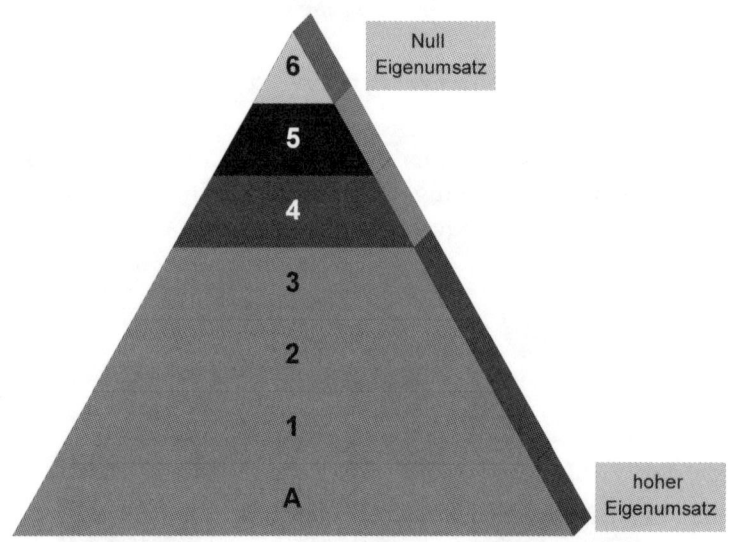

Abb. 10 Eigenumsatzverteilung im Strukturvertrieb

Um die nächsthöhere Stufe zu erreichen, gilt folgende Regelung (s. auch Abb. 11):

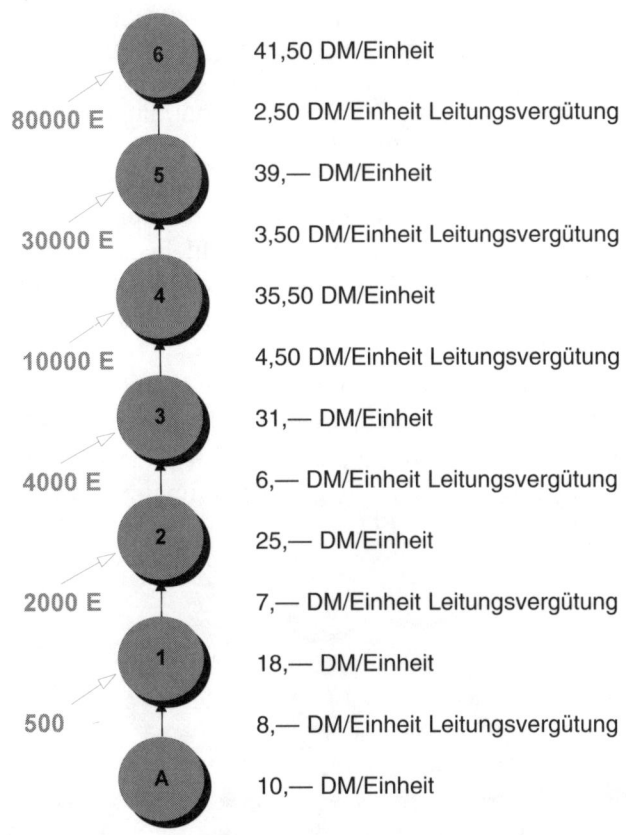

6	41,50 DM/Einheit
80000 E	2,50 DM/Einheit Leitungsvergütung
5	39,— DM/Einheit
30000 E	3,50 DM/Einheit Leitungsvergütung
4	35,50 DM/Einheit
10000 E	4,50 DM/Einheit Leitungsvergütung
3	31,— DM/Einheit
4000 E	6,— DM/Einheit Leitungsvergütung
2	25,— DM/Einheit
2000 E	7,— DM/Einheit Leitungsvergütung
1	18,— DM/Einheit
500	8,— DM/Einheit Leitungsvergütung
A	10,— DM/Einheit

Abb. 11 Karrieremodell im Gesamtüberblick

Die Spielregeln lauten dabei:

In der Position A wird nur der Eigenumsatz bewertet.

Ab der Position 1 wird sowohl der Eigen- als auch der Fremdumsatz für die Bewertung des Gesamtumsatzes herangezogen (Ad-
dition).

Nach jeweils einem Halbjahr (Jan. bis Juni und Juli bis Dez.)
wird der Gruppenumsatz auf Null gestellt. Einzig der Eigenumsatz bleibt immer erhalten.

1. Jahr: Jan. bis Juni: 500 E (Eigen) + 3.000 E (Fremd)
          Juli bis Dez.: 500 E (Eigen) + 3.000 E (Fremd)

2. Jahr: 1. Jan. 0.00 Uhr: Summe der Eigeneinheiten = 1.000 E
          + Null Gruppeneinheiten

Der Mitarbeiter, ehemals in der Stufe A, nennen wir ihn X, hat also im 1. Jahr die Stufe 3 zum 31.12. erreicht. Sein Eigeneinheitenkapital beträgt zu diesem Zeitpunkt 1.000 E, mit dem er auch ins neue Jahr startet. Gleichzeitig hat er einen Provisionssatz von DM 31,—/Einheit.

Will der Mitarbeiter X nun die Position 4 erreichen, braucht er innerhalb der nächsten 6 Monate (1. Halbjahr) noch 9.000 Einheiten. Es gilt allerdings die sogenannte 50%-Klausel, d.h., für die Anerkennung der Stufe 4 werden nur maximal 5.000 E aus einer Struktur anerkannt (Abb. 12):

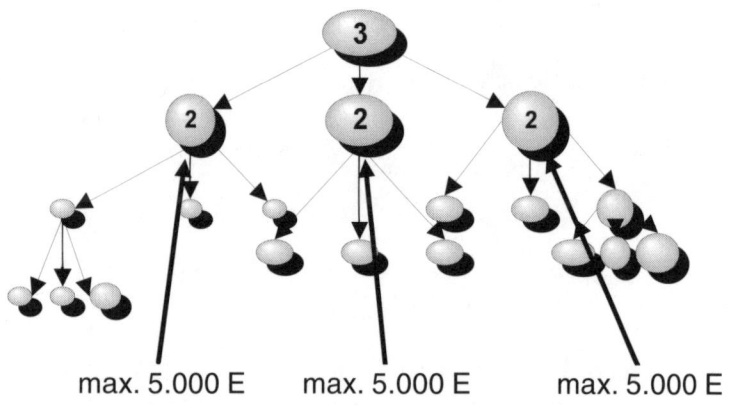

Abb. 12 Erklärung der sogenannten 50%-Klausel

Nehmen wir an, Mitarbeiter X erreicht zwar 11.000 E (also 1.000 E mehr, als rechnerisch benötigt), aber eine Struktur (z. B. ein unterstellter Mitarbeiter der Stufe 2 mit seinen Mitarbeitern) produziert 8.500 E, dann bedeutet dies für Mitarbeiter X, daß er die Stufe 4 nicht erreicht hat. Seine Struktursituation sieht zum 1. Juli wie folgt aus (Abb. 13):

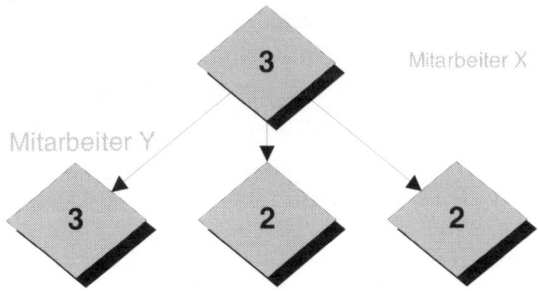

Abb. 13 Strukturbild nach einem Produktionszeitraum und Stufengleichheit

Er ist nun mit dem Mitarbeiter Y ab dem 1. Juli stufengleich. Dabei gilt:

Bei Stufengleichheit endet das Unterstellungsverhältnis, und die Overheadprovision ist Null. X verdient somit so lange nichts an Y (und damit an der gesamten Struktur), bis eine erneute Stufendifferenz (z. B. X in der Stufe 4 u. Y in der Stufe 3 oder X in der Stufe 5 u. Y in der Stufe 4) hergestellt ist.

Nehmen wir nun an, X hat im 2. Halbjahr 18.000 E produziert (Y hat nur knapp die Position 4 verfehlt). X hat also die 50%-Klausel überwunden und theoretisch die Position 4 erreicht (Abb. 14):

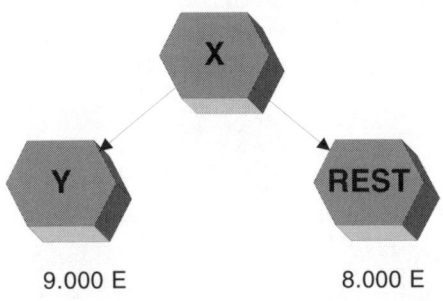

Abb. 14 Klassische Situation bei einer Stufenklausel

Leider hat der Mitarbeiter X aber die nächste Regel vergessen: die rollierende Stornoquote (Storno der letzten 12 Kalendermonate in Prozent auf die Produktion bezogen) hat zum 31.12. 14,5 % betragen. Da bei überhöhtem Storno Stufen verweigert werden können, ist X trotzdem nicht in der Stufe 4.

Im dritten Jahr (1. Halbjahr = Jan. bis Juni) erreicht Y die Position 4. Da X mit seinen Reststrukturen nun nur noch 2.000 E produziert, bleibt er in der Stufe 3 (Abb. 15).

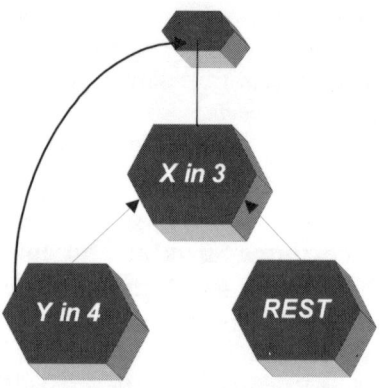

Abb. 15 Überholungssituation während einer Produktionsperiode

Mitarbeiter Y hat also Mitarbeiter X überholt. Y ist jetzt dem nächsthöheren Mitarbeiter in der Strukturfolge unterstellt. X hat keine Möglichkeit mehr, Y wiederzubekommen. Seine Struktur sieht nun folgendermaßen aus (Abb. 16):

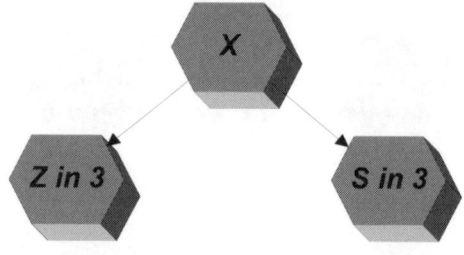

Abb. 16 Effekt der Stufengleichheit

X verdient also kein Geld mehr an seinen Strukturen. Sollte Mitarbeiter Z jetzt die Stufe 4 erreichen und X an der 50%- Klausel oder der Stornoquote scheitern (er erhält zudem das Storno von Y aus dem Zeitraum, in dem Y noch zu X gehört hat), so kann es durchaus sein, daß X ein zweites und ein drittes Mal (vom Mitarbeiter S) überholt wird.

Sollte X allerdings die Stufe 4 erreichen, gilt: Stufenbestätigung.

Produziert ein Mitarbeiter Umsatz für seine Stufe und ist das Storno aus diesem Stufenzeitraum so hoch, daß im nachhinein gesehen die Stufe gar nicht erreicht worden wäre, muß der Mitarbeiter im darauf folgenden Halbjahr seine Stufe erneut bestätigen (ab Stufe 4). Das gilt so lange, bis die Stufe korrekt erreicht ist. Es könnte also durchaus sein, daß Mitarbeiter Y zurückgestuft wird, da er das Kriterium nicht erfüllt hat, er aber trotzdem nicht wieder zu X gehört.

In vielen Strukturvertrieben ist folglich der „Aufstieg durch Leistung" mit einigen Kriterien versehen, die neben der eigentlichen Aufgabe – den nötigen Umsatz zu bewirken – zusätzlich zu berücksichtigen sind. **Hätte X gewußt, daß überhaupt kein Leistungskriterium erforderlich ist, um in eine Stufe zu gelangen, hätte er spätestens dann am System gezweifelt.**

Tatsächlich konnte ich als Generalrepräsentant Mitarbeiter bis zur Position 3 einfach setzen, ohne daß eine Mark Umsatz nötig war.

Die Organisationsleitung (Direktor und Bevollmächtigte) ist sogar in der Lage, Mitarbeiter bis zur 6 zu setzen. Einzig Generäle wurden (und werden?) durch den Vorstand ernannt.

Ähnlich verhält es sich in allen anderen Strukturvertrieben. **Jeder Leiter oder Inhaber eines Strukturvertriebes kann vom König bis zum Bauern alle Hierarchiestufen beliebig besetzen.**

Dies bedeutet, daß der eigentliche Mechanismus eines Strukturvertriebes, daß Umsatz zum Aufstieg in der Hierarchie führt, im Grunde genommen gar nicht bedeutend ist.

Einzig und allein die Ahnungslosigkeit der Einsteiger läßt es zu, daß dieses System trotzdem expandiert. Naivität und guter Glaube sind dabei die ausschlaggebenden Faktoren – man stelle sich nur vor, jeder wüßte, daß er in eine bestimmte Stufe ohne Umsatz gesetzt werden könnte!

Mitarbeiter X, Y, Z usw. sind, wie es in fast allen Strukturvertrieben üblich ist, vom rechtlichen Status her selbständig. Nach §§ 89 u. 92 HGB sind die Mitarbeiter freie Handelsvertreter und können über ihre Zeit frei verfügen (s. Kap. Handelsvertreterrecht).

Sollte also dem Strukturhöheren von X dessen Nase nicht mehr gefallen, kann die Gesellschaft X ohne Angabe von Gründen fristgerecht oder, wenn begründet, sogar fristlos kündigen. Da dies meist in Situationen geschieht, in denen es X nicht gut geht, ist er noch froh, mit ein paar Mark verabschiedet zu werden. Dies ist einer der springenden Punkte in den Strukturvertrieben. **Würden nämlich mehr Mitarbeiter ihre Abfindungsforderungen einklagen (aber wer tut das, wenn er finanziell schon am Boden ist und sich dazu einen Spezialisten nehmen müßte?), gäbe es für die Gesellschaften ein böses Erwachen!**

Vertriebsvorständen wird es nämlich äußerst mulmig zumute, wenn sie den Begriff des „Vertreterproletariats" hören. Handelsvertreter stellen eine äußerst günstige Variante des Quasi-Angestellten dar, da sie sich in der Praxis (speziell als Hauptberufler) von diesen nur in der fehlenden sozialen Absicherung unterscheiden (Selbstversorger). Deshalb stellen immer mehr Versicherungsunternehmen auf Handelsvertreter um (nicht nur in Strukturvertrieben, um die Mitarbeiter gefügig zu machen – dazu mehr im Kap. 11, **Faule Tricks**).

STORNO

Für Neueinsteiger in Strukturvertrieben in der „Finanzdienstleistungsbranche" gibt es ein gefürchtetes Gespenst und das heißt Storno.

Nicht jeder Abschluß (Antrag auf Abschluß eines Lebensversicherungsvertrages) führt zu einer Police. Auf der einen Seite stehen nämlich die verwaltungstechnischen Hürden (Policierungsdauer etc.), auf der anderen die gesundheitliche und vor allem finanzielle Situation des Kunden.

Wird ein Kunde von der Gesellschaft im Antragsstadium abgelehnt oder kündigt der Kunde innerhalb der Antragsphase, so handelt es sich um Antragsstorno.

Kündigt der Kunde nach der Policierung, handelt es sich um ein Policenstorno (klassischer Fall: Kunde kündigt nach 2 Monaten!).

Welche Konsequenzen hat das für den Mitarbeiter?

Nun, je nachdem, wie viele Beiträge der Kunde an die Gesellschaft entrichtet hat, setzt sich die Provisionsrückrechnung zusammen.

Alle Versicherungsverträge unterliegen einer sog. Stornohaftungszeit (z. B. 2 Jahre). Kündigt der Kunde nach Zahlung von 6 Monatsbeiträgen, so muß der Vermittler (Mitarbeiter) der Gesellschaft (oder dem Vertrieb) 75 % der ursprünglich verdienten Provision zurückbezahlen. Dieses „Storno" wird deshalb eleganterweise von der verdienten Provision gleich mit der nächsten Abrechnung in Abzug gebracht.

Um eventuelle Forderungen an den Mitarbeiter nach seinem Ausscheiden zu vermeiden, wird deshalb von Beginn an eine sogenannte Stornoreserve (normalerweise zwischen 10 und 50 % der Provision) aufgebaut, über die der Mitarbeiter nicht verfügen kann (im Schnitt 20 % der Provision). Rein theoretisch ist also die angesammelte Stornoreserve erst nach dem Ausscheiden eines Mitarbeiters zahlbar, sofern alle Verträge aus der Stornohaftung sind.

Ab einem gewissen Betrag und einer bestimmten Position (z. B. **Stufe 6** und DM 120.000,— in der Stornoreserve) verzichten manche Gesellschaften auf eine weitere Einbehaltung der Stornoreserve. Solange also sowohl eine Stufendifferenz als auch eine gute Produktion und damit Verdienst vorhanden sind, treten keine Probleme auf.

Wird aber ein Mitarbeiter – wie bereits erwähnt – z. B. stufengleich, kommt zum Ausfall der Overheadprovision die Stornorückrechnung aus dem Zeitraum hinzu, in dem an der Struktur Geld verdient wurde. Bei der Rückrechnung von Storno wird bei aktiven Mitarbeitern folglich nicht das Stornoreservekonto, sondern der „Verdienst" zusätzlich belastet.

Der Mitarbeiter der Stufe 5 kann also von DM 50.000,—/ Monat (sehr hoher Verdienst und sehr selten) auf z. B. DM 3.800,—/Monat herunterfallen (also ein Verhältnis von 13:1).

Hält, was gar nicht selten passiert, eine geringere Produktion an, so ist der Mitarbeiter in der Stufe 5 unter Umständen in einem Bereich von DM 2.000,— monatlich – und das bei Fixkosten von DM 10.000,— und mehr.

Da Storno meist erstmals nach 6 bis 9 Monaten auftritt (so lange dauert der erste Gruppenaufbau), sehen viele Mitarbeiter diese Gefahr zunächst gar nicht.

Dabei führt Storno zu extremen finanziellen Problemen in den Strukturvertrieben. Nur in den Idealstrukturen (nie stufengleich, immer hohe Produktion und Expansion) wird kontinuierlich Geld verdient. Hier handelt es sich jedoch nur um vereinzelte Musterbeispiele (und dies auch meist auf kurze Zeit – ca. 3 bis 4 Jahre). Alle anderen Mitarbeiter (in den Stufen 2, 3, 4) geraten in solche existentiellen Probleme, daß sie ausscheiden (fluktuieren).

FLUKTUATION

Die Fluktuation ist der Gegenpol der Expansion und wird häufig anhand des folgenden Beispiels beschrieben (Abb. 17):

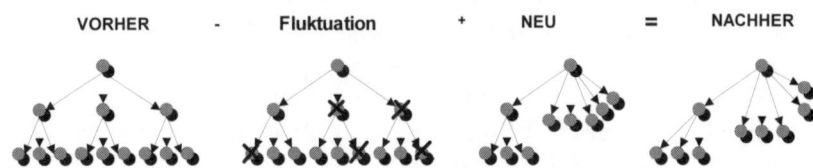

Abb. 17 Verbrennungmaschine Strukturvertrieb

So lange mehr Mitarbeiter zugeführt werden, als aufhören, ist Expansion gewährleistet. *Da es aber nicht unendlich viele Mitarbeiterkandidaten gibt, kommt es nicht selten vor, daß das Potential bestimmter geographischer Räume bereits mehr als einmal durchrekrutiert wurde.* Erfahrungsgemäß ist es gerade dann besonders schwer, neue Leute zu gewinnen. In den Strukturen führt diese reduzierte Expansion zu erheblichen Verdiensteinbußen. Der klassische Teufelskreis sieht wie folgt aus (Abb. 18):

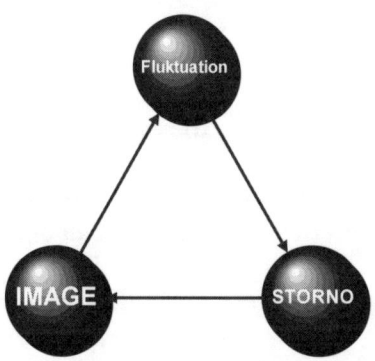

Abb. 18 Teufelskreislauf im Strukturvertrieb

Strukturvertriebe sind deshalb immer auf Expansion oder, im Verkauf, auf **Neukunden** ausgerichtet. So lange „weiße Flecken" auf der Landkarte vorhanden sind, wachsen **Strukturvertriebe** sehr rasch. Je intensiver ein Gebiet durchgearbeitet wurde, um so größer werden die Probleme.

Strukturvertriebe sind also in der Endkonsequenz wohl immer zum Tode verurteilt, da sie sich selbst kannibalisieren.

Da es sich beim Mitarbeitermarkt aber nicht um ein starres Gebilde handelt (z. B. sind 10jährige Kinder 15 Jahre später 25 Jahre alt und damit als Kunden oder Mitarbeiter interessant – oder es werden verschiedene Produkte an ein- und denselben Kunden verkauft), ist immer wieder Nachschub vorhanden, wenn auch vermindert.

Das Kundenproblem steht dabei aber weniger im Vordergrund – denn wie hätten sonst so viele Versicherungen und Banken so lange existieren können?

Die Begrenzung liegt bei der Mitarbeiterzufuhr, da die Fluktuation derartig hoch ist (s. Kap. Karriere), daß das Feuer nach einer gewissen Zeit erstickt.

Sehr gut ist dies bei den erwähnten Kettenbriefsystemen zu beobachten, die periodisch entstehen und auch vergehen (innerhalb von ein paar Wochen oder Monaten).

ZUSAMMENFASSUNG

Strukturvertriebe sind Systeme, die zwei Aufgabenstellungen haben:

Massiver und breitangelegter Verkauf von Produkten aller Art.

Explosionsartiger Vertriebsgruppenaufbau durch die Zuführung von Mitarbeitern (Vermittlern).

Die Aufgabe von Einsteigern in Strukturvertrieben ist der Verkauf.

Da es Verkäufer immer gab und immer geben wird, soll im nächsten Kapitel dieses Thema dem Gruppenaufbau vorangestellt werden.

Der Verkauf

Es gibt, was das Thema Verkauf angeht, massenweise Literatur, Seminare, Workshops und Trainings. Nur einige wenige davon sind qualitativ als hochwertig zu bezeichnen.

Viele Menschen kennen den Begriff des Verkaufs aus dem Alltagsleben. – Man geht zum Bäcker und kauft ein Stück Kuchen. Derjenige, der es „verkauft", ist der „Verkäufer" (meist Ware gegen Geld). Dabei handelt es sich aber nicht um den klassischen Verkauf, sondern um das Abholen eines Gegenstandes, einer Ware, zu deren Ausgleich Geld bezahlt wird. Die meisten Verkäufe sind also gar keine, sondern sind nur Austauschgeschäfte, bei denen der „Käufer" genau weiß, was er haben will und der „Verkäufer" eher den Status eines Handlangers einnimmt.

Verkauf ist, wenn der Kunde nur ein Brötchen kaufen will, aber das Warenlager mitnimmt.

Immer, wenn der Erwerb einer Ware zustande kommt, der ursprünglich nicht vom Käufer beabsichtigt war und durch den Verkäufer bewirkt wurde, handelt es sich um ein „echtes" Verkaufsgeschäft.

Was hat dies mit Mitarbeitern im Strukturvertrieb zu tun?

Nun, die meisten Mitarbeiter „verkaufen" nicht! Sie sind reine Abholer (gute Verwandte, Bekannte, Freunde), denn dieses Käuferpotential würde beim sehr gut bekannten „Verkäufer" auch alle möglichen anderen Produkte erwerben, da es sich hierbei sehr oft um Gefälligkeitsleistungen handelt. Es ist also zu unterscheiden, ob jemand etwas kauft oder ob er es nur erwirbt.

Der Verkauf beginnt dort, wo der Kunde das erste Mal „Nein" gesagt hat. Diese Verkäuferweisheit unterstreicht die oben dargestellten Ausführungen.

Richtiger Verkauf im Strukturvertrieb findet in der Regel nur bei Fremden statt (in der Mehrzahl). *Dieses Kundenpotential wird aber von den meisten Mitarbeitern nicht erreicht.*

Man versucht viel mehr über die Zuführung von neuen Mitarbeitern, diese Kunden in das Feld der Bekannten, Freunde usw. überzuführen. Wer für den Mitarbeiter 2 ein Fremder ist, kann für den Mitarbeiter 1 ein guter Bekannter sein, da nicht alle Kontaktpersonen identisch sind (Abb. 19).

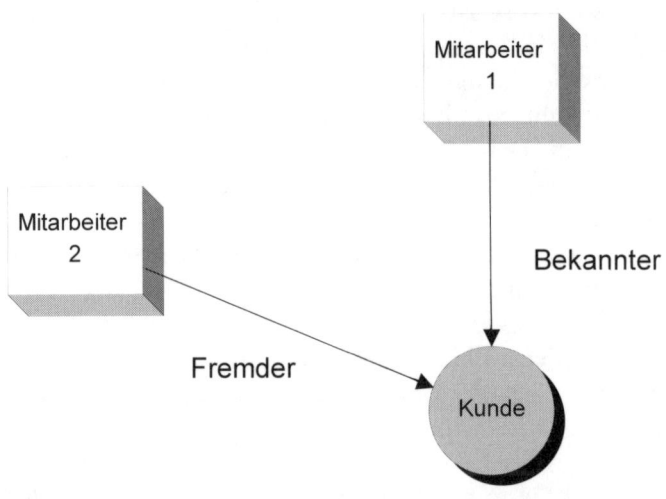

Abb. 19 Kundengewinnung im Strukturvertrieb

Der Ablauf zum Erwerb von Kundenabschlüssen ruht auf drei Säulen:

Der Kontaktaufnahme (Terminvereinbarung), dem Kundengespräch (Verkaufsgespräch) und der Neukundengewinnung (Empfehlungsgeschäft), wie in Abb. 20 zu sehen ist.

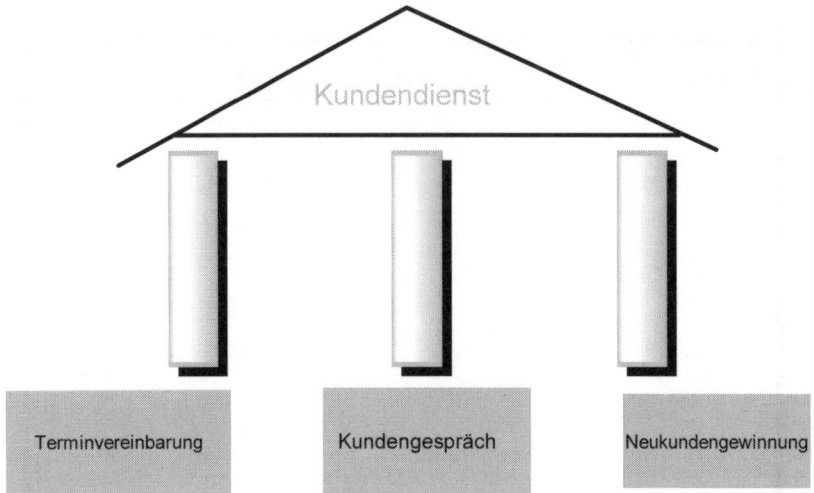

Abb. 20 Fundament des Verkaufs

DIE KONTAKTAUFNAHME

Ehe es zur Kontaktaufnahme kommt, sind erst noch potentielle Kunden auszuwählen. Man bedient sich der sogenannten Namensliste (Abb. 21).

Namensliste

Name	Beruf	Alter		Ku	MA	woher bekannt

Der Erfolg eines jeden Selbständigen = Namen

Abb. 21 Namensliste

Dabei handelt es sich um eine Aufstellung sämtlicher Menschen, die der Mitarbeiter kennt. **Die Namensliste stellt das Potential der ersten Kunden und Mitarbeiter für ihn dar.** Sie wird vorab

während eines sogenannten Basistermins mit dem Mitarbeiter erarbeitet. Geht man von einer Namensliste mit ca. 250 Namen aus,
so sind ca. 25 % als *Mitarbeiter* interessant. Der Rest sind *Kunden* (ca. 200). Aus diesem Kundenpotential werden zu Beginn einer Tätigkeit jene 30 ausgewählt, die die höchste Abschlußquote
versprechen. Dazu wird eine ganze Reihe an Hintergrundinfor-
mationen benötigt. Deshalb gestaltet sich der Basistermin meist
sehr aufwendig (s. Liste der Kriterien für einen „guten" Kunden,
Abb. 22).

Guter Kunde

**Sicherheitsdenker
Geregeltes Einkommen
Kein Pleitier
Evtl. ein bis zwei Kinder
Zukunftsorientiert
Verantwortungsbewußt**

Abb. 22 Kriterien für einen „guten" Kunden

Aus diesem Kundenkreis sollen später auch die Empfehlungen für
Neukunden (Bekannte des Empfehlungsgebers) resultieren. Man
geht davon aus, daß ein guter Kunde auch gute Empfehlungen mit
hohen Abschlußchancen besitzt. Anschließend werden nach einem erstellten Zeitplan diese Kunden angerufen oder persönlich
kontaktiert (z. B. neue Bundesländer). Dies geschieht in Anwesenheit der Führungskraft, die während des Telefonats Tips zur
Argumentation gibt (Spickzettel, was zu sagen ist, Zeichenspra-
che usw.). Der Basistermin und die Live-Kontaktaufnahme (mind.
5 bis 10 Kontakte) werden von einer Führungskraft ab der Position 3 durchgeführt.

Bei der Kontaktaufnahme selbst ist eine ganze Reihe von Faktoren zu beachten. Gerade von neuen Mitarbeitern werden hier

sehr viele Fehler begangen. Deshalb findet vor diesem „großen Akt" eine Art Trockentraining statt. *Dieses wird so lange durchgeführt, bis die Führungskraft den Eindruck hat, daß bei einem Terminvereinbarungsgespräch auch tatsächlich Termine zustande kommen werden.* In der Anfangsphase ist es für neue Leute unheimlich wichtig, Erfolgserlebnisse zu verbuchen. Wenn die Termine vereinbart sind, ist die erste große Hürde für die neuen Mitarbeiter überwunden.

Bei der Terminvereinbarung werden drei Kundenbereiche unterschieden:

1. Freunde, sehr gute Bekannte und Verwandte (per Du)
2. Entferntere Bekannte (per Du und Sie)
3. Fremde

Am Anfang ist es sinnvoll, die Kategorie 2 anzugehen, denn Kunden in der Kategorie 1 wissen in der Regel sehr genau, was der Mitarbeiter hauptberuflich macht. Stellt er sich nun plötzlich als Finanzberater oder ähnliches vor, wird er mehr als Klinkenputzer denn als Fachberater gesehen. Für den Mitarbeiter ist es auch nicht gerade erbaulich, Mitleidsabschlüsse zu bekommen.

Es kommt auch oft genug vor, daß die neuen Mitarbeiter total frustriert werden. Bringt der Mitarbeiter, so wie es sich gehört, die überstellte Führungskraft zum Beratungsgespräch mit, wird diese als Aufpasser und Abschlußeintreiber gesehen. Erst wenn sich der Mitarbeiter im Strukturvertrieb etabliert hat (Hauptberuflichkeit!), sollte er die Bearbeitung der Kategorie 1 angehen.

Für die verschiedenen Kategorien existieren schriftliche Terminvereinbarungen, die es auswendigzulernen gilt. Anhand einer Argumentationsliste wird der Mitarbeiter mit dialektischen Hilfsmitteln ausgestattet.

So viel zur Theorie, die immer den Idealfall anführt. Die Praxis sieht jedoch ganz anders aus. Schon nach dem Grundseminar (meist am Sonntag, da die Teilnehmer noch einen Hauptberuf und nur am Wochenende Zeit haben), wenn die neuen Mitarbeiter nach Hause kommen, rufen sie Kunden an, von denen sie glauben, daß sie einen Kauf tätigen würden. *Man kann sich vorstellen, welche*

Prügel hier bezogen werden. Neue Mitarbeiter bedienen sich gerne der Kategorie 1, weil sie hoffen, daß hier die Terminvereinbarung leichter fällt. Zudem wird auf dem Grundseminar suggeriert, daß es eine moralische Verpflichtung sei, seinen besten Freunden und Bekannten das Wunderprodukt zukommen zu lassen. **Wenn alle Mitarbeiter in der Finanzdienstleistungsbranche wüßten, welchen „Schrott" sie oft in ihrer Produktpalette anbieten, dann würden sie sich schämen, derartigen Mist zu erzählen.** – Wie allgemein bekannt ist, sind die Direktversicherer wie z. B. die Hannoversche Leben nur bei wenigen Strukturvertrieben im Programm – diese haben aber eindeutig die besten Leistungen, da der Kunde wesentlich weniger an Abschlußgebühren bezahlen muß. – So gibt es eine ganze Reihe von Mitarbeitern, die schon nach den ersten Stunden und Tagen aufgeben, da ihre Frustration enorm ist. Auf Grund dieser Arbeitsweise kann von Glück gesprochen werden, wenn überhaupt Termine zustande kommen. Für die Verantwortlichen ist das aber gar nicht so interessant (weil sie denken, man kann unendlich viele Mitarbeiter einstellen – da werden noch einige aufwachen!), da genug Zahlenmaterial existiert, um einen ungefähren Erfolgsverlauf (Abschlüsse, Überlebensrate etc.) vorherzusagen. *An einer Verbesserung der Quoten sind die Köpfe, meist Mitarbeiter ab der Position des Geschäftstellenleiters, also der Stufe 4 aufwärts, erst interessiert, wenn die Seminare nicht mehr so gut besucht sind.* Häufig haben diese Seminare jedoch keine Qualitätsverbesserung zur Folge, weil zu ihnen Personen zugelassen werden, denen es an Qualität fehlt: Leute mit wenig Erfolgschancen aus niedrigem sozialen Milieu, meist gerade erst 18 Jahre alt geworden, ältere Frauen, Hilfsarbeiter und Ausländer, denen erzählt wird, sie hätten die Chance, eine Topführungskraft von morgen zu sein. Diese Menschen schließen meist wie andere auch in ihren Kreisen ab, wobei nach ihrem Ausscheiden oft wahre Stornowellen folgen.

Es geht schließlich nicht darum, zwei oder drei Abschlüsse zu tätigen, sondern Strukturen in einer Größenordnung von 200, 500, 1.000 und mehr Vermittlern zu führen.

Das können nur Personen schaffen, die über entsprechende Voraussetzungen verfügen. Natürlich gilt auch hier die berühmte Ausnahme von der Regel!

Für die Häuptlinge in Strukturvertrieben ist entscheidend, daß die Zahlen stimmen. *Deswegen sind die meisten Mitarbeiter nur Variable in den Statistiken,* die ab gewissen Größenordnungen sehr aussagefähig sind, obwohl in Seminaren immer behauptet wird, Mitarbeiter in Strukturvertrieben seien nicht berechenbar. So gibt es z. B. Aufzeichnungen über die Anzahl der vereinbarten Termine der Mitarbeiter, wie viele davon tatsächlich stattgefunden und wie viele Abschlüsse sich daraus ergeben haben.

Als Neueinsteiger in einem Strukturvertrieb ist es wichtig, sein Namenspotential nicht durch Schnellschüsse zu zerstören. Bei der Terminvereinbarung sollte ein Profi dabei sein (die ersten 10 Telefonate). *Ein erhebliches Problem stellt sich nach einiger Zeit bei fast jedem Mitarbeiter mit der sogenannten Telefonangst ein.* Es handelt sich hierbei um ein hochinteressantes Phänomen.

Ca. 3 bis 4 Wochen nach dem Grundseminar wagen es sehr viele Mitarbeiter nicht mehr, potentielle Kunden anzurufen (der Telefonhörer wiegt plötzlich 100 kg). Dafür gibt es meiner Meinung nach mehrere Ursachen:

- Die Anfangsbegeisterung ist weg – damit die Unbefangenheit
- Angst vor dem NEIN (mangelndes Selbstwertgefühl)
- Angst vor Imageverlust (Versicherungsvertreter, der an seinen guten Bekannten und Freunden schnelles Geld verdienen will)
- Allgemeine Kontaktängste
- Selbstbetrug (besser ein paar nicht angerufene Kunden, als gar keine mehr)
- Mangelnder Erfolg – Lustlosigkeit – mangelnde Einstellung – moralische Bedenken

Gelingt es dem Mitarbeiter nicht, diese Angst in den Griff zu bekommen (ich habe Leute erlebt, die wie gelähmt waren), ist das automatisch mit seinem Scheitern gleichzusetzen, da nahezu alle Kontakte über das Telefon laufen.

Obwohl für eine langfristige erfolgreiche Tätigkeit im Strukturvertrieb nur das Empfehlungsgeschäft in Frage kommt, versuchen viele neue Mitarbeiter, über Abschlüsse im Bekanntenkreis die Position I zu erreichen, da ab diesem Zeitpunkt neue Mitarbeiter eingestellt werden können und damit der Eigenverkauf in den Hintergrund rückt. Dadurch lernen allerdings die meisten Mitarbeiter nicht, wie sie Fremdkunden kontaktieren sollten. *So ist eine ausgeblutete Namensliste meist auch gleichbedeutend mit dem Ende der Karriere in einem Strukturvertrieb, da die Mitarbeiter schlicht und einfach nicht genug verdienen.* Im fortgeschrittenen Stadium des Listenschwunds treten dann auch die typischen Phänomene wie Telefonangst, Bettelverhalten (brauche jeden Termin) und zu wenige Terminvereinbarungen auf. Häufig ist es bei Terminvereinbarungen sogar so, daß die beaufsichtigende Führungskraft mehr Angst vor den Absagen hat, als der Mitarbeiter selbst, der über ein pralles Potential verfügt.

Tausende habe ich auf diese Weise untergehen sehen!

Keine Termine heißt kein Geld – und wenn nur wenige Mitarbeiter da sind, wovon sollen diese Leute dann leben?

Wie packt man die Sache nun richtig an? Von Anfang an sollte im Bereich 2 gestartet werden. Hier werden jene potentiellen Kunden herausgesucht, mit denen im Jahr vielleicht 3 bis 4 Kontakte möglich sind und die über intime Details, die die eigene Lebenssituation betreffen, wenig Informationen haben.

Es hat sich herausgestellt, daß die Abschlußquoten bei diesen Kunden am besten sind. Es ist aber entscheidend, weiterempfohlen zu werden. *Nur wenn Sie über einen großen Stapel von Empfehlungskarten (Schreiben etc.) verfügen, haben Sie eine echte Überlebenschance im Vertrieb.*

Dazu gehört auch, vor der ersten Terminvereinbarung das Verhalten so zu trainieren, daß es perfekt sitzt. Gehen Sie niemals ans Telefon, wenn Sie gestreßt sind oder wenn im Hintergrund Unruhe herrscht. Versuchen Sie, eine entspannte Haltung einzunehmen (am besten telefonieren Sie im Stehen, da Sie dabei besser atmen und sich freier bewegen können – das wirkt sich dynamisch auf die Stimme aus). Überlegen Sie sich genau, wen Sie anrufen

(Beruf, Hobbies, Familienstand, Einkommen, Lebenssituation usw.). Potentielle Kunden sind Menschen, die ein überdurchschnittliches Sicherheitsbedürfnis besitzen, dadurch auch meist in geordneten Verhältnissen leben und über das nötige Kleingeld (vorsichtiger Umgang mit Geld) verfügen. *Diese Kunden sind die besten!* Auch sehr gut verdienende Angestellte und Selbständige sind ein hochinteressanter Kundenkreis. Nehmen Sie Abstand von Glücksrittern, Abenteurern und Leuten, die nur wenig Geld zum Leben haben – sie haben beide nichts von einem Gespräch. Erst wenn klar ist, wer angerufen wird, kommt das Wie und das Wann!

Vereinbaren Sie immer einen festen Termin und sagen Sie genau, wie lange er dauern wird (eine Stunde?). Ihr Gesprächspartner stellt sich darauf ein. Da man Sie entweder nur oberflächlich oder gar nicht kennt, erscheinen Sie so zum Termin, wie Sie es von jemandem erwarten würden, der die entsprechende Sparte vertritt (keine Zuhälterklamotten bei einem Finanzdienstleistungsgespräch!). Seien Sie immer pünktlich! Versuchen Sie niemals, Kundengespräche nebenbei zu führen (ex und hopp). Gehen Sie niemals von Haus zu Haus, da Sie bei einem solchen Vorgehen nichts über ihre Gesprächspartner wissen. Sie kürzen dadurch Ihre Abschlußquoten von möglichen 1:1 bis 3:1 auf 30 bis 50 zu 1! *Sogenannte Klinkenputzer befinden sich immer im Endstadium einer Tätigkeit und scheiden früher oder später aus.* Stornofreies Geschäft entsteht nur, wenn Kunden einen entsprechenden Service von jenem Partner erfahren, bei dem sie abgeschlossen haben. Ein ständiger Wechsel erhöht das Risiko! *Lassen Sie sich bei der Terminanzahl nicht unter Druck setzen!* Trotzdem gilt: Je mehr, desto besser! Bei meinen Analysen habe ich erkennen können, daß Mitarbeiter mit überdurchschnittlichen Terminzahlen (7 bis 10 pro Woche) auch wesentlich bessere Abschlußquoten als der Durchschnitt aufzuweisen hatten. *Hören Sie niemals mit dem Verkauf auf, wenn Sie in einem Strukturvertrieb angefangen haben!* Nur wenn Sie am Ball bleiben, können sie später als Führungskraft Hilfestellungen (nicht nur bei der Terminvereinbarung) geben.

DAS VERKAUFSGESPRÄCH, DIE ARGUMENTATION UND DIE ABSCHLUSSTECHNIK

Ist ein Termin vereinbart, findet zur Präsentation der Ware ein sogenanntes Kundengespräch statt. Im Normalfall geschieht dies in der Wohnung des zukünftigen Kunden. Kundengespräche sind vorbereitete Gespräche, die zwei Ziele haben:
– Der Kunde soll abschließen (Umsatz).
– Der Kunde soll (muß) Empfehlungen für weitere Neukunden geben
Von einem Kundengespräch hängt also die gesamte Zukunft des Mitarbeiters ab. Es ist deshalb nicht verwunderlich, daß es gerade das Kundengespräch betreffend Unmengen von Literatur gibt (s. Literaturverzeichnis). Allerdings ist es erstaunlich, wie wenig Hilfen für ein Kundengespräch im Strukturvertrieb zur Verfügung stehen.

Es gibt im Prinzip nur zwei Möglichkeiten der Präsentation: einmal, die Ware real zu zeigen (z. B. Kosmetika etc.) – oder ein unsichtbares Produkt anzubieten (Finanzdienstleistungsprodukte). Gerade für die zweite Kategorie werden Sie im Anschluß ein Kundengespräch kennenlernen, das sich in der Branche etabliert hat.

Wann kauft jemand? Sie werden sagen – nun, wenn er etwas will und es sich leisten kann. Sie haben vollkommen recht – warum werden aber Dinge gekauft, die man ursprünglich gar nicht haben wollte? Es ist Ihnen sicher auch schon einmal in einem Kaufhaus passiert, daß Sie mehr gekauft haben, als Sie ursprünglich vorhatten! Vielleicht haben Sie auch von Leuten gehört, die 10 und mehr Lebensversicherungen besitzen. Woran liegt das?

Viele Menschen haben mehr Kugelschreiber, Uhren, Lippenstifte etc., als sie brauchen. Wenige dagegen haben mehrere Schrankwände. Je kleiner die Ware, desto unauffälliger ist diese.

Handelt es sich um ein fiktives Produkt (z. B. Lebensversicherung), wissen viele Menschen nicht, was sie eigentlich besitzen, wenn man bei ihnen eine Finanzanalyse durchführt. Diese „Ware" fällt überhaupt nicht auf – und mit dem Abbuchungsverfahren wird der Kunde auch nicht unmittelbar darauf hingewiesen, daß er schon wieder einen bestimmten Betrag bezahlen muß. Besitzt jemand einen mittelmäßigen Rasierapparat, wird er sich vielleicht noch beschweren. Bei einer entsprechenden Lebensversicherung geschieht das weit weniger, da sich die meisten Kunden nicht auskennen, obwohl zum Teil drastische Leistungsunterschiede, vor allem in der Ablaufleistung, bestehen. Somit sind die Voraussetzungen für den Verkauf einer Lebensversicherung geradezu ideal. Unwissenden Kunden wird ein unsichtbares Produkt vorgestellt, das beliebig flexibel zu beschreiben ist (Rente, dickes Auto, großer Urlaub, Hausrenovierung, neue Wohnungseinrichtung usw.) und welches keine Kaufreue erzeugt, weil es nicht auffällt. Nur aus dieser Situation ist es zu begreifen, warum trotz katastrophal schlechter fachlicher und auch verkäuferischer Qualifikation immer noch so „gute" Abschlußquoten im Strukturvertrieb zu erzielen sind. Bei guten Bekannten ist die Sache natürlich noch leichter. Kommt allerdings wenige Wochen nach dem Abschluß ein geschulter Konkurrenzvertreter vorbei, fliegen die Verträge hochkant wieder hinaus. Deshalb haben Strukturvertriebe meist ein gewaltiges Stornoproblem.

Prinzipiell sind im Verkauf immer drei Fragen zu beantworten:
- *Braucht der Kunde das Produkt (Bedarf)?*
- *Gefällt es ihm (Attraktivität)?*
- *Kann er es sich leisten (Bonität)?*

Sind alle drei Voraussetzungen erfüllt, ist der Abschluß so gut wie in der Tasche. *Der Verkäufer hat die Aufgabe, dem Kunden einen Weg zu zeigen, wie er seine Bedürfnisse befriedigen kann.* Dies erfolgt in der Regel mit verbalen Mitteln sowie in Form von Beispielen (Duft eines Parfüms, Saugkraft des Staubsaugers). Bei der Präsentation einer Lebensversicherung geschieht dies im Vorfeld mit der sogenannten Finanzanalyse. Man unterhält sich in der Aufwärmphase des Kundengesprächs über die finanzielle Situation des Kunden und checkt anhand der bereits vorhandenen Anlagen, der Verpflichtungen und des Einkommens ab, wie hoch der Abschluß vertretbar wäre (ein seriöser Verkäufer ist an einem zufriedenen Kunden interessiert, da er sich Empfehlungen, Folgeprodukte und seine Bestandspflegeprovision erwartet – diese gibt es in den meisten Strukturvertrieben für die Mitarbeiter allerdings nicht!). Erst dann geht man zum zweiten Schritt über und verkauft dem Kunden ein für ihn passendes Produkt. Hat man leider nur eines, wird dieses immer so präsentiert, als wäre es für den Kunden genau das richtige. Meist haben erst Mitarbeiter in höheren Stufen so viel Fachwissen, um auch mehrere Produkte anbieten zu können. Da fast der gesamte Umsatz eines Strukturvertriebes von neuen oder unerfahrenen Leuten kommt, ist ein breitgestreutes Angebot in der Regel nicht vorhanden (der Mitarbeiter kämpft zunächst einmal damit, ein Kundengespräch überhaupt ordentlich führen zu können). *Deshalb meine Forderung – erst wenn Verkäufer den Qualitätsansprüchen genügen, dürfen sie verkaufen!* In der Realität aber wird mit Begeisterung „verkauft", weil den neuen Mitarbeitern auf dem Grundseminar das Produkt selbst in einer Art Mammutverkaufsgespräch und durch Gehirnwäsche verkauft wurde.

Viele gehen deshalb ungeschult hinaus, führen ein entsprechendes Gespräch und überzeugen dabei weniger fachlich denn durch das Mitreißen des Kunden bis zum Abschluß. Die Kaufreue kommt dann in der ersten Woche (meist in den ersten drei Tagen nach Abschluß) und damit auch der Widerruf.

Wie sollte dann so ein Gespräch ablaufen?

Dies wird schematisch in der Abb. 23 dargestellt:

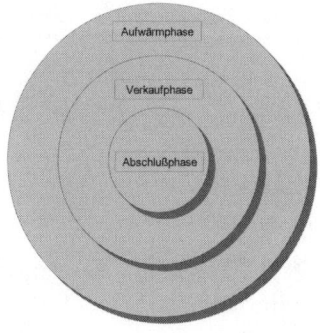

Abb. 23 Phasen eines Kundengesprächs

Nach dem Vorgespräch gilt es ein Kundengespräch zu führen, das die wesentlichen Inhalte, die zum Kauf führen, beinhaltet (s. Abb. 24):

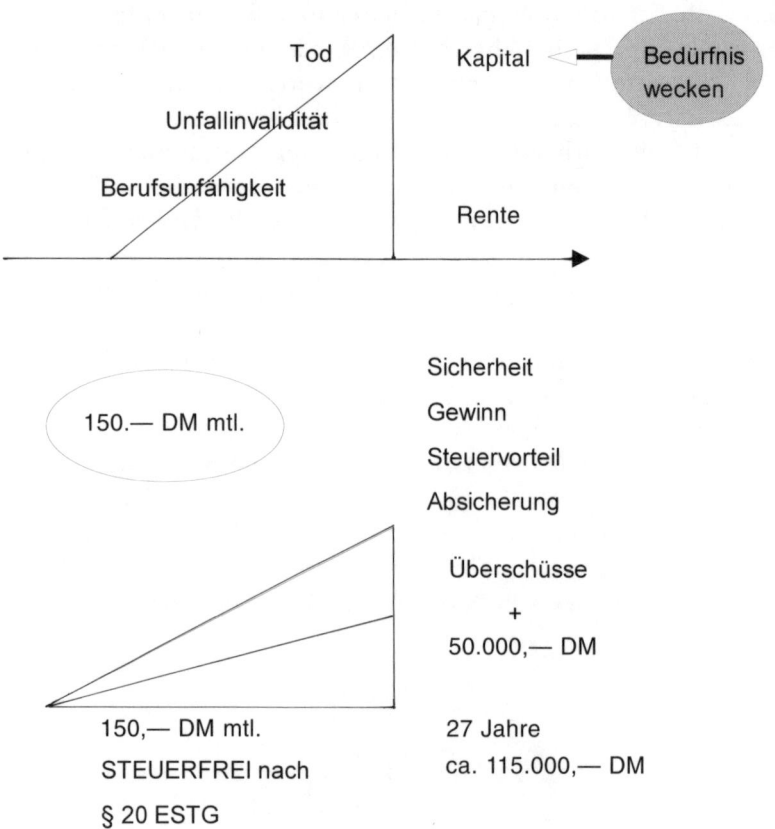

Abb. 24 Übliches Kundengespräch im Versicherungsstrukturvertrieb

Dabei ist als wichtigster Faktor das Kaufmotiv des Kunden festzuhalten. Dies ist im Kundengesprächsschema mit „Bedürfnis wekken" umschrieben. Dem Kunden wird sein Leben aufgezeigt: wie er zur Schule ging, seine Lehre gemacht hat, Darstellung seines beruflichen Lebensweges, damit natürlich auch den seines sozialen Aufstiegs. Und nach dem Ausscheiden aus dem Arbeitsprozeß soll er nun auf die Hälfte seines Lebensstandards verzichten – z. B. Auto weg, Haus weg usw. – was braucht er dann? – Geld, logisch! – Das ganze Gespräch läuft in Form einer bestimmten Fragetechnik ab, während optisch das Leben des Kunden auf dem Papier aufgezeichnet wird – somit stimmen die sprachliche und die visuelle Darstellung überein – dadurch wird eine Verstärkung der Wirkung auf den Kunden erzielt. Erst wenn klar ist, wofür der Kunde Geld haben will, wird das Kundengespräch weitergeführt (mit Selbständigen wird auf einer sprachlich etwas höheren Ebene verhandelt).

Für den Kunden sind bei Geldanlagen die Punkte Sicherheit, Gewinne (Rendite), Steuervorteil und eine evtl. Absicherung zu erläutern (s. Abb. 17). Natürlich ist es wichtig zu wissen, auf welchen dieser Punkte der Kunde am meisten Wert legt! Dies ist über Fragen leicht abzuklären („Worauf, Herr Kunde, legen Sie bei einer Geldanlage am meisten Wert?"). Ist von vornherein klar, daß Bedarf vorhanden ist – häufig ist schon während der Terminvereinbarung aus den Vorinformationen herauszuhören, ob es sich um einen „guten" Kunden handeln wird –, dann wird also nur noch die Produktpräsentation entscheidend sein. Dabei hängt es oft weniger von der Qualität der Ware, sondern mehr von der Persönlichkeit des Verkäufers ab, ob ein Kauf stattfindet.

Es gilt dabei die alte Regel „Alle kochen nur mit Wasser", auch wenn der eine oder andere das Wasser für edlen Wein verkauft („Überzeugen muß man den Intelligenten, überreden kann man den Dummen").

Das hat nichts mehr mit seriösem Verkauf zu tun, sondern ist schlicht und einfach Betrug. Heutzutage sind die Menschen zum Glück etwas vorsichtiger geworden und kaufen nicht jeden Schund (vor allem in den neuen Bundesländern war es bisher einfach, Abschlüsse zu tätigen). *Verkauf hat also viel mit guter und ehrlicher Rhetorik zu tun.* Wie sind aber dann die Gespräche von „Verkäufern" mit Bekannten und Freunden zu verstehen? Es handelt sich hierbei, wie erwähnt, meist nicht um den Verkauf einer Ware, sondern nur um das Abholen von Abschlüssen. Nur wenn Sie jemandem, den Sie absolut nicht kennen, etwas verkauft haben, was mit der Überwindung eines Widerstandes („Nein") verbunden war, haben Sie wirklich verkauft. Sind Sie in diesem Sinne ein guter Verkäufer, so wird es Ihnen nicht schwerfallen, das gesamte Kundenspektrum zu beherrschen. *Durchleuchtet man die Anträge von Mitarbeitern der Positionen A, 1 und auch 2, so wird offensichtlich, daß der überwiegende Teil im Verwandten-, Familien- und engen Bekanntenkreis abgeschlossen wurde.* Was heißt das konkret? – Ich behaupte, daß mehr als 3/4 aller Mitarbeiter in Strukturvertrieben nicht verkaufen können. *Um eventuelle Gewissensnöte neuer Mitarbeiter beim Abholen von Anträgen zu beseitigen (der neue Mitarbeiter fühlt sich oft nicht wohl in seiner Haut, da er plötzlich an seinem engsten Kreis Geld verdient), wird auf das soziale Gewissen verwiesen.* Dazu will ich eine Geschichte aus der Argumentationsstunde des Grundseminars erzählen, welche die Teilnehmer immer sehr bewegt hat:

Stellen Sie sich vor, meine Damen und Herren, Sie haben das Kundengespräch zu Ende geführt, das Motiv des Kunden ist klar und es ist auch genug Geld vorhanden. Sie haben ihm alle Möglichkeiten aufgezeigt, wie soeben besprochen. Trotzdem zaudert der Kunde und spricht davon, es sich überlegen zu wollen, eine Nacht darüber zu schlafen (wer überlegt schon während des Schlafens?). Sie signalisieren ihm, daß Sie es gut finden, wenn er sich Gedanken macht und Sie bieten ihm ihre Hilfe an. Welche Aspekte gilt es dabei eigentlich zu bedenken? – Egal ob jemand 3 Minuten, 3 Stunden, 3 Tage, 3 Wochen, 3 Monate oder 3 Jahre überlegt, es werden sich immer genau 3 Fragen auftun:

A. Brauche ich das Produkt (etwa für meine Zukunft)?

Herr Kunde, ist es wichtig für Sie, zusätzlich etwas in finanzieller Hinsicht zu unternehmen, damit Sie nicht später sozial schlechter dastehen, wenn Sie älter sind? – Ja! –

B. Gefällt mir das Produkt?

Herr Kunde, haben Sie noch irgendwelche zusätzlichen Fragen? Würden Sie sagen, daß dieses Produkt jedem empfohlen werden kann? – Ja! – (wenn Nein – warum nicht...). Gibt es irgendeinen Grund, zu sagen, das nehme ich nicht? – Nein! – (Vorsicht mit

der Ja-Schiene, ist schon sehr bekannt). Mit dem Produkt sind Sie also hundertprozentig einverstanden? – Ja! –
C. Kann ich es mir leisten?

Herr Kunde, wir haben vor 10 Minuten alle Alternativmöglichkeiten durchgespielt und Sie haben einen Betrag von DM 150,— monatlich als wirtschaftlich sinnvoll erachtet. Hat sich in der Zwischenzeit etwas geändert? – Nein! – Können Sie von sich sagen, daß Sie es sich garantiert leisten können, und wollen Sie diesen Betrag für ihr(e) Motiv(e) (Alter, Weltreise, Porsche) ansparen? – Ja! –

In Ordnung, Herr Kunde, ist dann soweit alles klar? – Ja! – Können wir dann Nägel mit Köpfen machen? – Ja! – Sie greifen zum Antrag. – Aber ich möchte doch noch überlegen – was nun?

Herr Kunde, selbstverständlich verstehe ich, daß Sie überlegen wollen. Das ganze Leben besteht aus Entscheidungen, über die es nachzudenken gilt. Als Sie sich z. B. ihr Auto gekauft haben, haben Sie da überlegt? – Ja! – Was haben Sie denn dabei überlegt? – Brauche ich es, gefällt es mir und kann ich es mir leisten ? – Wie sieht es denn heute aus? Ist ihr Auto mehr oder weniger wert? – Weniger! – Genau Herr Kunde – Fast alles, was wir uns kaufen, wird weniger wert, die Möbel, das Auto, der Fernseher usw. Und obwohl wir das wissen, kaufen wir trotzdem, weil wir es wollen. So investieren wir in viele Dinge Geld. Die Frage ist doch auch, in was es sich am meisten lohnt, zu investieren ? – ??? – Natürlich in sich selbst. Herr Kunde, was tun Sie eigentlich für sich, für ihre Zukunft? Die Frage, die sich ihnen stellt, ist doch nur die: Sind Sie bereit und es sich selbst wert, DM 5,— am Tag für Ihre eigene Zukunft anzulegen? Und das mit der Perspektive, später ca. DM 120.000,— zu erhalten – verbunden mit Steuervorteilen und einer Absicherung. Sind Sie nicht derjenige, der am meisten wert ist? Wie viele Dinge werden täglich für DM 5,— gekauft, die schon morgen wertlos sind? Wollen Sie ernsthaft behaupten, daß Sie jetzt noch darüber nachdenken müssen, etwas für sich zu tun? – Nein! – Dann lassen Sie uns doch gemeinsam die Unterlagen durchgehen, damit schon bald Worten Taten folgen.

Natürlich gibt es bei Verkaufsgesprächen viele Abschlußvarianten. Diese soeben vorgestellte hat bei den Teilnehmern aber oft zu einer großen Nachdenklichkeit geführt, vor allem bei der an das Publikum gerichtete Frage, was Sie denn für sich getan hätten und ob es nicht berechtigt sei, ab und zu auch an sich selbst zu denken.

Mit dieser Art des Vortrags wird erreicht, daß sich die „Denkweise" und die „Einstellung" bei den Seminarteilnehmern vom „Raffgeier" zum „sozialen Wohltäter" ändert. Das Gewissen ist so weit beruhigt, auch den engsten Bekannten- und Verwandtenkreis innerlich überzeugt angehen zu können.

Im Vordergrund steht grundsätzlich jedoch nur das Ziel, die Mitarbeiter bei der Stange zu halten und den Führungskräften den Verdienst zu sichern. Es geht also immer um die Provision und nicht um die Kunden!

Da jede Form von Kommunikation im Prinzip ein Kundengespräch darstellt, in dem jeder Gesprächspartner versucht, sein Produkt oder seine Meinung an den Mann oder die Frau zu bringen, kommt es nur darauf an, wer sich besser verkauft. *Während meiner Tätigkeit habe ich die Erfahrung gewonnen, daß Frauen im Vergleich zu Männern wesentlich bessere Verkäufer sind.* Dies hängt vielleicht mit der Tatsache zusammen, daß Verkäuferinnen mehr die Gefühlswelt der Kunden berühren und auch in der Art der Gesprächsführung die Überzeugungsarbeit mehr dem Kunden selbst überlassen.

Natürlich ist es nicht anstößig, bei Bekannten Abschlüsse zu tätigen (obwohl es, wie bereits erwähnt, bei einigen Direktversicherern wesentlich bessere Produkte gibt). Es geht vielmehr darum, die langfristige Existenz von Mitarbeitern in Strukturvertrieben zu sichern. *Führungskräfte in höheren Stufen werden immer abhängiger von ihren Mitarbeitern, da sie selbst zu wenig Eigenumsatz bewirken.* Dies hängt mit dem Managersyndrom = was braucht ihr mich, ich habe doch euch (oft schon ab der Position 1) zusammen. Warum selbst arbeiten, wenn das andere besorgen? Verkaufen kann aber auch auf Grund mangelnder Übung wieder verlernt werden. Das bedeutet, daß es sich Führungskräfte nur dann leisten können, selbst nichts mehr zu verkaufen, wenn sie total unabhängig sind (breite und große Struktur mit ca. 500 bis 800 Mitarbeiter mit voller Overheadprovision, also keine Stufengleichheit). *Leider neigen die unterstellten Mitarbeiter häufig dazu, ihren Vorbildern auch in dieser Hinsicht nachzueifern, was sich oft fatal auswirkt.*

Zusammenfassung:

- Richtige Auswahl der Kunden
- Perfektes Kundengespräch
- Seriöse Geschäfte im Hinblick auf eine langfristige Bestandssicherung
- Empfehlungsgeschäft als Garantie für das Überleben
- Verkauf
- Motivfindung (Bedürfnisstruktur des Kunden)
- Produktangebot (welches Produkt ist am besten geeignet?)
- Bonität (hat der Kunde genug Geld)

Entscheidend für eine langfristige Bestandssicherung nach einem erfolgreichen Kundengespräch ist der sogenannte Dienst am Kunden. Dieser ist abhängig von der Art des Aufbaus eines Strukturvertriebs. *Ist ausschließlich das Neugeschäft das Primärziel, so muß ein Agentursystem parallel zur Betreuung greifen, da ansonsten der Bestandsabgang zu hoch wird.* Die Fluktuationsrate hängt sehr stark mit der Stornoquote eines Strukturvertriebes zusammen, das heißt, je mehr Mitarbeiter ausscheiden, desto höher ist die Stornoquote. Da die meisten Kunden Bekannte, Verwandte und Freunde von neuen Mitarbeitern sind, und diese sich in der Regel nach ihrem Ausscheiden meist bei der Konkurrenz betätigen, liegen die Folgen auf der Hand. *Man kann auch sagen, daß die vermittelten Verträge das Schicksal des Mitarbeiters teilen.* Gerade wenn hohe Umsätze vom Mitarbeiter gefordert werden (Stufen, Wettbewerbe etc.), ist es oft nicht zu vermeiden, daß er alle Register zieht (Provision wird an den Kunden weitergegeben, diverse andere legale und illegale Versprechen). Die Folge ist wiederum Storno! Es gibt eine ganze Reihe von Möglichkeiten, um Stornoprobleme in den Griff zu bekommen, aber besser ist es, wie bei jeder Krankheit, entsprechend vorzubeugen. **Storno wird fast immer von „schlechten" Mitarbeitern oder Strukturen verursacht (sog. Stornonester), dabei handelt es sich meist um Leute, die nichts mehr zu verlieren haben (überwiegend aus finanziellen Gründen).** So zeigt es sich deutlich, wie die Stornoquote von der Fluktuation und diese wiederum von der Mitarbeiterqualität abhängt.

Die Basis für einen guten, soliden und langfristigen Verdienst wird durch den Ausbau des Empfehlungsgeschäftes erreicht.

DIE NEUKUNDENGEWINNUNG

Allgemein bekannt ist die Geschichte vom Staubsaugervertreter, der, wenn er mit seiner Präsentation fertig ist, gern wissen möchte, wessen Teppich noch gereinigt werden muß. Da die Hausfrau auch ihren Nachbarinnen etwas Gutes tun möchte, empfiehlt sie diesen weiter.

Wenn es so einfach wäre, würden nicht so viele Verkaufsrepräsentanten am Hungertuch nagen!

Aber viele Menschen sind äußerst reserviert, was die Weitergabe von Namen und Adressen angeht. Zudem werden, um die Abschlußchancen zu erhöhen, eine ganze Reihe weiterer Zusatzinformationen über die zukünftigen Kunden benötigt.

Die Voraussetzung, um diese zu erhalten, ist wiederum eine professionelle Arbeitsweise. Das nachfolgende Schema soll Aufschlüsse darüber vermitteln, wie vorgegangen werden sollte:

Abschluß	Nichtabschluß
Verkaufsunterlagen weglegen	Verkaufsunterlagen weglegen
Spannung lösen	Spannung lösen
Gratulation zum Abschluß	*Identifikation mit Nichtabschluß*
Bestätigung der Beratung	Bestätigung der Beratung
Wichtigkeit der Information	Wichtigkeit der Information
Begrenzte Auswahl	Begrenzte Auswahl
Kategorien vorgeben	Kategorien vorgeben
Empfehlungsgeber vorbereiten	Empfehlungsgeber vorbereiten

Wie Sie sehen, ist es völlig zweitrangig, ob ein Kunde abgeschlossen hat oder nicht. Für beide Möglichkeiten gibt es eine klare Strategie, um Empfehlungen zu erhalten. *Da es sich um eine trichterförmige Gesprächsführung handelt, bleibt den Kunden eigentlich gar nichts anderes übrig, als weitere potentielle Kunden zu benennen.* Der Kunde kann kaum beurteilen, ob es sich um einen abschlußrelevanten Besuch handeln wird, deshalb ist der Verkäufer mit seiner Fragetechnik gefordert.

Die Grundlage für eine Weitergabe von Empfehlungen ist eine entsprechende Vertrauensbasis, die während des Kundengesprächs aufgebaut wurde (je besser das Kundengespräch, um so leichter auch das Empfehlungsgeschäft – der Kunde ist überzeugt!). Ist hierfür keine Basis vorhanden (Kunde schließt dann auch nicht ab), so beißt man auf Granit.

Im Rekrutierungsgespräch oder Einstellungsgespräch hört sich das alles ganz einfach an:

Sie haben einen Bekannten, bei dem Sie ein Kundengespräch führen – egal ob er abschließt oder nicht, mit einer ganz speziellen Technik erhalten sie fünf gute Empfehlungen. Die rufen sie dann an. Nach diesen Kundengesprächen erhalten sie wieder fünf Empfehlungen usw. (s. Abb. 25).

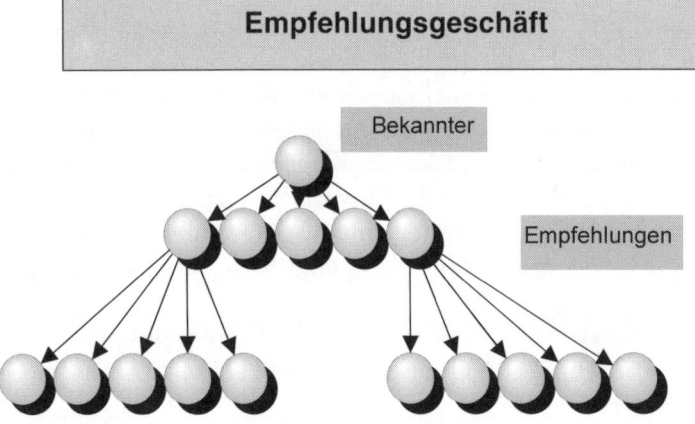

Abb. 25 Die Neukundengewinnung im Strukturvertrieb

Nach zwei, drei Monaten haben Sie so viele Empfehlungen, daß Sie selbst gar nicht mehr in der Lage sind, diese zu bearbeiten – und was brauchen Sie dann? – Mitarbeiter!

Dieses Wissen können Sie erwerben, allerdings gibt es hierfür eine spezielle Ausbildung – das Grundseminar! So oder so ähnlich werden Fragen von Interessenten bezüglich der Kundengewinnung behandelt.

Aber nur in den seltensten Fällen habe ich es erlebt, daß Mitarbeiter in der Lage gewesen wären, neuen Mitarbeitern ein Bündel Empfehlungen in die Hand zu drücken, um damit die Funktionstüchtigkeit des Geschäfts zu demonstrieren.

Auch zur Technik des Empfehlungsgeschäfts gibt es in der einschlägigen Literatur genügend Hinweise, wie vorgegangen werden sollte. Ob diese immer ganz praxisorientiert sind, wage ich zu bezweifeln.

Da es sich beim Empfehlungsgeschäft um das Fundament für den langfristigen Erfolg handelt, wird anschließend die praktische Durchführung aufgezeigt.

Oft wird das Einholen von Empfehlungen als ein Anhängsel zum Kundengespräch gesehen. Besser ist es jedoch, es als Kundengespräch nach dem Kundengespräch zu betrachten. Während des eigentlichen Gesprächs baut sich ein gewisser Druck für den Kunden auf, etwas „kaufen" zu müssen. Somit ist eine der ersten Handlungen nach dem Kundengespräch, die Verkaufsunterlagen vom Tisch zu nehmen. Damit wird der Kunde aus dem Verkaufsdruck entlassen. Geschieht das nicht (sehr oft der Fall!), führt dies zu einem Gesprächsabbruch (er will nichts mehr hören). Viele Kunden, die nicht abschließen, (Abschlußverhältnis ca. 3-5:1) und damit sind es immerhin ca. 7 von 10 Kunden, haben ein schlechtes Gewissen. Sie führen eine oder eineinhalb Stunden ein Kundengespräch, informieren und beraten und erhalten als Gegenleistung – nichts!

Der Kunde ist also prinzipiell bereit, Empfehlungen als eine Art Gegenleistung für Ihr Engagement zu geben. Allerdings muß er auch wissen, warum!

Viele Kunden haben Angst, auf Grund einer Adressen- bzw. Informationsweitergabe Ärger mit ihren Bekannten zu bekommen und als nicht vertrauenswürdig angesehen zu werden, das heißt, einen Imageverlust hinnehmen zu müssen.

Nur wenn der Empfehlungsgeber erkennt, daß eine Empfehlungsweitergabe eine Ansehenssteigerung für ihn mit sich bringt, ist er als Quelle interessant. Nicht selten ruft der Empfehlungsgeber seine Empfehlungen an, kaum nachdem der Verkäufer das Haus verlassen hat, um den „Schaden" zu begrenzen. Dabei fließen natürlich Informationen, die dann zu Terminausfällen führen.

Nur wenn sich der Empfehlungsgeber strikt an die Anweisungen des Verkäufers hält, ist ein Erfolg absehbar.

Die Erwartungshaltung, daß der Kunde nach einem Kundengespräch aufspringt, Sie umarmt und Ihnen eine Adressenliste mit 250 Namen mit der Bitte in die Hand drückt, möglichst schnell alle zu kontaktieren, ist illusionär.

Für den Kunden handelt es sich um eine außergewöhnliche Situation (wie oft pro Jahr kommt jemand wie Sie und holt sich auf eine professionelle Art und Weise Empfehlungen). Nach eineinhalb Stunden Nein (kein Abschluß!) ist er sowieso eher zu einem Ja bereit. Also fangen Sie langsam an.

Lassen Sie sich alles bestätigen, was für den Kunden positiv war (was für ihn positiv ist, gilt auch für seine Bekannten). Fragen Sie ihn, ob er irgend etwas als negativ empfunden hat und wenn Ja – was. Erst wenn Sie das Gefühl haben, daß er bereit ist, stellen Sie ihm die zentrale Frage, ob es denn nicht richtig und wichtig wäre, wenn jeder solche Informationen (Beratung) wie er hätte. Sagt er nein – fragen Sie ihn, warum nicht! Bei einem Ja (Normalfall!) sind bei „jedem" auch seine Bekannten eingeschlossen (ginge es um ein hundertprozentiges Mittel gegen Krebs, würde er Sie persönlich zu jedem Gespräch begleiten). Natürlich ist es Ihnen nicht möglich, jeden zu informieren. Aber Sie sind bereit, aus dem großen Bekanntenkreis des Kunden (Herr Kunde, mir ist klar, daß Sie Hunderte von Leuten kennen) fünf zu besuchen (oder zehn –

Sie brauchen ein ganz konkretes Ziel, mit wie vielen Empfehlungen Sie aus dem Haus gehen). Mehr ist erst in ca. einem halben Jahr (Kundendienst – neue Gelegenheit für Empfehlungen) auf Grund der Terminplanung möglich.

Wenn Sie jetzt denken, fünf Namen, Adressen und Informationen zu bekommen, haben Sie sich gründlich getäuscht.

Der arme Mann (die arme Frau) sieht den Wald vor lauter Bäumen nicht mehr. Deswegen ist es wichtig, Kategorien vorzugeben (Stellen Sie sich vor, Sie würden eine Party veranstalten, wen laden Sie ein?..., vom Verein, Fußballmannschaft – wer spielt in der Verteidigung, vom Arbeitsplatz, wie heißen die Kollegen usw.).

Zuerst notieren Sie sich die Vornamen (denken Sie an Ihr Ziel, also z. B. 7). Erst dann holen Sie weitere Informationen ein (Nachname, Beruf, Alter, finanzielle Verhältnisse etc.). Es sollte sich dabei nicht um ein Verhör, sondern um ein geschicktes Erfragen von Informationen handeln. Spätestens hier erfolgt dann auch eine Gegenreaktion des Kunden (will keine Empfehlungen geben). Jetzt kommt es darauf an, den Widerstand, der rein emotional bestimmt ist (Angst, den guten Ruf zu verlieren), behutsam zu überwinden (Haben Sie sich von mir in den letzten beiden Stunden betrogen gefühlt; glauben Sie, daß man einen solchen Menschen wie mich nicht auf ihre Bekannten loslassen sollte?). Hierzu gibt es eine ganze Reihe von Argumentationstechniken, die auf eine Beruhigung des Kunden abzielen – schließlich soll der Kunde auch voll hinter seinem Empfehlungsgeber stehen. (Stellen Sie sich einmal vor, Sie versuchen einen Termin zu vereinbaren, der Angerufene hält Rücksprache mit dem Empfehlungsgeber und dieser sagt ihm, er solle auf keinen Fall etwas abschließen!).

Was hat für den Empfehlungsgeber die meiste Bedeutung? – Richtig! Ihn interessiert, was mit seinen Empfehlungen passiert. Hierbei sind folgende Informationen wichtig:

Wann werden die Bekannten kontaktiert? Welche Ergebnisse werden erzielt? Wie soll sich der Empfehlungsgeber bei Rückrufen verhalten? Was ist, wenn Kunden abschließen? (Eine kleine Aufmerksamkeit in Form einer Flasche guten Weines als Dank für seine Hilfsbereitschaft frischt auch das Gedächtnis auf.)

Da sich jeder Kunde anders verhält, ist es notwendig, gute Dialektiktechniken einzuüben, um vom Arbeitnehmer bis zum Selbständigen qualitativ hochwertige Empfehlungsgeber zu erhalten. Der eben erfolgte Ausflug in die Praxis des Empfehlungsgeschäfts ersetzt natürlich auf keinen Fall eine intensive Schulung bzw. learning by doing (es selbst auszuprobieren bzw. sich mit einem Profi zu einem Kundengespräch zu begeben und anzusehen, wie es gemacht wird).

ZUSAMMENFASSUNG

Allgemein kann also gesagt werden, daß man vom Eintritt bis zum Ausscheiden aus einem Strukturvertrieb niemals aufhören sollte, Eigenverkauf zu betreiben. Im übrigen bringt die Verkaufserfahrung auch in anderen Berufen erhebliche Vorteile. Der Verkauf stützt sich auf die drei Säulen Terminvereinbarung, Kundengespräch und Empfehlungsgeschäft. Als Dach des Gebäudes kann der Kundendienst angesehen werden, der dem Verkäufer seine langfristige Existenz durch zufriedene Kunden und damit auch Empfehlungsgeber sichert.

Verkäufer sind Menschen, die im Gegensatz zu Abholern oder Handlangern in der Lage sind, Überzeugungsarbeit zu leisten und Kaufwiderstände des Kunden seriös zu überwinden. Gute Verkäufer bewegen sich in allen Gesellschaftsschichten, sehr gute in den Bereichen, die ihnen am meisten Profit bringen. **Wer einen Strukturvertrieb erfolgreich betreiben will, muß in der Regel ein guter Verkäufer sein.** Viele Strukturvertriebe arbeiten mit Gesellschaften zusammen, die zwar ein Optimum an Provision, leider jedoch nicht gerade die besten Produkte anbieten. Nur wer für seine Verkäufer eine solide Basis mit einer vertriebsfähigen und stornosicheren Produktpalette bereithält, wird seinen Mitarbeiterstand halten bzw. vergrößern können.

Die Ausbildung

Strukturvertriebe benötigen eigentlich mehr als jedes andere Vertriebssystem ein fundiertes Ausbildungssystem, da die Mitarbeiter zu 99 % Laien sind. Tatsächlich gibt es auch in fast jedem Strukturvertrieb ein klar definiertes Ausbildungsschema, welches diesen Zweck erfüllen soll.

Einsteiger in Strukturvertrieben werden mit zwei Arten der Ausbildung konfrontiert:

a) Die theoretische Schulung
b) Die praktische Ausbildung (z. B. beim Kunden)

In diesem Kapitel soll nur von der Theorie die Rede sein (Praxis s. Kap. Führung).

Der Ausbildungskomplex besteht dabei in der Regel aus verschiedenartigen Seminaren (zwischen 1 bis 4 Tagen), Meetings (ca. 2 bis 3 Stunden, meist abends), Wochenendschulungen (z. B. Samstags 6 Stunden), Trainings (z. B. Verkaufsgesprächtraining mit dem Strukturhöheren) in den Büros oder auch zu Hause beim Mitarbeiter (Listenarbeit, Basistermin) und bei Großveranstaltungen (ca. 3 bis 4 Stunden z. B. bei der Bekanntgabe eines neuen Tarifs).

Da die Grundlage einer jeden „Führungskraft" in einem Strukturvertrieb der Verkauf ist, werden neue Mitarbeiter schon während ihres ersten Seminars (sog. Grundseminar – meist am Wochenende 1–2 Tage) in Richtung Umsatz „trainiert".

Das Grundseminar (Informations-, Einführungsseminar etc.) besteht aus Motivations- und Fachthemen, wobei jedes Fachthema immer eine motivatorische Komponente enthält (Abb. 26):

Themenplan

für das Grundseminar am 11./12.07.1992 im Hotel ...

Samstag:

09:00-10:45
Die Vertriebsorganisation der
Versicherungsgesellschaft,
Vertriebsauftrag, Marktsituation,
Altersversorgung in der BRD

K A F F E E P A U S E

13:40-14:25
Die Absicherung aus
verkäuferischer Sicht

14:35-16:35
Der Antrag: Erklärung der einzelnen
Bestandteile und Tarifunterlagen
Antragsaufnahme beim Kunden

K A F F E E P A U S E

11:00-11:45
Das Vertriebsprodukt

11:50-12:40
Vorstellung und Erklärung
des Kundengesprächs

M I T T A G S P A U S E

16:55-17:30
Kundengespräch mit Partner

17:45 –
Berufschance und Einkommen
Open End

Sonntag:

09:00-09:40
Die Praxis der Terminvereinbarung

K A F F E E P A U S E

09:50-10:40
Die Arbeit im Empfehlungsgeschäft

10:50-12:00
Argumente im Kundengespräch

12:15-13:00
Kundengespräch vor der Gruppe

M I T T A G S P A U S E

14:00-15:00
Zukunftswert und Start

S C H L U S S B E S P R E C H U N G

GS-Begleiter:

Abb. 26 Themenplan eines Grundseminars

Zu den einzelnen Grundseminarthemen existieren Referentenkonzepte mit Folien und Teilnehmerunterlagen.

Viele Referenten sind in der Praxis didaktisch schlecht vorbereitet. So sind ca. 50 % des Seminars zusammengeschusterte Stunden, die eher an Schulreferate erinnern. Bei den Referenten handelt es sich um Mitarbeiter ab der Position 1 (!). Viele von ihnen haben in ihrem Leben noch keine drei Vorträge gehalten. Dementsprechend ist die Qualität der Vorträge (trotz Vorbereitung). *Erst in den höheren Positionen (ab der Position 3) trifft man auf ein höheres Niveau.* Die optimale Teilnehmerzahl bei derartigen Seminaren liegt bei ca. 25 Personen. Da bei Grundseminaren sehr oft die Strukturnächsthöheren teilweise oder ganz anwesend sind, blähen sich diese Seminare immer auf.

Oft wird das Grundseminar nur als ein notwendiges Übel betrachtet, welches dazu dient, den Mitarbeiter in die Spur zu bringen.

Theoretisch soll der Mitarbeiter sein neu erworbenes Wissen in der Praxis im Beisein eines Betreuers umsetzen. *Die Realität sieht so aus, daß der neue Mitarbeiter oft alleine zu den Kunden geht und natürlich meist verkäuferisch und fachlich wenig kompetent ist.*

Bei den nächsthöheren „Führungskräften" (Stufe 1 und 2) ist es oft nicht anders. Es ist erschreckend, welche Dilettanten in dieser Branche auf Kunden losgelassen werden, die dann oft für immer verloren sind. Dem Mitarbeiter bringt dieses Verhalten auch nichts Gutes, da er wenig Erfolgserlebnisse zu verbuchen hat (finanziell und ideell). Um diese Hürde zu überwinden, werden deshalb von den Grundseminarteilnehmern in den ersten Tagen nach dem Seminar vorwiegend gute Bekannte (per Du) und Freunde angesprochen, da diese meist im Vertrauen oder aus Mitleid Verträge abschließen, die aber oft nach dem Ausscheiden des Mitarbeiters wieder storniert werden.

In allen Strukturvertrieben existieren mehr oder weniger gute Ausbildungssysteme, in denen aber im unteren oder mittleren Management konzerneigene Ausbilder bzw. Lehrer integriert sind. In der Regel halten Mitarbeiter in höheren Stufen für Mitarbeiter in niedrigeren Stufen die Seminare, wobei die Stufendifferenz meist zwischen 2 und 3 Stufen beträgt.

Das Ausbildungskonzept bis zur höchsten Position (mit Lehrinhalten) ist nachfolgend veranschaulicht (Abb. 27).

Bezeichnung	Teilnehmer	Lernziele	Dauer
Grundseminar	neue Vermittler	Kennenlernen des zukünftigen Vertragspartners und der beruflichen Perspektiven	2 Tage
Verkaufsförderungs-seminar	Stufe A mit 150 Eigeneinheiten	Eigenproduktion ist die Hauptverdienstquelle	2 Tage
Führungsseminar I	Stufe 1 mind. 500 Eigeneinheiten	Methoden zur Anwerbung und Auswahl von Führungskräften	3 Tage
Rekrutierungsseminar	Stufe 1 mit stagnieren-dem Mitarbeiteraufbau	Schwachstellenanalyse und deren Behebung	2 Tage
Führungsseminar II	Stufe 2	Ausbau der Struktur und Aufbau von weiteren Führungskräften	3 Tage
Referentenausbildung	Stufe 2	Unterrichtsplanung und Durchführung	3 Tage
Profiseminar	Stufe 2 und 3	Vorbereitung auf die Hauptberuflichkeit	2 ½ Tage
Führungsseminar III	Stufe 3	Gruppenverhalten, Konflikte und Lösungen	3 Tage
Unterrichts- und Kommunikationstechniken	Stufe 3	Optimale Unterrichtsplanung und -durchführung	3 Tage
Fachseminar für das Versicherungswesen	Stufe 3	Fundiertes Wissen im Versicherungswesen und dessen Umsetzung	3 Tage
Telefonmarketing	Stufe 3	Effektiver Telefoneinsatz	2 ½ Tage
Steuerseminar	Stufe 4	Erkennung und Nutzung der persönlichen steuerlichen Situation	2 Tage
Rhetorikseminar I	Stufe 4	Freies und überzeugendes Reden	4 Tage
Rhetorikseminar II	Stufe 4, die das Rhetorikseminar I absolviert haben	Vertiefung der rhetorischen Fähigkeiten	4 Tage
Integral-Training	Stufe 4	Erkennung von Führungs-kräften und dessen optimale Potentialausschöpfung	6 mal 1 Trainings-tag
Atem-Stimme-Artikulation	Stufe 4	Richtige Atemführung beim Sprechen	2 Tage

Abb. 27 Ausbildungskonzept eines Strukturvertriebs

Erst ab einer gewissen Position (ab der Stufe 3 oder 4) werden auch externe Trainer (z. B. Hochschullehrer) herangezogen. Die-

se sind aber meist sehr teuer, so daß sie nur ganz gezielt eingesetzt werden.

Bei der Vermittlung von Wissen sind die Bereiche fachliche Kompetenz, Verkaufs- und Führungskompetenz zu unterscheiden. Bis
zur Stufe 3 haben es die Mitarbeiter vorwiegend mit fachlichen
und verkäuferischen Problemen zu tun. Ab der Position 3 kommen dann Führungsprobleme dazu (wenn die Struktur wächst).
In den Strukturvertrieben können aber Mitarbeiter bereits in nied-
rigen Stufen (z. B. in der Stufe A nach ca. ein- bis zweimonatiger
Zugehörigkeit) Mitarbeiter eingestellt bekommen (der Hintergrund
ist es, dem Mitarbeiter Druck zu machen! – wird als positiv für
die Karriereentwicklung dargestellt). Dies bedeutet, daß bereits
nach wenigen Wochen Betreuungsprobleme auf die Mitarbeiter
zukommen. Da es den neuen Leuten sehr stark an fachlichem Wissen
mangelt, können sie natürlich auch ihre Mitarbeiter nicht qualitativ hochwertig betreuen. So kommt es entweder zur Abwen-
dung des zu betreuenden Mitarbeiters von seinem Strukturhöheren
oder, wie es in der Regel der Fall ist, zu einer dilettantischen Arbeitsweise, wobei die Kunden die Prellböcke sind, da sie falsch
beraten werden. **Auf Grund der beschriebenen Schwierigkeiten
schaffen es dann auch die meisten Mitarbeiter nicht, mehr als
6 Monate in einem Strukturvertrieb zu überleben.** Die Ausbildung der Mitarbeiter in der Position 2 wird aber in der Regel von
Mitarbeitern bis zur Position 4 übernommen (zu 90 %). Dies hat
zur Folge, daß sich die beschriebenen Probleme in der Struktur-
hierarchie nach oben hin immer weiter fortsetzen. Da es kaum
Mitarbeiter gibt, die fachlich kompetent sind, sind natürlich auch
die Referenten nicht kompetent. Dies hat ein erschreckend nied-
riges Ausbildungsniveau zur Folge (trotz guter fachlicher Konzepte, die meist vom entsprechenden Konzern gestellt werden).
In den unteren Stufen wird zumeist mehr Wert auf das
verkäuferische Können (?) als auf die fachliche Kompetenz gelegt. Da, wie bereits erwähnt, somit drei Problembereiche an den
neuen Mitarbeiter herangetragen werden (Verkauf, Fachwissen und
Führung), sind diese auch nicht in der Lage, einer qualifizierten
Referententätigkeit nachzukommen, zu der ab der Position 1 schon

viele eingesetzt werden. Somit kann man einen Strukturvertrieb getrost als ein improvisiertes Chaos bezeichnen, das keinerlei Gütekriterien standhält. Erst in Hinblick auf den Versicherungsfachmann(-frau) wird sich geringfügig etwas ändern. Betroffen sind aber auch wiederum nur hauptberufliche Mitarbeiter mit mindestens einem Jahr Zugehörigkeit. Der Löwenanteil (ca. 80–90 %) sind nebenberufliche Mitarbeiter.

In den höheren Positionen ist das Ausbildungsangebot sehr reichhaltig. Da sich die Aufgaben aber vor allem in Richtung Führung und Organisation (Bürokratie) verlagern, sind auch diese Mitarbeiter wiederum nicht in der Lage, ihr Wissen an die Basis weiterzugeben. Erfahrungsgemäß werden die fachlichen Angebote eher vernachlässigt. Die Mitarbeiter sind vor allem an Rhetorikkursen, Persönlichkeitsseminaren und Motivationsseminaren interessiert, weil sie glauben, mit den erlernten Inhalten ihre Mitarbeiter besser „führen" zu können. Im großen und ganzen glaube ich sagen zu können, daß nur ein Bruchteil der Mitarbeiter in einem Strukturvertrieb sich als fachlich qualifiziert bezeichnen kann. Auch die verkäuferische Ausbildung ist nicht hochstehend, da viele Mitarbeiter mangels Kunden aufhören müssen. Das Empfehlungsgeschäft ist aber die Grundlage, um langfristig als Verkäufer erfolgreich tätig sein zu können. Die „Führungskräfte", die sich in den Aufbau von Strukturen flüchten, sind zudem mangels Wissens nicht in der Lage, ihren Mitarbeitern derartige Inhalte zu vermitteln. So entstehen Strukturen mit 10, 20 und mehr Mitarbeitern, von denen keiner eine Zukunft hat. Das Geschäft läuft nur deshalb, weil, wie bereits erwähnt, am Anfang fast nur Verwandte, Freunde und gute Bekannte besucht werden. Die fachliche Inkompetenz wird durch den Vertrauensvorschuß wettgemacht. Die Mitarbeiterstrukturen bestehen schließlich auch zum größten Teil aus Bekannten und Freunden des Strukturhöheren (die ersten zwei Generationen). Das Ausbildungssystem ist in seinem Aufbau mit Sicherheit gut angelegt und gemeint. Leider wird nur ein Bruchteil der Mitarbeiter damit erreicht. Obwohl oft Anwesenheitspflicht auf den Ausbildungsveranstaltungen besteht, sind die Abwesenheitsraten aus den erwähnten Gründen erschreckend hoch.

VERKAUF

Am 7. Juli 1984 fand mein eigenes Grundseminar statt. Zu diesem Anlaß hatte ich mir den ersten Anzug meines Lebens zugelegt (einschließlich Hemd und Krawatte). Am ersten Tag sollte es 30° C haben. Bei meiner Ankunft im Hotel (das zweite Mal in meinem Leben war ich in einem Hotel) traf ich leider W.K., meinen Ansprechpartner, nicht an. Folgedessen mußte ich auf das Frühstück verzichten, von dem ich nicht wußte, daß es in der von mir bezahlten Pauschale enthalten war. Beim Betreten des Seminarraums traf mich fast der Herzschlag: Um die 45 Teilnehmer waren, dicht an die Tische gedrängt, anwesend. Mein erster Gedanke war, die wollen alle in die 6!

Eines war mir schon vor Eröffnung dieser Veranstaltung klar. – Entweder war in zwei Jahren alles dicht, oder es mußte eine enorme Abwanderung geben.

Als ich W.K. in der ersten Pause traf, erlaubte ich mir, auch zwei Schlüsselfragen zu stellen: Wer ist aus Nürnberg, und wie viele von diesem Seminar hören auf? – Keiner und 50 % war die Antwort. Der zweite Teil der Antwort war für mich unglaubwürdig, deshalb stellte ich noch mindestens zweimal die Frage nach der Überlebensrate, bis ich zur Antwort bekam, daß mich das doch nicht zu interessieren brauche, denn die Hauptsache wäre doch, daß ich es schaffen würde.

Ein paar Jahre später recherchierte ich aus Interesse, wie viele von meinem Seminar noch übrig waren. Bis auf mich selbst keiner!

Die Beschreibung dieses Teils des Seminars dient nur der Veranschaulichung der Situation, der Gedanken, Ängste und Zweifel, in denen sich der neue Teilnehmer am Grundseminar befindet. Um die 150 bis 200 solcher Grundseminare habe ich in dieser Form miterlebt. Die gleichen Pannen wiederholten sich (nur einige rühmliche Ausnahmen waren darunter) immer wieder.

Welches Ziel hat ein solches Seminar? Nun, ein einziges – die neuen Mitarbeiter sollen sofort nach dem Grundseminar Umsatz und damit Geld einbringen. *Da die fachliche und verkäuferische Kompetenz innerhalb von zwei Tagen nicht erworben werden kann, hat die Motivation der Teilnehmer den höchsten Stellenwert. Es geht darum, die Leute richtig geldgeil zu machen.* Es wird vermittelt, daß Geld das Wichtigste auf der Welt sei – mit dem raffinierten Einschub in der Schlußstunde des ersten Tages (für die Zweifler), man wisse sehr wohl, daß man mit Geld nicht alles kaufen könne (Gesundheit, gute Partnerschaft, Freunde usw.). In dieser Stunde geht es um den Verdienst, die Karriere und um das System, also genau das Gegenteil. *Wölfe im Schafspelz, das sind die meisten Leiter von Strukturvertrieben.* Sie reden so, als könnten sie niemandem etwas zuleide tun. In Wahrheit aber gehen sie über Leichen.

Somit wird ein Mitarbeiter schon von Beginn an mit einem Ausbildungsstil vertraut gemacht, der sich wie ein roter Faden durch die Karriere zieht.

Vordergründig wird ein Lernziel (Grundseminar = Verkaufsbasisseminar) angegeben. Tatsächlich geht es aber nur um die Zielsetzung, hochmotivierte Mitarbeiter auf die Menschheit loszulassen. Im Verkauf hatte ich z. B. in meiner Struktur folgende Schulungseinheiten für die Stufe A im Angebot:

1. Grundseminar
2. Grundkurs (jeweils drei Dienstage und Samstage auf das Grundseminar folgend)
3. Wochenmeetings (über 6 Monate auf die Grundkurse folgend, einmal in der Woche am Abend von ca. 20.00 – 22.30 Uhr, anschließender Kneipengang!)
4. Verkaufsförderungsseminar (2-Tagesseminar in einem Hotel)
5. Geschäftsstellenmeetings (einmal im Monat als Großmeeting in einem guten Hotel mit ca. 50 bis 150 Teilnehmern)

Zwischendurch wurden mit dem Strukturhöheren immer wieder Verkaufsgesprächs- und Kontaktaufnahmetrainings im Zweiergespräch vereinbart.

Da die Wochenmeetings auch Fachthemen enthielten, fand keine spezielle Fachausbildung statt.

Anders war dies bei Mitarbeitern ab der Stufe 1 – speziell hauptberufliche Führungskräfte. Regelmäßig wurden für diese Mitarbeiter Fachschulungen wie Steuer, Rentenversicherung, betriebliche Altersversorgung, Tarif und andere Schulungen angeboten. Dabei handelte es sich immer um Pflichtschulungen. Ab der Position 4 wurden im Rahmen der „Akademie" weitere Fachschulungen angeboten, die aber, wie bereits erwähnt, nur spärlich besucht wurden.

Verkäuferische Themengebiete wurden also zu 90 % in den Stufen A und 1 abgehandelt.

FÜHRUNG

In Strukturvertrieben ist es an der Tagesordnung, dem eben erst eingestellten Mitarbeiter schon sehr bald neue Mitarbeiter zuzuführen, das heißt, das Aufgabenprofil wird größer.

Die Gründe bzw. Zusammenhänge werden im Kapitel Führung und Faule Tricks dargestellt.

In diesem Unterkapitel soll nur ein prinzipieller Überblick gegeben werden.

Offiziell ist es ab der Stufe 1 gestattet, Mitarbeiter einzustellen (geschieht natürlich schon in der Stufe A), deshalb startet auch die Führungsausbildung mit dieser Stufe. Mitarbeiter, die die Stufe 1 erreicht hatten, wurden nach Lüneburg und Hamburg auf ein 4-Tagesseminar eingeladen, um zu lernen, wie man Mitarbeiter einstellt und betreut. Dieses Seminar war aber nur vordergründig eine Ausbildungsveranstaltung (die Versicherungsgesellschaft bezahlte dieses Seminar). Den Teilnehmern wurde von Beginn an klargemacht, daß es sich um eine Belohnung für ihre Arbeit handeln würde. Dementsprechend üppig wurde auch das Freizeitprogramm bemessen (s. Seminarplan, Abb. 28).

SEMINARPLAN zum FÜHRUNGSSEMINAR I
im Hotel ..., LÜNEBURG
vom 22.09. bis einschließlich 25.09.1991

SONNTAG, 22.09.1991

17.00	Begrüßung und Einführung in das Seminar – Aufbau „Ihrer Firma in der Firma" – Der sichere Weg zur Stufe 6
18.15	Kaffeepause
18.45	Vertriebsauftrag und Philosophie des Struktur-vertriebs
19.45	Kegeln

MONTAG, 23.09.1991

10.00	Terminvereinbarung für Einstellungsgespräche
10.50	Pause
11.10	Anforderung an den Bewerber MA-Auswahl und Qualitätsprofil
12.00	Pause
12.10	Einstellungsgespräch eines Direktions-repräsentanten – Teil I
13.00	Mittagspause
15.00	Einstellungsgespräch eines Direktions-repräsentanten – Teil II
15.50	Pause
16.00	Einstellungsgespräch eines Direktions-repräsentanten – Teil III
16.50	Kaffeepause
17.15	Richtige Mitarbeiterbetreuung beim Verkaufsgespräch
18.00	Pause

18.15	Die optimale Kundenberatung und ihre Folgen
20.00	Brauerkumpanei in der Kronendiele

DIENSTAG, 24.09.1991

10.00	Grundlagen des langfristigen Erfolgs
10.45	Kaffeepause
11.00	Offene Fragen – Seminar-bilanz
12.30	Abfahrt nach Hamburg zum Queens-Hotel
14.00	Hafenrundfahrt
20.00	Musical „Phantom der Oper"
22.30	Reeperbahn

MITTWOCH, 25.09.1991

9.00	Koffer an der Rezeption abgeben Frühstück im Queens-Hotel
9.45	Treffpunkt bei der Rezeption im Queens-Hotel
10.00	Hausführung in der Haupt-verwaltung des Versicherers
11.30	Mittagessen im Kasino der HV
12.45	Verabschiedung durch die Referenten in der Eingangshalle der HV
13.15	Abfahrt mit Taxis zum Bahnhof

Abb. 28 Seminarplan zum Führungsseminar I
für neue Mitarbeiter der Stufe I

Als ich das erste Mal bei einem 1er-Seminar als Begleitperson in Hamburg dabei war, begegneten wir dem ehemaligen, inzwischen verstorbenen Direktor H. U. H.: „Hallo, Herr H.K., habt ihr wieder neues Material mitgebracht – mal sehen, wie lange es brennt". Jetzt, als Mitarbeiter der Stufe 4, erfuhr ich also, was hinter den Kulissen gedacht wurde. In vielen Führungsseminaren und Meetings, an denen ich selbst teilgenommen habe, sprachen Mitarbeiter der Stufe 6 und Generäle abfällig von den Drolos, Kretins, Nullproduzenten, Deppen (Mitarbeiter bis zur Stufe 3). **Niemals zuvor hatte ich eine solche Menschenverachtung kennengelernt. „Bringt Scheine, ihr Schweine", „wer schreibt, bleibt", das sind nur einige von den starken Sprüchen.**

So oder entsprechend sind häufig Führungsseminare ausgelegt. Es geht immer darum, dem Mitarbeiter die Führungsmittel zukommen zu lassen, die er benötigt, um Mitarbeiter in der nächstniedrigeren Stufe zu führen. Es sollte immer vermieden werden, übergeordnete Strukturhöhere in Schwierigkeiten zu bringen. Die Führungsseminare (ab der Stufe 2) wurden aber immer mehr zu einer Gerüchtebörse, wobei eher die neuesten Geschichten und Tricks ausgetauscht wurden, als Lernzielinhalte mitzunehmen. Deshalb kamen viele Mitarbeiter immer wieder wutentbrannt von Führungsseminaren zurück und waren oft demotiviert, wenn Sie von anderen bestimmte Negativinformationen erhalten hatten.

Zum Thema Führung wurden in meiner Struktur folgende Ausbildungsveranstaltungen ab der Position 1 angeboten:

- 1er-Seminar
- 1er-Folgeseminar (2 Tage Thema Rekrutierung und Betreuung)
- 1er-Runden (achtmal in aufeinanderfolgenden Wochen an einem Abend, z. B. montags von 20.00–23.00 Uhr)
- Für Mitarbeiter der Stufe 1 Rekrutierungs- und Betreuungstrainings (wie stellt man Mitarbeiter ein, Training des Rekrutierungsgespräches mit dem Strukturhöheren, wie verhält er sich, wenn er zu einem Verkaufsgespräch mit einem unterstellten Mitarbeiter geht)
- 2er-Seminar in Wien (4 Tage reines Führungsseminar)
- Profiseminar (3 Tage)

- 2er-Runden und Gruppenleiter
- Referentenseminar

ZUSAMMENFASSUNG UND TIPS

Die einzige Alternative zu diesem Dilemma ist das Selbststudium bzw. sich nicht davon abhalten zu lassen, an guten Seminaren teilzunehmen. Es ist ganz klar, daß gut ausgebildete Mitarbeiter Führungsprobleme verursachen, da sie die Lücken der ihnen übergeordneten Führungskräfte aufzeigen. In Strukturvertrieben herrscht die Devise: Je weniger ein Mitarbeiter weiß, desto weniger unangenehme Fragen kann er stellen. Besonders stark ist dabei der Bereich der Führung betroffen, in der viele Elemente von Seminaren direkt nach deren Besuch verwendet werden, um Umsatzsteigerungen zu erzielen. Natürlich besteht kein Bedarf, dem unterstellten Mitarbeiter derartige Mittel an die Hand zu geben. Diese Taktik ist bequem, da sie die Köpfe nicht zwingt, sich zu stark bemühen zu müssen. Ein Ansatzpunkt hier ist der Besuch von externen Seminaren, die Sie zwar selbst bezahlen müssen, die aber Defizite wettmachen können. Im fachlichen Bereich habe ich es in der Praxis oft erlebt, daß Gespräche mit Sachbearbeitern (hierbei handelt es sich fast immer um ausgebildete Versicherungskaufleute) mehr bringen als die sogenannten Seminare. Auch der Verbraucherschutz sowie die einschlägige Fachpresse (Stiftung Warentest, Gerlachreport, Capital, DM und diverse Fachbücher zum Selbststudium) helfen hier weiter. *Lassen Sie sich, wenn Sie in einem Strukturvertrieb arbeiten sollten, nicht für dumm verkaufen!* Wehren Sie sich gegen die Inkompetenz und die Dummheit in den höheren Etagen. Tun Sie das nicht, sind die Leidtragenden die Kunden und die Mitarbeiter in den unteren Stufen.

Die Mitarbeitereinstellung

Es war so um den 22. Juni 1984, als das Telefon im Flur unseres Hauses in Nürnberg klingelte. Meine Mutter rief mich, ein gewisser W. K. wäre am Telefon. Da ich schon zwei Wochen vor diesem Anruf von einem Bekannten informiert worden war, daß der besagte Typ anrufen würde, war es für mich keine Überraschung mehr. Es ging schließlich ums Geldverdienen. Für mich war das damals ungeheuer wichtig. Als Student der Chemie, der wenig Bafög und wenig Unterstützung von zu Hause hatte, war ich es gewohnt, jeden Job anzunehmen, wenn er nur Geld einbrachte.

Schon vorab war mir gesagt worden, daß es sich um eine leichte Tätigkeit handeln würde (keine Schmutzarbeit und äußerst seriös). Noch wußte ich nicht, was in den nächsten acht Jahren alles auf mich zukommen würde. Zudem erhielt ich keine weiteren Details, um was es sich überhaupt handeln würde. Nach mehrmaligem Nachhaken erklärte W. K., es ginge ums Geldverdienen. Worum genau? Nun, am Telefon würde er über geschäftliche Dinge nicht reden. Sein Vorschlag wäre ein unverbindlicher Termin zwecks einer Unterredung. Er würde mir entgegenkommen. Er sei aus Deggendorf und hätte am 29.06.84 geschäftlich in Regensburg zu tun. Dies wäre die Hälfte der Strecke bis Nürnberg und ein guter Kompromiß. Was ich davon halten würde? Obwohl ich der Meinung war, W. K. wolle etwas von mir, sagte ich zu (Treffpunkt: ein Sporthotel in Regensburg). Als ich den Hörer aufgelegt hatte, ärgerte ich mich, daß ich auf die Finte hereingefallen war. Gleichzeitig fand ich es interessant, wie man am Telefon jemand zu etwas bringen kann, was er eigentlich normalerweise nicht tun würde. Wenn der Termin nicht relativ kurzfristig anberaumt worden wäre,

wäre ich entweder nicht gekommen oder hätte abgesagt, spätestens aber dann, wenn ich gewußt hätte, worum es gehen würde – Versicherungen zu verkaufen.

Was ich nicht wußte, war, daß W. K. nicht nur finanziell ziemlich am Ende, sondern daß auch seine Struktursituation äußerst bescheiden war. Er benötigte jeden Mitarbeiter, den er bekommen konnte, da die Gefahr bestand, von einem eigenen unterstellten Mitarbeiter, der sich in der Stufe 3 befand, im zweiten Halbjahr 1984 überholt zu werden. Tragischerweise sollte ich selbst 1990 genau den Mann überholen, der mich als erster angesprochen hatte, meinen Bekannten K. H.

Mitarbeiter sind das A und O in einem Strukturvertrieb. Wer in der Lage ist, regelmäßig Mitarbeiter ins Geschäft zu bringen, wer also ständig Indianer für die Umsatzproduktion hat, der kann über die Leitungsvergütung gutes Geld verdienen.

Die Mitarbeitergewinnung setzt sich dabei aus drei Teilen zusammen:

• die Kontaktaufnahme,
• das Einstellungs- oder Rekrutierungsgespräch,
• die Phase bis zum Grundseminar.

Von einem neu gewonnenen und eingestellten Mitarbeiter kann nur gesprochen werden, wenn er das Grundseminar vollständig besucht hat. Für die Versicherungsgesellschaft handelte es sich aus EDV-technischen Gründen erst um Mitarbeiter, wenn mindestens ein Antrag vermittelt wurde. Dies dürfte aus unternehmerischen Gesichtspunkten zwar günstiger sein, man hat dabei allerdings keinen Überblick, was vom Zeitpunkt der Kontaktaufnahme bis zum ersten Antrag passiert. Tatsache ist, daß der Zeitaufwand zur Gewinnung eines neuen Mitarbeiters enorm ist.

Das Kapitel Rekrutierung würde genug Stoff für mehrere Bücher bieten. Es soll deshalb nachfolgend nur eine kurze Abhandlung dieses Gebietes dargeboten werden.

DIE KANDIDATENSUCHE UND DIE KONTAKTAUF-NAHME

Ähnlich, wie oben dargestellt, fängt es also immer mit der Kontaktaufnahme zu neuen Mitarbeitern an (Terminvereinbarung mit Mitarbeiter, Rekrutierungstermin, Date usw.). Hierbei gibt es zwei hauptsächliche Methoden:

Die direkte Kontaktaufnahme

Jeder Kandidat für das Geschäft wird direkt von demjenigen angesprochen, der ihn für die Tätigkeit gewinnen will und das Einstellungsgespräch führt.

Dies kann z. B. persönlich geschehen. Sie werden in der Fußgängerzone einer Großstadt darauf angesprochen, daß Sie zu wenig Geld verdienen. Sie antworten, woher derjenige, der Sie anspricht, denn wisse, was Sie verdienen würden. Darauf erhalten sie die Antwort: „Auf jeden Fall zu wenig für Ihr Auftreten". Sie sind neugierig geworden, worum es sich wohl handeln würde. Der Rekrutierer sagt zu Ihnen: „Herr X, wenn ich Ihnen eine Möglichkeit zeige, wie Sie in der Hälfte der Zeit Ihres Hauptberufs das Doppelte verdienen, sind Sie dann bereit, eine Stunde Ihres Lebens zu investieren?" Sie wären wirklich bescheuert, wenn Sie nein sagen würden. Sie wollen immer noch wissen, um was es geht. Aber, aber! Geschäftliche Dinge bespricht man nicht in der Fußgängerzone. Sie erhalten eine Visitenkarte mit der Bitte, den Rekrutierer anzurufen, am gleichen Tag abends um 18.00 Uhr. Vorsichtshalber schreibt er sich aber Ihre Telefonnummer auf. Man kann schließlich nie wissen. Wenn Sie denken, Sie seien spontan angesprochen worden, täuschen Sie sich gewaltig. Die gesamte Kontaktaufnahme hat System und ist durchtrainiert (zum Teil jedes Wort, genauso wie der Satzbau). Der Rekrutierer weiß genau, was Sie antworten werden. Sie haben überhaupt keine Chance, einem Termin zu entkommen. Wir sprechen hier von einem Rekrutierungsprofi.

Es gibt allerdings auch genug Greenhörner unter den Vertriebsleuten, die diese Art der Ansprache nicht so gut beherrschen.

Diese sprechen sehr viele Leute folgendermaßen an:

„Wollen Sie Geld verdienen? Sie sehen aus wie jemand, der Geld verdienen will! Hallo, Sie sind der Typ, der wie ein zukünftiger Millionär aussieht!"

Auf diese Art und Weise werden jeden Tag Tausende angesprochen, deshalb ist die Erfolgsquote bei der Rekrutierung potentieller Mitarbeiter äußerst gering. Auch in Diskotheken, bei öffentlichen Veranstaltungen (Messen etc.) und allen anderen Möglichkeiten (Kaufhäusern usw.) wird die Methode der sogenannten Direktansprache praktiziert. **Wie leicht vorstellbar ist, findet eine qualifizierte Auswahl von geeigneten Mitarbeitern natürlich nicht statt.** *Diese äußerst unseriöse und aufdringliche Art des Kontakts wird vor allem von denjenigen praktiziert, die sich nicht mehr anders zu helfen wissen.* Da sie meist Schulden haben, brauchen sie Mitarbeiter, an denen sie Geld verdienen können. Häufig sind alle anderen Möglichkeiten der Kontaktaufnahme ausgeschöpft. Deshalb bleibt nur noch die eigene Prostitution.

Viele derjenigen, die angesprochen werden, reagieren ausgesprochen gutmütig, da es normalerweise sehr selten vorkommt, überhaupt auf der Straße angesprochen zu werden. In vielen „Ausbildungsveranstaltungen" werden die Mitarbeiter so trainiert und motiviert (z. B. Angstseminare, um Kontaktängste abzubauen – ein normaler Mensch verhält sich nicht in der Art und Weise), daß sie täglich manchmal zwei Stunden und mehr nur irgendwelche Leute ansprechen, meist zu zweit, um einen gewissen Druck zur Ansprache zu verspüren (der eine spricht drei an, dann der andere usw.).

Die telefonische Ansprache

Eine weitere Form der direkten Ansprache ist die telefonische Kontaktaufnahme. Sie sieht ungefähr folgendermaßen aus:

Terminvereinbarung für Rekrutierung und Argumente:

Guten Abend Herr Y, mein Name ist Schneeballprinz. Herr Y, wir kennen uns nicht persönlich und haben uns auch noch nie

gesehen. Sie werden jetzt wahrscheinlich etwas überrascht sein? –
Pause –

Worum geht es?

Nun, Sie kennen doch Herrn Z?

Ja, den kenne ich.

Wissen Sie, was Herr Z zur Zeit beruflich macht?

Er ist doch Schlosser, oder etwa nicht?

Da haben Sie vollkommen recht. Herr Z hat sich vor ca. 3 Monaten einmal Gedanken über sein zukünftiges Leben gemacht und sich entschlossen, es positiv zu verändern. Dabei sind wir zufällig auf Sie gekommen. Herr Z hat mir erzählt, daß Sie ein Mensch sind, der immer ein offenes Ohr hat, wenn es ums Geldverdienen geht. Außerdem wären Sie sehr flexibel und aufgeschlossen, das würde man schon daran erkennen können, daß Sie in sehr vielen Vereinen tätig sind.

Das ist richtig, aber worum geht es genau?

Herr Y, kennen Sie die XYZ-Organisation?

Nein.

Sagt Ihnen der Name Utopia etwas?

Ja, eine Versicherung.

Herr Y, nur um es vorab klarzustellen, ich suche niemanden, der irgendwelche Versicherungen verkauft!

Das hätte ich auch nicht gemacht!

Natürlich möchten Sie jetzt wissen, worum es geht. Am Telefon ein geschäftliches Gespräch zu führen ist doch etwas schwierig und unangebracht.

Was halten Sie davon, wenn wir uns für eine Stunde unverbindlich zusammensetzen und über eine geschäftliche Zusammenarbeit reden?

Kann man schon machen.

Wann paßt es Ihnen am besten, unter der Woche oder am Wochenende?

Unter der Woche.

Eher am Anfang oder gegen Ende?

Montags oder dienstags.

Wie sieht es bei Ihnen am Montag um 18.00 Uhr aus?

Das würde gehen.
Gut, Herr Y, dann sehen wir uns am Montag, den ... um 18.00 Uhr.
Moment, wo?
Genau Herr Y, was halten Sie davon, wenn wir uns im ABC-Hotel in Nürnberg an der Rezeption treffen?
In Ordnung.
So, ich habe mir in der Zwischenzeit den Termin notiert und werde pünktlich da sein.
Dann würde ich sagen, bis zum Montag, Herr Y.
Bis zum Montag .
Auf Wiederhören und noch einen schönen Abend.
Gleichfalls, auf Wiederhören.

Zu dieser Terminvereinbarung gibt es auf jedes Argument ein Gegenargument (anhand einer Argumentationsliste). Der angerufene Kandidat hat bei einem Profi normalerweise keine Chance, sich eines Termins zu entziehen. Die Terminvereinbarungen werden unterteilt in Freunde, Bekannte und Fremde. Prinzipiell geht man bei der Terminvereinbarung immer zuerst Bekannte, Freunde, Verwandte etc. an. Hier ist die Chance, wegen des Vertrauensvorschusses einen Termin zu bekommen, am größten. Erst wenn dieses Potential ausgeschöpft ist, werden entferntere Bekannte und Fremde (Empfehlungen) kontaktiert.

Die angeführten Beispiele sind nur ein kleiner Ausschnitt aus einer breiten Palette der Direktansprache. Die Erfolge (produzierender Mitarbeiter) haben mit diesen Methoden aber meist nur die Profis.

Die indirekte Kontaktaufnahme

Wesentlich besser eignet sich für den Rekrutierungsanfänger eine der indirekten Methoden. Es sollen hier nur die zwei wichtigsten erwähnt werden.

Der Schlepperkontakt

Der neu einzustellende Kandidat wird von dem Mitarbeiter, dem er später unterstellt werden soll, angesprochen und zu dem Termin für das Einstellungsgespräch gebracht. Dies läuft folgendermaßen ab:

Der Mitarbeiter spricht den zukünftigen Mitarbeiter, in der Regel ein guter Bekannter, an, ob er schon gehört habe, was er mache. Je nachdem, welche Informationen beim Gesprächspartner vorhanden sind, wird das Gespräch aufgebaut. Oft wissen die Bekannten nicht oder nicht genau Bescheid. *Da das Hauptmotiv für eine Tätigkeit in einem Strukturvertrieb das schnelle Geldverdienen ist, wird demzufolge auch jedes Gespräch in diese Richtung gelenkt.* „Durch meine neue Tätigkeit konnte ich mich finanziell enorm verbessern, verdiene genauso viel wie in meinem Hauptberuf, werde bald hauptberuflich einsteigen, baue mir ein zweites Standbein bei der derzeitigen Arbeitsmarktlage auf, habe mit Superleuten zu tun und die freie Zeiteinteilung" sind nur einige von den Aufreißerformulierungen. Die zentrale Frage, die von den Interessenten gestellt wird, ist: „Um was geht es?" Das ist das Signal, daß Interesse vorhanden ist. Jetzt wird auf die Möglichkeit verwiesen, an einem unverbindlichen Gespräch teilzunehmen, da der neue Mann selbst die Informationen nicht geben könne. Es wird ein Termin vereinbart, der entweder an einem zentralen Ort (Hotel, Restaurant, Café etc.), im Büro (man hat etwas zum Vorzeigen) oder, wenn es nicht anders geht, zu Hause beim Interessenten stattfindet. Sollten Sie also in den oben angeführten Lokalitäten zwei oder drei Personen in einem angeregten Gespräch beobachten, wobei meist der eine Gesprächspartner an seiner Vertriebsuniform zu erkennen ist (auf das Outfit kommen wir noch zu sprechen), so können Sie davon ausgehen, daß es sich um ein Rekrutierungsgespräch handelt. Die oben genannte Möglichkeit, den Interessenten bei sich zu Hause zu rekrutieren, wird vor allem dort praktiziert, wo entweder kein Telefon oder ein guter Bezug zum Mitarbeiter vorhanden ist.

Die telefonische Kontaktaufnahme

Eine zweite Möglichkeit der indirekten Kontaktaufnahme ist der telefonische Kontakt. Wiederum wird der Interessent vom ihm bekannten Mitarbeiter angesprochen und heiß gemacht. Im Vordergrund stehen meist materielle Motive (Geld, Auto, Haus etc.). Dann wird darauf verwiesen, daß er einen Anruf zwecks einer Terminvereinbarung erhalten werde.

Diese läuft ungefähr so ab:

Herr X, haben Sie sich schon mit Herrn Y unterhalten? – Ja – Wissen Sie worum es geht? – Nein – Zwecks einer geschäftlichen Zusammenarbeit sollten wir uns zu einem unverbindlichen Gespräch zusammensetzen, um uns kennenzulernen und Fragen abzuklären. Was halten Sie davon? – ... –

Will der Interessent am Telefon mehr wissen, wird er abgeblockt. Geschäftliche Dinge bespricht man persönlich. Leider kann man es sowohl bei der persönlichen als auch bei der telefonischen indirekten Kontaktaufnahme sehr oft nicht verhindern, daß der eigene Mitarbeiter mehr Informationen preisgibt – aus Angst oder um sich zu profilieren –, als er soll. Trotzdem funktioniert die Methode recht gut, da die Vertrauensbasis zwischen den neuen Interessenten und dem Mitarbeiter (oft eine Frage der sozialen Akzeptanz) in der Regel stimmt.

Bei den Kontaktaufnahmen wird vor allem auf die Unverbindlichkeit, Unabhängigkeit und Freiheit hingewiesen. Sollte jemand Lunte riechen und vermuten, daß es eigentlich nur ums Telefone- oder Klinkenputzen geht, baut man auch hier vor.

Frage des Interessenten: *Geht es um eine Versicherung?* – Gegenfrage: Wollen Sie Versicherungen verkaufen? Nein – Sehen Sie, deshalb rufe ich Sie auch nicht an (eine glatte Lüge). Komischerweise provoziert auch große Skeptiker diese banale Gegenfrage zu einem Termin. Eine gute Reaktion wäre folgende Gegenfrage: Herr Z, ich bin unter diesen Umständen bereit, mich mit Ihnen zu treffen; sollte es sich aber während des Gesprächs herausstellen, doch nur Versicherungen in irgendeiner Weise verkaufen zu müssen, so bitte ich Sie, mir meine Zeit mit DM 10.000,— zu vergüten und mir dies schriftlich zu bestätigen. Als Zeugen erlaube ich mir einen Bekannten mitzubringen. – Sie hören garantiert nichts mehr!

Terminvereinbarungen werden also nach folgendem Schema aufgebaut:

- Begrüßung (immer!)
- Bezugnahme auf einen Bekannten (oft ein Mitarbeiter)
- Präsentation von Informationen über den Interessenten selbst (Sie sind von Beruf, Hobbies etc.). Der Sinn dabei ist es, Vertrauen aufzubauen.
- Um was geht es? – Geld – (zweites Standbein, das verdienen, was man wert ist usw.)
- Vereinbarung eines festen Zeitpunktes bzw. Ortes, um weitere Einzelheiten zu besprechen.
- Bestätigung des Termins (bei längerfristig vereinbarten Terminen erfolgt vorher ein Rückruf, um sicherzugehen, daß dieser stattfindet).

Bei einer indirekten telefonischen Kontaktaufnahme ruft der Mitarbeiter den Interessenten nach dem Telefonat mit seinem „Boß" nochmals an, um negativen Reaktionen vorzubeugen und um diesen zu bestätigen (Hör Dir das auf jeden Fall an, es ist deine Chance, ich habe mich für Dich eingesetzt usw.).

Sie werden denken, das ist doch alles ganz einfach. Man braucht nur Schema F und, falls es Probleme gibt, die Argumentenliste, und schon findet ein Termin statt. Doch leider ist dem nicht so. Von 100 % aller angerufenen Interessenten sagen ca. 20–30 % schon am Telefon klipp und klar nein. Der Rest der Ja-Sager kommt aber auch nur zu 50–60 %, oft noch weniger, zu einem Termin. Die Praxis zeigt: Von 10 angerufenen Leuten kommen effektiv drei und nicht mehr! Voraussetzung dafür ist aber ein relativ professionelles Arbeiten.

Woran liegt das?

Ein Begriff im Strukturvertrieb ist die sogenannte Spaghetti-Methode. Sie werfen eine Handvoll Spaghetti an die Wand, ein paar bleiben schon hängen. Die Qualität einer Terminvereinbarung ist meßbar anhand des prozentualen Anteils derjenigen, die zum vereinbarten Termin anwesend sind. Dies hängt von folgenden Faktoren ab:

- Wer wird angerufen (Qualität des Kandidaten)
- Wer ruft an (Qualität des Kontakters)
- Bezug zur Vertrauensperson (wie groß ist die Akzeptanz zum tätigen Mitarbeiter, Empfehlungsgeber)
- In welcher Lebenssituation befindet sich der Kontaktierte (Motive, sich zu verändern etc.)

Um diese Punkte abzuklären, bedarf es einer ganzen Reihe von Vorinformationen.

Qualität des Kandidaten

Haben Sie sich schon einmal gefragt, welche Leute denn überhaupt als zukünftige Mitarbeiter angesprochen werden? Woher hat der Anrufer die Telefonnummer oder die Adresse? Wie findet eine entsprechende Vorauswahl statt? *Die Antwort bekommen Sie jetzt: Die breite Masse im Strukturvertrieb arbeitet nach der Spaghettimethode! Das sind meiner Meinung nach fast alle.* Nur die Vollprofis haben System und auch Erfolg! Alle anderen arbeiten nach dem Prinzip: **Möglichst viele ansprechen, ein paar bleiben schon hängen.** Das ist auch eine der Ursachen dafür, warum manche Leute nichts mehr vom Strukturvertrieb hören wollen. In manchen Gegenden treten Rudel von Kontaktern auf und verbrennen fruchtbare Erde durch ihre unqualifizierten Methoden der Ansprechtechniken.

Das Vorgehen ist dabei vergleichsweise einfach. Zuerst werden gute Bekannte, Freunde und Kunden zur Mitarbeitergewinnung angesprochen. Der nächste Kreis sind entferntere Bekannte, Empfehlungen über Dritte und Zufallsbekanntschaften. Die letzte Phase sind immer Fremde. Stellengesuche, Sportler aus der Zeitung, Direktansprachen in Diskotheken, Fußgängerzonen und auf Messen. Das Endstadium: Jeder, der nicht bei drei oben auf dem Baum sitzt. In dieser Form verlaufen auch die meisten Karrieren im Strukturvertrieb. Diejenigen, die mit den verpönten Methoden Leute ansprechen, tun dies, weil sie am Ende – auch ihrer Möglichkeiten – sind: Sie haben keine Kunden mehr, sie haben keine oder fast keine Mitarbeiter, meist hohe Schulden, sind in einer unteren bis mittleren Position im Vertrieb und wissen keinen Ausweg. Also bleibt scheinbar nur diese eine Alternative!

Wenn wir von zwei oder drei solcher Mitarbeiter reden würden, wäre dies kein Problem für die Existenz großer Strukturvertriebe. *Meiner Meinung nach befinden sich Zigtausende (vor allem hauptberufliche Mitarbeiter mit Familie) im Endstadium.* Der richtige Weg wäre, entweder eine professionelle Kontaktaufnahme zu praktizieren, oder aufzuhören. Alles andere erzeugt nur unnötiges Leid. Die Ergebnisse einer solchen Arbeitsweise sind nämlich frustrierend und führen immer weiter in das finanzielle Desaster und damit zum Ruin von ganzen Familien.

Aufhören heißt nicht, unfähig oder wertlos zu sein, wie dies oft in „Meetings" suggeriert wird, sondern sich der Realität zu stellen und als erwachsener Mensch die Verantwortung für sich und seine Familie zu übernehmen und sich einen anderen Beruf zu suchen. Dies gilt vor allem für hauptberufliche Strukturvertriebler!

Um in einem Strukturvertrieb erfolgreich tätig sein zu können – Ziel ist immer die höchste Hierarchieebene –, bedarf es einer ganzen Reihe außergewöhnlicher Eigenschaften und Fähigkeiten (ein jeder kann es schaffen = absoluter Schwachsinn!). Das Fundament für eine erfolgreiche Tätigkeit ist die soziale Kompetenz, das heißt die Fähigkeit, mit Mitmenschen jeglicher Art in der richtigen Art und Weise umgehen zu können. Dies drückt sich z. B. in der Größe des Bekanntenkreises, im Grad der sozialen Akzeptanz und auch in der beruflichen Position aus, die jemand ausfüllt, bevor er in einen Strukturvertrieb einsteigt.

Die Basis, um es zu schaffen, ist also zunächst ein qualitativ hochwertiges Namenspotential. Jeder braucht anfänglich eine gute Namensliste, aus der die ersten Kunden und vor allem Mitarbeiter resultieren (Abb. 30).

Namensliste

Name	Beruf	Alter		Ku	MA	woher bekannt

Der Erfolg eines jeden Selbständigen = Namen

Abb. 30 Grundkapital des Strukturvertriebsmitarbeiters: die Namensliste

Wen kenne ich ?

1. **von der Schule**
   - Volksschule
   - Gymnasium
2. **vom Studium**
3. **von der Lehre**
4. **vom Beruf**
5. **vom Arbeitsplatz**
6. **vom Wehr- oder Zivildienst**
7. **Nachbar**
8. **von meiner Fahrschule**
9. **vom Verein** (Sportverein, Partei, Feuerwehr, Berufs-verband, Gewerkschaft)
10. **vom Hobby** (Kegeln, Tennis, Skifahren, Reiten, Billard, Briefmarken, Sauna, Golf, Fußball, Radfahren, Leichtathletik, Wandern)
11. **durch das Kaufen von Artikeln**
    - Zeitungsgeschäft
    - Zigarettengeschäft
    - Schuhgeschäft
    - Blumengeschäft
    - Lebensmittelgeschäft
    - Sportgeschäft
    - Modegeschäft
    - Bäckerei
    - Metzgerei
    - Friseur
    - Getränkeabholmarkt
    - Reisebüro/ Lottoannahmestelle
12. **durch Partys**
13. **durch Lokale, Restaurants, Pils-Pubs, Weinfeste, Sommerfeste**
14. **durchs Auto** (Tankstelle, Reparaturwerkstätte, Reifenhändler, Autohändler, Taxifahrer)
15. **durch den Urlaub**
16. **durch die Freundin/Freunde** (auch frühere)
17. **durch einen Krankenhaus- oder Kuraufenthalt**
18. **durch einen Unfall**
    - Schädiger / Geschädigter
    - Rechtsanwalt
19. **durch eine Reparaturausführung**
    - Maler
    - Tischler
    - Elektriker
    - Spengler
    - Dachdecker
    - Fußbodenleger
20. **durch eine Krankheit**
    - Hausarzt - Zahnarzt -
    - Hautarzt - Internist -
    - Tierarzt - Apotheker -
    - Optiker - Massage /
    - Gymnastik - Sauna
    - Arzthelferin
    - Apothekenhelferin
    - Krankenschwester
    - Hebamme
21. **Wer ist mein Steuerberater?**
22. **Wo lasse ich meine Visitenkarten drucken?**
23. **Welchen Bankangestellten kenne ich?**
24. **Wie heißt der Vermieter - Hausmeister?**
25. **Kenne ich den Postboten - Schornsteinfeger - Stromableser?**
26. **Beim wem kaufe ich das Heizöl?**
27. **Bei wem lasse ich meine Filme entwickeln?**
28. **Bei wem lasse ich meine Kleider reinigen?**

Abb. 31 Als Kategorienvorgabe dient die Frage: Wen kenne ich woher?

Liegt diese Liste vollständig vor (mindestens 200 bis 250 Namen), beginnt die eigentliche Arbeit. Wer ist Kunde, wer ist Mitarbeiter? Wer schon einmal in einem Strukturvertrieb tätig war, wird schon wenige Tage oder Wochen nach seinem Einstieg an sich selbst festgestellt haben, daß die Menschheit in zwei Klassen zerfällt: Kunden oder Mitarbeiter. So sind beide Bereiche für sich wandelnde Dollarscheine. Ein ehemaliger Referent zeichnete auf meinem Führungsseminar I in Lüneburg folgendes Bild vom zukünftigen Mitarbeiter (Abb. 32):

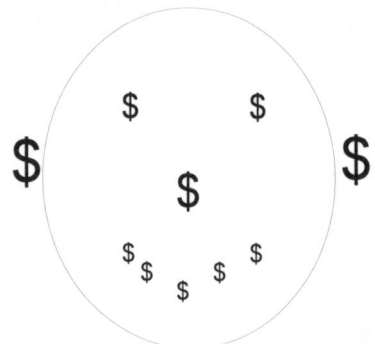

Abb. 32 So sieht der ideale Mitarbeiter aus!

Sie werden jetzt schmunzeln und sagen, daß es das doch nicht wirklich gäbe. Das Prinzip aller Strukturvertriebe ist es aber nun einmal, ihre Schulungen auf einem möglichst einfachen Niveau abzuhalten.

Wie sieht der ideale Mitarbeiter jedoch wirklich aus?

Auf meinen Seminaren, die ich in der Vergangenheit abgehalten habe, habe ich mir des öfteren erlaubt, die Mitarbeiter ein wenig zu „durchleuchten“. Dazu fanden Befragungen statt, warum sie angefangen hätten, was einen erfolgreichen Mitarbeiter ausmachen würde, welche positiven und negativen Eigenschaften sie sich selbst zuschreiben würden. In höheren Stufen wurden sogar professionelle Persönlichkeitstests mit der entsprechenden Auswertung durchgeführt.

Das Fazit ist: *Eine genaue Vorhersage der Erfolgsaussichten bei der Einstellung eines neuen Mitarbeiters ist nicht möglich, weil innerhalb kurzer Zeit große Sprünge in der Persönlichkeits-entwicklung des Einzelnen stattfinden müssen, da ansonsten keine Überlebenschance besteht.* Die Entwicklung des Mitarbeiters geht am Anfang auch bei weniger geeigneten Personen gut voran, führt aber relativ bald zu einer Verlangsamung und dann zum Stop.

Folgende Informationen sind meiner Meinung nach vor einer Kontaktierung erforderlich, um die Effizienz derselben zu erhöhen:

- Das Motiv (ist ein Motiv vorhanden, in einem Strukturvertrieb anzufangen, z. B. zusätzlicher Verdienst, Persönlichkeits-entwicklung usw.?)
- Die soziale Kompetenz (würden Sie ihm etwas abkaufen, kann er gut mit anderen umgehen, reden etc.?)
- Energiepotential (hat er genug Power, um durchzuhalten?)
- Persönlichkeit (sind Führungseigenschaften, ist Charisma im Ansatz vorhanden?)

Meiner Meinung nach kann auf keinen der vier Punkte verzichtet werden, da alle zusammen den erfolgreichen Mitarbeiter im Strukturvertrieb ausmachen. Diese Eigenschaften sind nicht, wie oft behauptet wird, zu erlernen. Entweder sind sie vorhanden oder eben nicht. Wie Sie selbst erkennen können, fallen damit sämtliche Kontaktmethoden weg, die auf Masse zielen. Oft werden Mitarbeitertypen nach ihrer Kleidung, dem Auftreten oder dem Verhalten eingeschätzt, obwohl die Beurteiler selbst vieles zu wünschen übrig lassen. Auch hier gilt: Nur der Profi hat eine realistische Chance!

Es kommen in erster Linie Leute in Frage, die auf der besagten Namensliste stehen, da über diese in der Regel eindeutige Aussagen gemacht werden können und damit eine höhere Erfolgsquote bei den Ansprachen gewährleistet ist.

Mitarbeiter, die über eine sehr kleine Namensliste verfügen, wenige Leute kennen und schlicht und einfach bereits hier schon Probleme haben, sind bis auf Ausnahmen zum Mißerfolg verdammt.

Anstatt sich aber neue geeignete Mitarbeiter mit entsprechenden Listen zu suchen, werden die Namenslisten und alle Querverbindungen mit Fragen bis zu Noah zurückverfolgt. Hat Nr. 71 eine Schwester, hat diese einen Ehemann, hat der wiederum einen Bruder, Vater, Opa – bis der Stammbaum durchgegangen worden ist.

Die Fehler bei der sogenannten Listenarbeit liegen wiederum im Detail. *Die Arbeit wird sehr oft von inkompetenten Führungskräften durchgeführt, die selbst keine ausreichenden Namenslisten besitzen und hoffen, zusätzliches Material zu bekommen, weshalb neue Mitarbeiter nicht selten – zu Recht – sehr mißtrauisch sind,* was deren Verwendung angeht. So sind unter anderem die Fragestellungen nicht eindeutig (soziale Kompetenz – was ist das?), die Listen unvollständig, der neue Mitarbeiter ungeeignet usw. usw. Die Ergebnisse, die mit der Listenmethode erzielt werden, sind, obwohl diese noch am besten geeignet ist, durch die zahlreichen Fehlerquellen nicht besonders gut. Dennoch gibt es eine ganze Reihe von Möglichkeiten, um hier deutliche Verbesserungen zu erzielen.

Die Qualität des Kontakters

Geht man vom Idealfall aus, daß eine Auflistung geeigneter Mitarbeiter aus der Urliste entstanden ist und auch diese gut beschrieben sind, bleibt dennoch die Art der richtigen Kontaktaufnahme. *Es ist in der Praxis so, daß oft gute Leute von Mitarbeitern kontaktiert werden, die selbst ungeeignet sind.* Nur Führungskräfte in höheren Positionen können die Erfolgsquoten erhöhen. Als Fehlerquellen sind bei der indirekten Kontaktaufnahme der bestehende Mitarbeiter selbst und die kontaktierende Führungskraft zu nennen. Jeder Schritt muß hier genau abgesprochen sein, um mehr Lust als Frust zu erzeugen. Ein nicht zustande gekommener Kontakt ist letztlich für beide Seiten reine Zeitverschwendung.

Die Akzeptanz des Kandidaten

Geht man davon aus, daß auch die Kontaktaufnahme ordnungsgemäß verläuft, bleibt immer noch das Restrisiko der Akzeptanz der Bezugsperson. Will mit dem Mitarbeiter niemand etwas zu tun haben, nützt das beste Telefonat nichts. Als Regel hat sich hier bewährt: *Gute Leute bringen gute Leute ins Geschäft!* Schlechte Leute bringen ungeeignete Mitarbeiter ins Geschäft! Zufallstreffer sind immer möglich!

Die Situation des Kandidaten

Zu guter Letzt kann trotz aller „idealen" Voraussetzungen die Situation des Angerufenen so beschaffen sein, daß im Augenblick eine Kontaktaufnahme unpassend ist: die Ehefrau ist krank, ein guter Freund ist gestorben oder eine berufliche Veränderung steht bevor.

Ist aber auch dieser Punkt positiv, so kann man von einer nahezu hundertprozentigen Erfolgsquote ausgehen.

Wie Sie sehen, ist es von der Auswahl bis zur Ansprache ein mühsamer Weg, wenn die Ansprechquote erfolgreich sein soll. Meine Erfahrungen haben gezeigt, daß nur wirkliche Profis unter den Kontaktern zu ansprechenden Ergebnissen kamen. Es gehört nicht nur eine gehörige Portion Erfahrung, sondern auch eine enorme Sensibilität dazu, bei einem Telefonat mit einem fremden Menschen die Situation richtig einzuschätzen und entsprechend zu reagieren.

Ab einem gewissen Punkt ist die „Antenne" so gut, daß zwischen den Worten herausgehört werden kann, was der andere wirklich meint oder will. Dazu gehört aber jahrelanges Training. Selbst wenn alle Voraussetzungen ideal wären, ist es nicht jedem gegeben, so zu telefonieren, als ob er ein Glas Bier trinken würde. *Viele Mitarbeiter entwickeln Ängste. Sie sehen sich nicht als Chancenverteiler, sondern als Bittsteller, und die meisten sind schließlich auch auf jeden Termin angewiesen.* Ohne Mitarbeiter platzt nämlich der Traum, zu den Topleuten zu gehören, wie eine Seifenblase. In meiner Vergangenheit habe ich Stunden, Tage, Wochen und sogar Monate damit verbracht, Mitarbeitern beizubringen, wie man professionell telefoniert und Listen erarbeitet. Die rechtlichen Probleme, wie z. B. der Datenschutz, das Kontaktieren von Fremden, werden hier gar nicht erwähnt. Langfristig gesehen gelingt es nur wenigen, sich selbst zu überwinden und professionelle

Kontakte zu knüpfen. Das ist einer der Hauptgründe, warum viele bereits in der Anfangsphase scheitern (erste oder zweite Führungsposition). Wenn aber ein Termin zustande kommt, wie läuft dann ein „unverbindliches" Gespräch ab?

DAS EINSTELLUNGSGESPRÄCH

Am Samstag, den 29. Juni 1984, war es soweit. Treffpunkt war unter einer Autobahnbrücke in Regensburg. W.K. kam genau drei Minuten zu spät. Er hatte Glück, denn ich war gerade im Begriff, wieder zurückzufahren, als vor mir ein weinroter 7er BMW mit Deggendorfer Kennzeichen hielt. Aus dem Wagen stieg ein gut gestylter Mann, der nach ätherischen Ölen roch. An seinem rechten Handgelenk befand sich ein breitgliedriges Herrenarmband und um den Hals trug er eine goldene Kette mit einem schlaffen Windhund als Anhänger. Erst viel später sollte ich erfahren, daß der BMW uralt, das Armband billig und der Cartieranhänger ein Imitat war. Da die Lufttemperatur ca. 25 Grad betrug, war W.K. in einer eleganten Hose und Poloshirt erschienen. Im niederbayerischen Dialektversuch, Hochdeutsch zu reden, erklärte er mir (in löchrigen Jeans und VW-Käfer), daß er gedenke, in ein naheliegendes Sporthotel zu fahren, wo wir ungestört reden könnten.

Im Hotel angekommen, plazierten wir uns im Gartenrestaurant, da es sich auf Grund des Wetters anbot. W.K. begann mit dem Gespräch, indem er sich vorstellte, mir erzählte, was er früher hauptberuflich gemacht habe und wie alt er sei.

27 Jahre alt, ein dickes Auto, Goldketten und teure Klamotten – der mußte gewaltig Kohle verdienen. Wenn man Geld verdienen will, muß man so aussehen, als habe man Geld.

W.K. war einer der typischen Blender, wie man sie so oft in dieser Branche antrifft. Wenn sie sich entdeckt glauben, kommen sie innerhalb kürzester Zeit sehr schnell ins Schwimmen. W.K. hatte ein Ziel an diesem Nachmittag – ein kurzes Gespräch zu führen und eine bezahlte Grundseminaranmeldung mit nach Hause zu nehmen. Keines von beidem gelang ihm. Trotzdem erschien ich eine Woche später auf dem Grundseminar – doch dazu später mehr.

Nach seinem Einstieg und nachdem ich ein paar Fragen bezüglich meiner Person beantwortet hatte, kam W.K. schnell zum Thema. Er klopfte zunächst mein Hintergrundwissen ab – Finanzdienstleistungsbranche etc. – Schließlich wurde mir schnell klar, daß es eigentlich nur darum ging, Lebensversicherungen zu verkaufen. Drei Jahre zuvor war ich auf eine Annonce hin bei einem Seminar der BVB gewesen, welches ich aber schon nach einer halben Stunde verließ, nachdem mir ein ehemaliger Polizist während einer Pause erklärt hatte, er würde fünfstellig verdienen, obwohl er in meinen Augen zweistellig aussah. W.K. merkte auf Grund meiner Zurückhaltung, daß mir der Verkauf ganz und gar nicht schmeckte. So wurden alle Register gezogen – vom Geldverdienen über die Ausbildung bis hin zum „Topmanager", der ich werden könne. Irgendwann nach zweieinhalb Stunden kam das ersehnte Ende des Gesprächs, und als es darum ging, die Getränke zu bezahlen, sagte ich zu W.K., wenn er schon so viel Geld verdienen würde, wie er vorgebe, könnte er mich doch zum Spezi einladen (mein damaliges Lieblingsgetränk). W.K. überlegte kurz und bezahlte ohne Kommentar. Damit war meine Entscheidung, das Grundseminar zu besuchen, gefallen.

Jedes Einstellungs-, Informations- oder Rekrutierungsgespräch hat nur eine Zielsetzung: den Kandidaten zum Besuch eines sogenannten Grundseminars (auch andere Bezeichnungen sind möglich) zu bringen!

Der Aufbau eines Einstellungsgespräches läuft sehr oft nach einem Schema ab. Viele Einstellungsgespräche existieren in schriftlicher Form und werden einfach auswendiggelernt und trainiert, bis diese im Schlaf sitzen. Leider haben viele Rekrutierer das Problem, bei Fragen, die nicht in der Argumentenliste enthalten sind, schnell aus dem Konzept zu geraten und dann einen eher hilflosen Eindruck zu hinterlassen.

Das Einstellungsgespräch ist in etwa so aufgebaut:

1. Aufwärmphase

2. Informationsphase:
   a) Unternehmen/Firma
   b) Vertriebsauftrag
   c) Produkt(e)
   d) Verdienst und Karriere
   e) Kundengewinnung

3. Abschlußphase

Die Aufwärmphase

Die Aufwärmphase ist ein beidseitiges Abtasten, um festzustellen, ob ein längerdauerndes Gespräch überhaupt sinnvoll ist. In der Praxis findet diese Phase nur in Form der Begrüßung statt.

Meines Erachtens ist der Beginn des Gesprächs der wichtigste Teil, da man etwas über die Motivation des zu Rekrutierenden, Hintergründe etc. erfahren kann. Auf sogenannten Rekrutierungsseminaren werden alle Phasen ausführlich besprochen und trainiert, um eine gute Gesprächstechnik zu gewährleisten. Natürlich existieren auch unterschiedliche Varianten, die vor allem auf den Beruf, die Stellung etc. des jeweiligen Kandidaten zugeschnitten sind. Ein zentraler Punkt in der Aufwärmphase ist es auch, festzustellen, wie zufrieden jemand mit seiner augenblicklichen Situation ist. Wenn jemand hungrig ist, tut er Dinge, die er unter normalen Umständen niemals machen würde.

Die Informationsphase

Hier läßt man die Katze aus dem Sack. Egal, welche Gesellschaft der „Kooperationspartner" ist – ich behaupte, daß nur Versicherungsmakler einen annähernd neutralen Status in der Branche einnehmen. Es wird vor allem mit enormen Zahlen geprotzt, um den Gesprächspartner zu beeindrucken. Der Vertriebsauftrag wird fast immer als soziale Tat dargestellt, daß einem fast die Tränen kommen. Oft wird auch die Existenz der Vertriebsfirma als quasi-staatliche Einrichtung begründet. Rentenversicherungsersatz, § 20, § 10 EStG. Um nicht den Eindruck zu erwecken, daß es sich um eine stinknormale Versicherungsverkäufertätigkeit handeln könnte, werden zusätzlich die „Unterschiede" zum normalen Versicherungsvertreter herausgekehrt. Diese Unterschiede sind Stichpunkte wie:

- nicht zielgruppenorientiert (jeder kann als Kunde angesprochen werden),
- Leistungsprinzip (kein Festgehalt),
- Superkarrieremodell,
- eine Topausbildung (Baukastensystem)
- und natürlich ein Finanzdienstleistungsprodukt, das mit Lebensversicherungen nichts zu tun hat.

Da es sich bei den angesprochenen Personen meist um Laien handelt, können natürlich im Prinzip alle Geschichten erzählt werden, die einigermaßen glaubhaft klingen. Im nachhinein gesehen muß ich sagen, daß meiner Meinung nach herkömmliche Versicherungverkäufer oft bessere Verträge in der Tasche haben, was die soziale Sicherheit anbelangt, als Mitarbeiter eines Strukturvertriebs.

Mit einem umfassenden Rekrutierungsgespräch versuchen die Anfänger unter den Rekrutierern, gleich einem Breitbandantibiotikum in der Medizin, alle möglichen Bedürfnisse und Wünsche abzutasten, um eine positive Entscheidung für das Grundseminar zu erzielen.

Da – wie erwähnt – der Verdienst eine zentrale Rolle bei den Einstellungsgesprächen spielt, wird dieser Teil besonders ausführlich behandelt. Was wird pro Abschluß verdient? Wie verläuft der Aufstieg im Karrieremodell? Wieviel Zeit muß investiert werden (hier wird stark untertrieben)? Wie läuft die Betreuung ab? Wie gut ist die Abschlußquote?

Die Aufzeichnung sieht dabei annähernd wie folgt aus (Abb. 33):

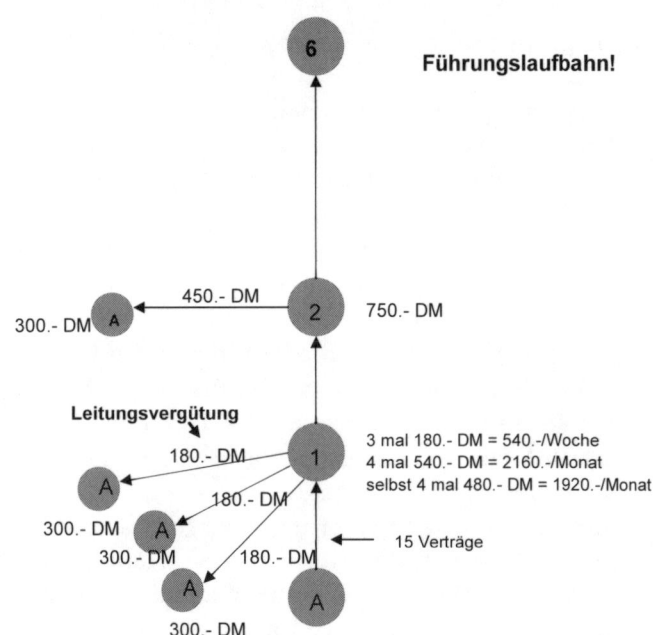

Abb. 33 Die Verdienst- und Aufstiegsmöglichkeiten im Strukturvertrieb

Dem Mitarbeiter wird unabhängig von seiner Qualifikation erzählt, daß zur Zeit nur Führungskräfte eingestellt werden, die Anfangsphase als Verkäufer aber zur Übung dient. Ist es denn schwierig, läppische 15mal Vertrauen zu bekommen (abzuschließen)? Danach ist der neue Mitarbeiter schon in der Position 1. Genügt das nicht, so wird dem Interessenten erklärt, daß er schon früher Mitarbeiter einstellen kann, die zur Karriere zählen. Die Leitungsvergütung gibt es allerdings erst ab der Stufe 1. Die entscheidende Frage ist, ob man für einen nebenberuflichen Verdienst von DM 2.000,— zwei oder drei geeignete Mitarbeiter findet. In der Regel lautet die Antwort des Interessenten natürlich Ja.

Wie aber kommt man zu Kunden? Nun wird das Geheimnis des Verkaufs erläutert – das Empfehlungsgeschäft (Abb. 34)

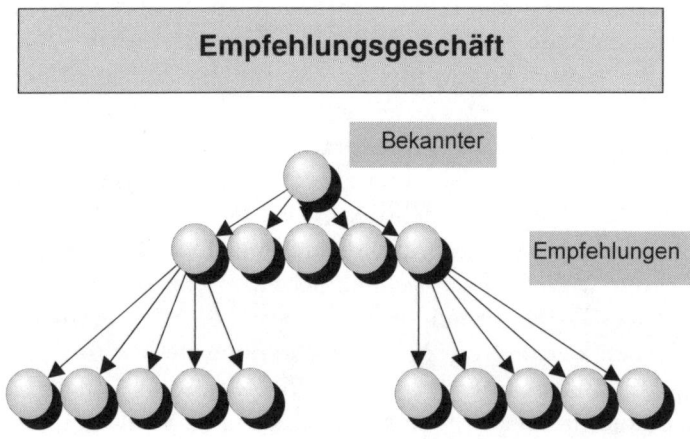

Abb. 34 Schematischer Aufbau des Empfehlungsgeschäfts

Bis zu diesem Punkt hat ein normales Rekrutierungsgespräch so ziemlich alles enthalten, was auch nur annähernd für den Gesprächspartner interessant sein könnte.

Ziel ist es jedoch, den Interessenten zum Besuch eines Grundseminars zu bewegen.

Die Abschlußphase

Da Grundseminare um die DM 200,— pro Teilnehmer kosten, gilt es nun, eine Teilnahme zu erreichen.

Alle Informationen erhält jeder, der anfangen will, auf dem Grundseminar. Danach kann man starten und sein erstes Geld verdienen. Wenn man auch nur einen Antrag vermittelt, kommt das Geld, welches für Verpflegung und Übernachtung vom Teilnehmer bezahlt werden muß, wieder herein. Zieht der Interessent nicht so recht, erklärt man ihm, daß er sich frei entscheiden kann, ob er anfängt oder nicht. Im Prinzip sind es nur zwei Tage an Zeit und DM 200,— an Geld, die er investiert – sonst nichts! Wie oft bekommt man eine gute Chance im Leben? Was kann er verlieren und was kann er gewinnen?

Um Negativreaktionen vorzubeugen, wird dem Interessenten gesagt, er solle mit niemandem sprechen, so lange er nicht alle Informationen habe – also bis nach dem Grundseminar.

Jegliche Argumentation ist bereits für die Zeit nach dem Besuch des Grundseminars ausgerichtet, so daß es quasi als klar erscheint, daß ein Besuch stattfindet.

Auch um das Grundseminar zu verkaufen, existiert eine ganze Reihe von Argumentationshilfen.

Bei Unschlüssigen trennt man sich mit dem Hinweis, daß nur eine begrenzte Anzahl von Teilnehmern das Seminar besuchen kann und in zwei Tagen Anmeldeschluß wäre. Deshalb vereinbart man einen neuen Termin, um eine Entscheidung herbeizuführen.

Natürlich ist es überhaupt kein Problem, selbst einen Tag vor dem Seminar noch Teilnehmer zuzulassen, da Strukturvertriebler auf jeden Mitarbeiter angewiesen sind.

Die Vorbereitung bis zum Grundseminar

Ist eine Zusage erfolgt, beginnt je nach Mitarbeitertyp bereits vor dem Grundseminar die Führung. Dem Mitarbeiter wird eine Broschüre über das Unternehmen ausgehändigt. Er erhält das Kundengespräch in schriftlicher Form mit dem Hinweis, es durchzulesen und sich vorzubereiten. Es wird ihm eine leere Namensliste ausgehändigt, die bis zu einem sogenannten Basistermin ca. 250 Namen für Kunden und Mitarbeiter enthalten muß. Er wird auf die Kleiderordnung des Seminars (Anzug und Krawatte bzw. Kostüm für die Frau) hingewiesen, und es wird ihm der Weg zum Hotel erklärt. Oft fahren der Betreuer und die neuen Leute gemeinsam zum großen Ereignis.

Zusammenfassung

Bei der Einstellung von neuen Mitarbeitern in Strukturvertrieben werden zwei Ziele verfolgt:
Der Besuch eines Grundseminars
Die Erweiterung des eigenen Namenspotentials

Tips:
- Lassen Sie sich die letzten zwölf Abrechnungen des Rekrutierers zeigen (viel Spaß!).
- Fragen Sie den Rekrutierer, was er finanziert und geleast hat, bzw. welche Kredite in welcher Höhe er laufen hat.
- Fragen Sie ihn, in welcher Stufe er ist, wie viele aktive Mitarbeiter er in welchen Stufen hat und wieviel Umsatz er in den letzten zwölf Monaten produziert hat (jeden Monat einzeln).
- Fragen Sie ihn nach seiner Stornoquote der letzten zwölf Monate.
- Erkundigen Sie sich nach dem Rekrutierer in dessen Heimatort.
- Da viele Mitarbeiter über Bekannte ins Geschäft kommen, fragen Sie diese, was sie bisher erreicht haben und wieviele Anträge mit dem Verwandten-, Bekannten- und Familienkreis abgeschlossen wurden.
- Versucht man, Sie zum Besuch eines Seminars unter Druck zu setzen, fangen Sie erst gar nicht an – der Druck wird nach dem Seminar noch stärker!

Die Mitarbeiterführung

GRUNDLAGEN

Eine unübersehbare Flut von Literatur existiert zum Thema Führung. Dabei geht es fast immer um das klassische Arbeitnehmerbeschäftigungsverhältnis. Die Rollenverteilung ist also relativ klar. Auf der einen Seite steht das Unternehmen als Arbeitgeber, repräsentiert durch seine Führungsspitze und deren Hierarchie, auf der anderen Seite alle abhängigen Arbeitnehmer bis zum Vorstandsvorsitzenden. Dabei gilt, daß der Kompetenz- und Führungsspielraum in der Pyramide von unten nach oben enorm zunimmt.

Der Sinn eines Unternehmens ist es, möglichst viel Umsatz äußerst kostengünstig zu produzieren, um einen maximalen Gewinn zu erwirtschaften. Da in einem großen Unternehmen nicht 2.000 Leute tun und lassen können, was sie wollen, ist eine Koordination der Arbeitsabläufe und Aufgaben notwendig. Die Nahtstellen in diesem Netzwerk sind die sogenannten Führungskräfte oder auch Manager (von to manage = geschickt bewerkstelligen, deichseln, zustandebringen), denen diese Koordinationsaufgaben zufallen.

Mit der reinen Organisation ist es aber nicht getan, da Menschen nun einmal keine Maschinen sind, die nur justiert werden müssen, um ihre Aufgaben optimal zu erfüllen. Vielmehr sind die Motive, warum jemand eine Tätigkeit ausführt, sehr vielfältig. Damit Mitarbeiter die volle Leistung erbringen können, müssen diese hochmotiviert sowie seelisch und körperlich gesund sein. Gerade die Motivation von unterstellten Mitarbeitern ist eine Wissenschaft für sich, da bekanntlich im zwischenmenschlichen Bereich die größten Schwierigkeiten auf Grund der Kommunikationssituation zu erwarten sind.

Führen heißt also, neben der koordinatorischen auch eine motivatorische Aufgabe zu erfüllen, die eine optimale Zusammenarbeit mit optimaler Leistung zur Folge hat. Eine gute Führungskraft ist also auch jemand, der in der Lage ist, andere so zu beeinflussen, daß das Potential optimal genutzt wird. Im Zusammenhang mit Führung wird deshalb auch oft von Team- oder Gruppenarbeit gesprochen, da bei bestimmten Voraussetzungen diese Form bei Arbeitsabläufen produktiver ist als das Einzelkämpfertum.

Im Gegensatz zu den normalen Firmenstrukturen ist in einem Strukturvertrieb jeder Vermittler selbständig und verfügt damit nicht über ein Festgehalt. Ausgenommen sind in der Regel Sekretärinnen, Assistenten, Schulungsleiter und Agenturmitarbeiter (Innendienst und Agentur), wobei die Agenturen nur zum Teil ein Festgehalt beziehen und zum Teil Provision auf ihr Neugeschäft erhalten. Man kann also sagen, daß der gesamte für das Neugeschäft zuständige Außendienst auf selbständiger Basis arbeitet. Trotzdem liegt der Tätigkeit ein Hierarchiemodell, ähnlich dem eines Angestellten, zu Grunde, das nur durch eine stärker leistungsorientierte Vertragsgestaltung gekennzeichnet ist.

Es geht also darum, selbständige Vermittler in den verschiedensten Hierarchiestufen zu „führen".

Der Ansporn für die Mitarbeiter besteht in einem Strukturvertrieb darin, auf der Erfolgsleiter Stufe für Stufe aufwärts zu klettern und damit die eigene Karriereposition, die selbstverständlich umsatzgebunden ist (umsatz- und stornoabhängig), zu verbessern.

Zusammenfassend kann also gesagt werden, daß sich die Situation eines Mitarbeiters im Strukturvertrieb nur unwesentlich von der eines normalen Angestellten unterscheidet. Grundlegende Unterschiede sind die Kündigungsfrist, fehlende soziale Leistungen und eine stärkere Leistungsorientierung – wer nichts produziert, verdient nichts oder fliegt hinaus.

Während des Aufstiegs in einem Strukturvertrieb ändert sich das Aufgabenprofil von Stufe zu Stufe ganz erheblich. Es ist ein wesentlicher Unterschied, ob ein Mitarbeiter 3, 5, 50 oder 1.000 unterstellte Mitarbeiter nebst Führungskräften zu „betreuen" hat. Da also Mitarbeiter im Strukturvertrieb nicht für einen Posten mit einem mehr oder weniger klar umrissenen Aufgabengebiet eingestellt werden, sind enorme Anforderungen an die Mitarbeiter bezüglich der Persönlichkeitsentwicklung und Weiterbildung, gerade im Bereich der Menschenführung, gestellt.

Wie läuft nun die „Führung" in Strukturvertrieben ab, bzw. wie soll diese ablaufen?

Um diese Frage richtig beantworten zu können, könnte man jetzt einige tausend Seiten über das Thema Führung und Motivation von Menschen referieren. Dies möchte ich aber nicht tun. **Vielmehr stelle ich die Behauptung auf, daß Führung mehr eine Anforderung an den Führenden als an den Geführten darstellt.** Konsequenterweise können aber nur diejenigen andere „führen", die in der Lage sind, sich selbst zu führen. Meiner Meinung nach ist „Führung" vor allem Vorführung, also als gutes Beispiel voranzugehen und zu zeigen, wie es gemacht wird. Das ändert nichts an der Tatsache, daß andere Eigenschaften wie soziale Kompetenz, Konsequenz, Selbstbeherrschung und ein hohes eigenes Motivationspotential auch vorhanden sein müssen.

Im folgenden Unterkapitel wird dabei näher auf Führung in der Theorie und in der Praxis eingegangen.

DIE FÜHRUNG DER EIGENEN PERSON

Was ist mit diesem Begriff gemeint?

Sich selbst zu führen heißt, eine Reihe von Eigenschaften zu entwickeln, bis als Resultat positive Erfolgsergebnisse (Umsatz, persönliche Befriedigung, Verdienst usw.) zu verzeichnen sind. Damit sind wir auch schon bei der Frage, welche Eigenschaften für eine Führungsrolle entscheidend sind.

Diese Frage ist natürlich nicht in einem Satz zu beantworten. Liest man sich in die Arbeits- und Organisationspsychologie bzw. Führungspsychologie ein, kann schnell festgestellt werden, daß der Zusammenhang zwischen bestimmten einzelnen Komponenten, z. B. gutes Abschlußzeugnis und Redegewandtheit, relativ gering ist. Für mich hat es den Anschein, als versuche man mit einem allumfassenden Ansatz die „Führung", die es meiner Meinung nicht gibt, in den Griff zu bekommen. Es muß doch erst unterschieden werden, welche Anforderungen an eine Person in einer bestimmten Situation, beispielsweise die Betreuung von 5 neuen Außendienstmitarbeitern der Stufe A, zu stellen sind.

Würde man jetzt alle erforderlichen Eigenschaften aufzählen, die einen guten Verkäufer oder eine gute Führungskraft auszeichnen, würden 99 % aller Mitarbeiter als ungeeignet ausscheiden. *Der entscheidende Punkt ist daher die Entwicklungsfähigkeit eines Menschen.* Nur wenige werden zum Verkäufer oder zur Führungskraft geboren. Oft wird auch nicht berücksichtigt, daß gerade die Führungskräfte noch bessere Verkäufer sein müssen, da sie sich sowohl nach unten als nach oben, aber auch nach draußen verkaufen müssen. Vielen, denen aber auch eine hohe Führungsposition rein von gewissen Eigenschaften her nicht zugetraut würde, sitzen in Toppositionen. Ebenso, wie die Idealleute oft klägliche Versager sind, da sie die in sie gesetzten Erwartungen nicht erfüllen können.

Führung heißt also immer, Eigenschaften zu entwickeln, die zum Erfolg führen.

Im Strukturvertrieb sind dies in der Anfangsphase für einen Verkäufer (s. Kapitel 2) die Kontaktfähigkeit, die Überzeugungskraft, das Fachwissen, ein sich entwickelndes Selbstbewußtsein, die Frustrationstoleranz oder Ausdauer, die Alterozentriertheit (Einstellung auf den anderen) und vor allem eigene, klare Zielsetzungen. Dabei entwickelt sich jemand von Verkaufsgespräch zu Verkaufsgespräch zum Verkäufer – oder auch nicht.

Die Führungskraft, die diesen Verkäufer zu betreuen hat, muß erkennen, welche Schwächen vorhanden, wie bzw. ob sie zu beheben sind und ob es sinnvoll ist, längerfristig in jemanden Zeit und Geld zu investieren. Manch einer, der für die Position 6 geeignet gewesen wäre, ist so bereits in der Stufe A kaputtgegangen, weil Führungskräfte selbst nicht fähig waren, diese Perlen zu erkennen. Es wurden gerade diese Mitarbeiter entweder gar nicht oder nur mangelhaft gefördert, da die überstellte Führungskraft in den eigenen Mitarbeitern ihren späteren Henker zu sehen glaubte.

Das gleiche gilt für Führungskräfte, die Führungskräfte betreuen. Diese höherentwickelten Führungskräfte müssen entscheiden, ob eine Führungskraft in der Lage ist, sich weiterzuentwickeln, zukünftige Führungskräfte zu erkennen und dies in der Praxis umzusetzen bzw. Ergebnisse zu produzieren.

Dabei stellt sich die Aufgabe, diese Personen so zu fördern, daß es diesen gelingt, in der Hierarchie aufzusteigen. Wird eine Führungskraft für nicht entwicklungsfähig gehalten – damit ist diese ungeeignet –, müssen Entscheidungen getroffen werden. Das wäre z. B. die Zuweisung einer Aufgabe, die diese Führungskraft erfüllen kann und bei der sie auch glücklich ist. Viele Führungskräfte, die keinen Erfolg haben, sind nämlich höchst unglücklich und wären zufriedener, wenn man ihnen eine Aufgabe anböte, die ihren Fähigkeiten entspräche. Eine Führungskraft, die nur ein guter Verkäufer ist, gehört zurück in den Verkauf.

Im Vertriebsalltag wird derjenige, der nicht weiterkommt, konsequent kaltgestellt oder radikal entfernt (Rausschmiß). Oft genug würden aber die Führungskräfte, die das entscheiden, besser das Feld verlassen, da sie einfach zu häufig Fehlentscheidungen treffen, die das Unternehmen Geld, Ansehen und vor allem unwiederbringliches Mitarbeiterpotential kosten. Dies alles gilt bis zur Topetage in Strukturvertrieben.

Eigenführung heißt, sich so zu entwickeln (führen), daß man der jeweiligen Position entsprechend auch die notwendige optimale Leistung bringt. Dies bedeutet ein hartes Stück Arbeit, da jeder erst einmal erkennen muß, wo seine Schwächen bzw. Stärken liegen.

Wenn dies erkannt worden ist, kann mit der Arbeit an sich selbst begonnen werden, da dann Ziele vorhanden sind, was wann wie geändert werden muß. Die Ergebnisse zeigen den Erfolg oder Mißerfolg eines solchen Prozesses auf.

Um einen kleinen Einblick in die Praxis zu geben, beginnen wir mit einer Führungskraft der Position 1 bis 3, die den Kontakt zum Mitarbeiter, der äußerst wichtig ist, richtig handhaben will.

Der Kontakt zum Mitarbeiter

Mit dem Kontakt zum Mitarbeiter wird einer der grundlegenden Bausteine für den Führungserfolg gelegt. Die richtige Kommunikation ist sozusagen der Kitt, das A & O, um Führung überhaupt erst möglich zu machen.

Je nachdem, welche Erfahrungen die neuen Mitarbeiter machen, spiegelt sich dies in deren späterer Tätigkeit wider. Viele Redewendungen, Fragen, Bemerkungen, Sprüche, Lob, Tadel etc. werden von den Vorbildern übernommen. Der Mitarbeiter orientiert sich dabei an derjenigen Führungskraft, die er akzeptiert.

Beim Kontakt kann zwischen persönlichem und nicht persönlichem (z. B. telefonisch oder schriftlich) Kontakt unterschieden werden. Persönlicher Kontakt heißt immer von Angesicht zu Angesicht. Diese Form des Umgangs hat die stärkste Wirkung. Gleich danach kommt der telefonische Kontakt, welcher aber weit kritischer zu bewerten ist, da niemand weiß, wie er tatsächlich auf seinen Gesprächspartner wirkt (auf Lob kann der Mitarbeiter seiner Frau durch Zeichen zu verstehen geben, was er von seinem Strukturhöheren hält – z. B. den Vogel zeigen). Alle anderen Formen des Kontaktes (Brief, Nachricht hinterlassen usw.) sind nur geeignet, um Informationen, die nicht höchster Priorität sind oder rechtliche Konsequenzen zur Folge haben zu hinterlassen, ausgenommen z. B. die Einladung zu einer Festivität oder Veranstaltung.

Wie sollte nun das persönliche Kontaktgespräch aussehen?

Gute Kommunikation heißt immer, daß der Sender den Empfänger so erreicht, daß möglichst wenig von der beabsichtigten Informationsweitergabe verloren geht.

In ein Gespräch sollte man deshalb immer vorbereitet gehen. Es muß nicht unbedingt mit Skript und Fragenkatalog, aber mit einem Konzept, das im Kopf existiert, geschehen.

Spricht man die Sprache des anderen oder redet man an ihm vorbei (soziale Situation des Gesprächspartners muß beachtet werden)?

Welche Motive hat der Gesprächspartner, was erwartet er sich von einem Gespräch?

Und schließlich, welchen Grund gibt es, sich erneut zu treffen (Zielsetzung!)?

Dies waren im Kurzverfahren wichtige Inhalte eines Gesprächsaufbaues, um ein gutes Ergebnis für beide Gesprächspartner zu erzielen.

In der Realität sieht man sich während einer Gesprächssituation natürlich mit wesentlich schwierigeren Mechanismen konfrontiert, als in der grauen Theorie.

Nur selten wird die Situation des anderen, bzw. dessen Konzepte oder Ziele, berücksichtigt. Meistens wird sich nicht einmal die Mühe gemacht, eine gleiche Ebene herzustellen. Amateure und Möchtegern-„Manager" gehen immer davon aus, was **Sie** wollen und versuchen mit rhetorischen Mitteln, den Mitarbeiter so zu beeinflussen, daß ihre eigenen Zielsetzungen durchgesetzt werden. Meist handelt es sich dabei nicht um eine geschickte Manipulation des Gesprächspartners, sondern um eine plumpe Wiederholungsmasche, die an eine Gehirnwäsche erinnert: Es werden ständig Termine vereinbart, um den Mitarbeiter erst gar nicht auf dumme Gedanken kommen zu lassen. Dies artet unter Umständen in richtigen Kontaktterror aus. Die Gesprächsführung in der Praxis läuft also eher auf verbale Eroberungsfeldzüge hinaus, bei denen es darum geht, dem anderen den eigenen Stempel aufzudrücken.

Da es sich aufwendiger gestaltet, ein persönliches Treffen wahrzunehmen, wird der telefonische Kontakt oft vorgezogen (Telefonterror). Mitarbeiter in Strukturvertrieben lernen gerade bei neuen Mitarbeitern immer **täglich** Kontakt zu halten, damit diese nicht wegbrechen (genau das Gegenteil wird bewirkt!).

Dies geht natürlich den Betroffenen mit der Zeit gewaltig auf den Wecker, noch dazu, wenn sich die Herren und Damen Manager besonders gerne reden hören und sich nicht aufs Notwendige beschränken können.

Allgemein gilt bei Telefonaten: *In der Kürze liegt die Würze!*

Mitarbeiter können übrigens nur etwas verkaufen, wenn sie nicht ständig telefonieren!

Zudem muß man immer wissen, wie gut der Mitarbeiter ist. Gute Leute durchschauen die 08/15-Taktik nämlich sehr, sehr schnell. Dann ist man aber auch ebenso schnell als Partner abgemeldet, da sich der Mitarbeiter nicht akzeptiert fühlt. Richtig grob wird es, wenn nicht nur eine, sondern zwei oder drei „Führungskräfte" in einer Linie einen Mitarbeiter bearbeiten (motivieren – da kann man nur müde lächeln!).

Dies geschieht, wenn Strukturen aus vielen Häuptlingen und wenigen Indianern bestehen. Das ist tatsächlich sogar überwiegend der Fall. Es würde hier zu weit führen, Kommunikationsmodelle zu erklären und spezifische Fallbeispiele für verschiedene Mitarbeitertypen anzuführen. Dazu würde dieses Buch nicht ausreichen. Hier sollte nur auszugsweise auf die Problematik hingewiesen werden.

Der Seminarbesuch

„Dumm geboren wird jeder, leider sterben die meisten auch dumm!"

Es ist ein unausgesprochenes Muß in einem Strukturvertrieb, jegliche Ausbildung, auch wenn diese noch so schlecht ist, mitzunehmen. Es ist nämlich gerade für Einsteiger fast die einzige Chance, auch bezüglich ihrer Weiterbildung vorwärts zu kommen.

Die Praxis sieht oft nicht so gut aus. Viele Mitarbeiter in Strukturvertrieben, insbesondere im Nebenberuf, nehmen es mit diesem Thema nicht so ernst. Dabei wäre gerade für sie, die an der Front arbeiten und regelmäßig Kundengespräche führen, eine Fortbildung bitter nötig, ja sogar **ein absolutes MUSS!** In manchen Strukturvertrieben wird es sogar zur Pflicht gemacht, an Ausbildungsveranstaltungen teilzunehmen. Mitarbeiter, die selbst nicht „gebildet" sind, haben auch kein Interesse, unterstellte Mitarbeiter unterweisen zu lassen.

So entstehen die Ignoranzstrukturen, die mit Laienwissen den Ruf der Strukturvertriebe noch mehr beschädigen.

Wer andere führen will, muß gut ausgebildet sein, denn Wissen ist Macht. An zweiter Stelle darf in keinem Fall die Vorbildwirkung auf die Mitarbeiter vergessen werden. Leider trägt auf der anderen Seite das Niveau der meisten Schulungen nicht gerade dazu bei, die Anwesenheitsrate zu erhöhen.

Das Delegieren

„Was braucht ihr mich, ich hab doch Euch". Dieser Satz ist den meisten Führungskräften in Strukturvertrieben wie auf den Leib geschrieben. In diesem Sinn läuft auch das Delegationsprinzip in vielen Strukturvertrieben ab. Es ist ein großer Unterschied, ob ein Mitarbeiter durch Delegation aufgebaut oder frustriert wird. Wenn man unter Delegieren eine Kompetenzerweiterung und nicht ein reines Ausführen von zusätzlichen Anweisungen, Aufgaben bzw. Arbeitsbeschaffungsmaßnahmen versteht, so muß sich die Führungskraft immer sehr genau überlegen, welche Konsequenzen beim Mitarbeiter oder bei den unterstellten Mitarbeitern zu erwarten sind.

Wird z. B. ein Mitarbeiter zum Büroleiter ernannt, hat aber Strukturprobleme, weil der stärkste Ast 85 % vom Gesamtumsatz produziert, so ist der Ärger bereits vorprogrammiert.

Der „Büroleiter" ist durch die zusätzlichen Verwaltungsaufgaben noch weniger in der Lage, eine gleichmäßige Strukturproduktion zu erreichen, da er nur vermindert Mitarbeiter einstellen kann. Dadurch wird die stärkste Struktur immer noch stärker. Die entsprechende Führungskraft, die dieser Struktur vorsteht, wird aber frustriert, da sie nicht selbst Büroleiter wurde und wird versuchen, sich Anweisungen zu widersetzen bzw. Sand ins Verwaltungsgetriebe zu streuen. Die Konsequenzen sind Mehrarbeit, Konflikte und unter Umständen ein Umsatzrückgang in der gesamten Struktur. Ist der Büroleiter „clever", wird er versuchen seine Macht auszunutzen, um die stärkste Struktur zu schwächen, da er nicht, wie üblich, gleich viel Zeit zum eigenen Aufbau übrig hat.

Delegation würde also in diesem Fall eher einen Umsatzrückgang als eine Steigerung nach sich ziehen.

Auch zum Thema Delegation kann man stufen-, struktur- und situationsabhängig viele Fallbeispiele aufzählen, wie richtig oder falsch verfahren wird. Dazu müßte jedoch erst auf den Begriff des Delegierens im Bereich des Strukturvertriebs eingegangen werden. Zudem wären sehr umfangreiche detaillierte Analysen notwendig, um richtige Delegationsentscheidungen verständlich zu machen. Auch dies ist im Rahmen dieses Buches nicht möglich.

Richtige Delegation führt allerdings immer schneller zum Erfolg und Aufstieg in Strukturvertrieben, als dies bei vergleichbaren Systemen der Fall ist. Inwieweit richtig delegiert wurde, läßt sich demnach auch am Wachstum einer Struktur und an der Persönlichkeitsentwicklung des Mitarbeiters, dem etwas delegiert wurde, abschätzen.

Strukturen, in denen zu früh delegiert wird, sind in der Endkonsequenz immer zum Mißerfolg verurteilt.

Die Zeitplanung und Zielsetzung

Manche Menschen leben ihr Leben so, als könnten sie es wiederholen. Da es aber keine zweite Runde gibt, sollte sich jeder darüber klar werden, wie sein Leben aussehen soll.

Meines Erachtens steht die Zeit- oder Lebensplanung an erster Stelle vor dem Beginn irgendeiner Tätigkeit. Zeit zu gewinnen ist unmöglich, denn Zeit ist unwiederbringlich. Durch richtige Entscheidungen kann allerdings der Faktor Geld, mit dem Freizeit „erkauft" werden kann, ganz erheblich beeinflußt werden. Gelingt es nämlich, ein Lebenseinkommen innerhalb von fünf bis zehn Jahren zu erwirtschaften, hat man für den Rest seines Lebens Freizeit – mit ca. 1,5 bis 2 Mio. DM läßt es sich durchaus 50 bis 60 Jahre gut leben.

Freizeit ist aber nicht unbedingt gleichzusetzen mit Urlaub oder Faulenzen, sondern eben freie Zeit, die zur Verfügung steht. Nur Lottomillionären, glücklichen Erben oder Glückspilzen ist es in der Regel vorbehalten, innerhalb kurzer Zeit in diesen Genuß zu kommen.

Alle anderen müssen dafür hart arbeiten – meist ein Leben lang. Ein Strukturvertrieb bietet aber tatsächlich, wenn auch einer äußerst geringen Minderheit, die Möglichkeit, diesen Traum wahrzumachen.

Alle, die ich kennengelernt habe und die zu dieser Minderheit gehören, hatten ausnahmslos klare Lebensvorstellungen und konnten sehr genau zwischen wichtig und unwichtig unterscheiden. Wer also in einem Strukturvertrieb beginnt, sollte sich nicht nur genau im klaren darüber sein, wieviel Freizeit er investieren will, sondern auch, wie die eigene Zielsetzung aussieht. Wer nur ein paar Mark zusätzlich verdienen will, hat in einem Strukturvertrieb nichts verloren, da diese Einstellung einfach unrentabel ist. Besser ist es dann schon, als nebenberuflicher Agent für ein Unternehmen tätig zu sein, da die Anfangsprovisionen wesentlich höher sind.

Seine Zeit zu planen heißt auch, einen Zeitplaner zu besitzen.

Zusammenfassend kann also gesagt werden, daß nur über professionelle Zeitplanung und realistische Zielsetzungen, die immer einer Kontrolle unterliegen, der Erfolg überhaupt erst möglich wird.

Die Analyse und die Statistik

Viele Mitarbeiter in Strukturvertrieben kommen aus ganz normalen Berufen und sind es nicht gewohnt, mit Analysen oder Statistiken zu arbeiten.

Es reicht aber nicht nur, zu wissen, wohin man will, man muß auch wissen, wo man steht. Abschlußverhältnisse von 6 oder 7 zu 1, also sieben Kundengespräche und nur ein Abschluß, sind einfach nicht akzeptabel. Nur wer von sich selbst eine Verkaufsstatistik besitzt, kann objektiv beurteilen, wo er steht. Dasselbe gilt für die unterstellten Mitarbeiter oder ganze Strukturen.

Jeder kleine Selbständige in einem Einmann-Kiosk macht am Abend Kasse und überprüft, welche Einnahmen bzw. Ausgaben er hatte. Genau so sollte es ein Mitarbeiter im Strukturvertrieb handhaben.

Mitarbeiter, die keine Statistiken führen, haben langfristig keine Chance, da sie keine Standortbestimmung durchführen können. Erst wenn Stufen verpaßt wurden, wird der eine oder andere einsichtig – manche allerdings nie. Auch beschönigende Statistiken führen zu nichts – sie sind Selbstbetrug.

Die wichtigsten Inhalte von Analysen und Statistiken sind Werte über Abschlußverhältnisse (Anzahl der durchgeführten Kundengespräche zu Abschlüssen), Empfehlungsverhältnisse (Anzahl der erhaltenen Empfehlungen zu Kundengesprächen), Terminverhältnisse (Anzahl der angeführten Kunden zu stattgefundenen Kundengesprächen), Abschlußhöhen (Höhe der Versicherungssumme zum Abschluß) und der Zeitaufwand in Relation zum Monatsverdienst.

Es gibt Mitarbeiter, die 20 und mehr Verkaufsgespräche pro Woche führen (im Nebenberuf) und dabei ein oder zwei Abschlüsse erzielen. Sie realisieren das allerdings erst drei Monate später, wenn sie kein Kundenpotential mehr besitzen.

In einem Strukturvertrieb ist die Effektivität entscheidend, da der Faktor Zeit nicht unbegrenzt zur Verfügung steht. Mitarbeiter in hohen Positionen hatten im Verlauf ihrer Karriere auch immer gute Verkaufs- und Rekrutierungsergebnisse.

Rekrutierungsstatistiken sind ab dem Zeitpunkt interessant, ab dem der Mitarbeiter beginnt, neue Mitarbeiter anzuwerben.

Die wichtigsten Werte sind die Terminverhältnisse I (vereinbarte Termine zu stattgefundenen Rekrutierungsgesprächen), Terminverhältnisse II (angerufene Kandidaten zu Terminzusagen), Rekrutierungsabschlüsse (Zusagen für das Grundseminar zur Anzahl der rekrutierten Interessenten) und die Anzahl der selbst rekrutierten Mitarbeiter auf den Anfängerseminaren bzw. deren Anfangsergebnisse in den ersten 4 Wochen nach dem Start.

Wer einen Überblick über Verkaufsstatistiken, Rekrutierungsstatistiken, Planungen und Zielsetzungen hat, kann sehr schnell sehen, ob Strukturen am Wachsen sind oder nicht.

Es ist selbstverständlich für eine gute Führungskraft, diese Daten zu besitzen. Allerdings muß dies nicht übertrieben werden, da die Mitarbeiter die Aufgabe haben, Umsatz zu bringen und nicht zwei Stunden täglich benötigen sollten, um irgendwelche Statistiken anzufertigen oder auszufüllen.

Gesprächstechniken

Die Führung von Mitarbeitern ist mit der richtigen Kommunikation (verbal und nonverbal) gleichzusetzen, da sich Menschen durch die Sprache zu verständigen pflegen.

Wer also richtig und gut kommuniziert, hat Vorteile, wenn es darum geht, bestimmte Ziele zu erreichen.

Dies gilt sowohl im Verkauf, wenn es darum geht, Verkaufsabschlüsse zu erzielen, als auch bei der Einstellung von neuen Mitarbeitern. Besonders wichtig werden Gesprächs- oder Kommunikationstechniken, wenn es um die Zusammenarbeit geht.

Zu diesem Thema existiert deshalb auch umfangreiche und gute Literatur (siehe Anhang). Besser als jegliche Buchlektüre ist der Besuch eines Kommunikationsseminars (Rhetorik, Dialektik etc.).

Dabei sollte besonders auf die Referenten und Veranstalter geachtet werden, da es viele schwarze Schafe auf diesem Markt gibt. Jesuitenpater wie z. B. Rupert Lay oder Pater Ziegler sind natürlich allererste Wahl, da sie keine persönlichen kommerziellen Interessen verfolgen.

Die Möglichkeiten reichen dabei vom Zweiergespräch bis hin zum Einzelvortrag vor 10.000 und mehr Personen.

Auch hier würde es den Rahmen dieses Buches bei weitem sprengen, auf die einzelnen Gesprächstechniken einzugehen.

Allgemein kann jedoch gesagt werden, daß zwar vor allem in höheren Positionen alle Gesprächstechniken bekannt sind, jedoch nicht adäquat im Sinne des Mitarbeiters zur Anwendung kommen. Vielmehr handelt es sich bei vielen Veranstaltungen nur um Manipulationsversuche, die ethisch stark anzuzweifeln sind.

Wer in einem Strukturvertrieb arbeitet, sollte sich auf jeden Fall auch Gegenliteratur besorgen und lesen, um zu verhindern, daß er nicht selbst in den Strudel dieser Sackgassenrhetorik gerät. Es steht in der Regel weniger das Wohl der Mitarbeiter als vielmehr der Geldbeutel des Strukturhöheren im Vordergrund, von dem wir bereits wissen, daß er nur bei wenigen prall gefüllt ist.

Bei einer guten Kenntnis von Gesprächstechniken können aber die größten Probleme in Strukturvertrieben umgangen werden.

Motivation

Allein die Tatsache, in einem Strukturvertrieb schnell aufsteigen und viel Geld verdienen zu können, setzt bei vielen Mitarbeitern nicht die Energie frei. Dies ist zu verstehen, wenn man sich die enormen Negativerlebnisse, die die Mitarbeiter zu bewältigen haben, vergegenwärtigt. Das Nein des Kunden, die Absage bei der Rekrutierung neuer Mitarbeiter oder die Negativeinstellung der eigenen Frau bzw. des Lebensgefährten zum Geschäft frustriert sehr schnell und hinterläßt eine nachhaltige Wirkung. *In einem Strukturvertrieb zu arbeiten heißt, mit 90 % Neins zu leben.* Viele schaffen das aber nicht.

Die Motivation der Mitarbeiter soll deshalb für frischen Wind, Optimismus und Tatkraft sorgen. *Kein Begriff dürfte im Strukturvertrieb so strapaziert worden sein wie der der Motivation.*

Man pumpt den Mitarbeiter auf, baut ihn auf, motiviert ihn, jener gibt ihm Gas usw., was es so alles gibt.

Tatsächliche Motivation versucht allerdings nicht nur kurzfristig von außen zu wirken, sondern die Fähigkeit, sich selbst zu motivieren, zu verbessern. Dazu gibt es viele gute Techniken und Möglichkeiten.

In Strukturvertrieben erfolgt die Motivation meist nur von außen – d. h., Mitarbeiter werden in ihrem Selbstwertgefühl verstärkt (Du bist gut, Mann oder Frau), die Einstellung wird korrigiert („ich bin gut drauf, ich sehe gut aus, ich bin o. k.") und es wird durch Incentivemaßnahmen (Einladung zum Gourmetessen, Reise in die Südsee oder auch nur die Verleihung eines simplen Anhängers) das Gefühl vermittelt, mehr wert zu sein.

Meist ist die Wirkung aber nur kurzfristig. Die Mitarbeiter laufen wieder ein Stückchen und müssen dann erneut motiviert werden, bis sie irgendwann kollabieren (Zombimotivation = Strukturvertriebsleichen wiederbeleben).

Die Motivierer selbst verausgaben sich dabei enorm und benötigen oft selbst Motivation von ihren Strukturhöheren, welche diese selbst wiederum brauchen. Das Ende der Fahnenstange ist das Burnout-Syndrom (totale Leere) bei den Topleuten.

Da die hauptsächliche Motivationsarbeit entweder persönlich (z. B. in Vorträgen, Gesprächen und Seminaren) oder telefonisch vor sich geht, nimmt die Häufigkeit dieser Kontakte mit zunehmendem Mißerfolg der Mitarbeiter ab. Unverständlich ist es, daß auch bei guten Erfolgen der Mitarbeiter die Unterstützungshäufigkeit abnimmt. *Die Führungskraft geht davon aus, daß der oder die Mitarbeiter so gut sind, daß sie keine Unterstützung mehr benötigen. Das ist ein entscheidender Irrglaube!* Nur ein Bruchteil der Topleute ist wirklich fähig, Motivation in der Form von Hilfe zur Selbsthilfe zu praktizieren. Der Rest betreibt die 08/15-Motivation, wie z. B.: Wie geht's? – Schlecht! – Aber Herr Moneymaker, warum so negativ? – Fünf Kundengespräche – kein Abschluß. – Haben Sie Empfehlungen bekommen? – Ja, 10 Stück. – Na, das ist doch super, oder nicht? – Ja, schon. – Wenn Sie noch einmal jeweils 20 Empfehlungen von diesen 10 Neukunden bekommen, dann haben Sie 100 % mehr Kunden! – Ja, aber keine Abschlüsse. – Das ist doch nicht so wichtig. – Hauptsache, Sie haben Adressen, die Abschlüsse kommen von selbst! – Bei den nächsten drei Kundengesprächen gehe ich bei Ihnen mit – alles klar. – Wenn Sie meinen. – Jetzt sind wieder gut drauf – oder?

Diese Motivationsgespräche finden zuhauf statt, wobei es sich noch um eine bessere Version handelt – viele sind einfach indiskutabel. Schlecht draufsein gibt es nicht – man kann immer etwas Positives finden. Das ist im Prinzip zwar richtig – leider hat der Mitarbeiter damit noch keine müde Mark verdient.

Die reine „Motiviererei" ist eben nicht so zeitaufwendig wie etwa die Fehleranalyse, eine erneute Betreuung in der Praxis und die zusätzliche Arbeit mit dem Mitarbeiter, die dazu führen würde, aus den Fehlern zu lernen und diese zu eliminieren.

Viele Strukturvertriebe bestehen somit aus reinen Verbalmotivierern und nicht aus kompetenten Führungskräften mit Aufbaupotential.

Die Literatur zum Thema Motivation ist Legion – ebenso wie das Seminarangebot, wobei das Letztere mit äußerster Vorsicht wahrgenommen werden sollte, da es sich meist nur um idiotische Manipulationsseminare mit Fortsetzung handelt, damit der Teilnehmer Stück für Stück lernt – und nebenbei DM 5.000 oder DM 10.000 bezahlt!

Die Zahl der Anbieter von „Persönlichkeits- und Motivationsseminaren" ist praktisch unüberschaubar und kann meines Erachtens niemandem empfohlen werden. Manche Veranstalter ziehen den Leuten das Geld aus der Tasche und machen diese unter Umständen sogar abhängig – auf Beispiele wird hier aus rechtlichen Gründen allerdings verzichtet.

In der HMI z. B. haben einige Generalrepräsentanten und Mitarbeiter der Stufe 6 eine ganze Zeit lang in Lizenz sogenannte Pallas-Seminare veranstaltet und dabei gut verdient (doppelt natürlich: in der HMI und durch die Pallasseminare), bis dies irgendwann untersagt wurde.

DIE MITARBEITERFÜHRUNG

Da sich in Strukturvertrieben – abhängig vom jeweiligen Stufenstand – unterschiedliche qualitative und quantitative Eigenschaften ergeben (z. B. Stufe A = Verkäufer mit 0 Mitarbeitern oder Stufe 6 = Manager mit 500 Mitarbeitern), ist es natürlich auch in diesem Rahmen sinnvoll, auf Führungsaufgaben einzugehen.

Im wesentlichen kann dabei, je nach Aufgabenprofil, in 4 Kategorien unterschieden werden (Abb. 35).

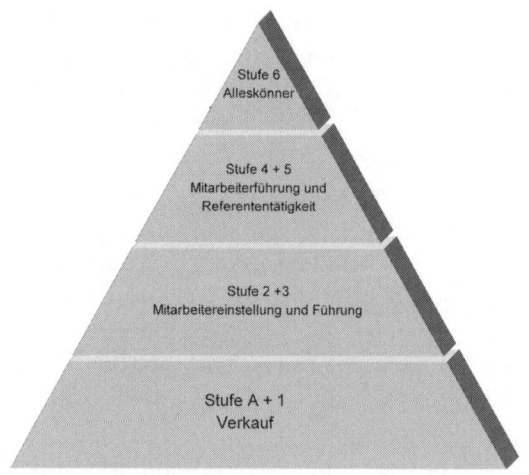

Abb. 35 Aufgabenprofil innerhalb einer Struktur

Sollten Sie sich also in irgendeiner Stufe eines Strukturvertriebs befinden, werden Sie anschließend sehr schnell Ihre persönliche Führungsstrategie, bzw. wie Sie selbst geführt werden, wiederentdecken.

Die Stufen A und 1

Die Stufen A und 1 sind reine Umsatz- oder Drückerstufen. 80 % des Gesamtumsatzes werden durch Mitarbeiter in den Positionen A und 1 erbracht. Die Führung solcher Mitarbeiter ist demgemäß relativ einfach. Die Mitarbeiter müssen als Verkäufer ausgebildet und durch Umsatzerfolge motiviert werden. Das geschieht durch gemeinsame Terminvereinbarungen mit den Kunden, Kundengespräche und Abschlußtechniken.

Die Führungskraft (meist Position 2 oder 3) ist für den Mitarbeiter der Position A oder 1 ein Vorbild. Ist der Mitarbeiter im Verkauf erfolgreich, steigt er schnell in die Stufe 1 auf und hat dann im Schnitt einen bis drei unterstellte Mitarbeiter.

Das Aufgabengebiet teilt sich hierbei in den Verkauf, die Einstellung neuer Mitarbeiter und die „Führung" von bestehenden Mitarbeitern auf. Da diese Aufgaben normalerweise nebenberuflich wahrgenommen werden müssen, ist eine Betreuung durch Mitarbeiter der Position 2, 3 und 4 unerläßlich (zu ca. 60–70 %).

Aufgabe hierbei ist es, den Mitarbeiter in der Position 1 an seine neuen Aufgaben heranzuführen, so daß er später in der Position 2 selbst in der Lage ist, Mitarbeiter der Position A und 1 zu betreuen.

Die Voraussetzungen dafür sind guter Eigenverkauf und der damit verbundene notwendige Verdienst sowie der Erwerb rhetorischer Fähigkeiten, d. h. die Eigenschaft, mit Mitarbeitern in der richtigen Weise reden und auch umgehen zu können.

Hieran scheitern denn auch die meisten Führungskräfte – ca. 90 % aller Mitarbeiter scheiden in den Positionen A und 1 aus. Zum einen gelingt es diesen meist nicht, den Mitarbeiter so gut im Verkauf zu schulen, daß dieser selbständig ordentliches Geld verdient, z. B. durch eine gute Abschlußquote, zum anderen sind nebenberufliche Vermittler der Position 1 meist total überfordert, was den Aufgabenbereich anbelangt. Hier spielt sowohl die zeitliche Komponente als auch die Persönlichkeitsentwicklung eine Rolle. Viele Mitarbeiter geraten in Konflikt mit ihrem Hauptberuf, der Familie und den Bekannten. Sie schaffen letztlich den Sprung vom Verkäufer zur Führungskraft nicht.

Werden sie von den unterstellten Mitarbeitern nicht akzeptiert, wird die Betreuung reduziert. Strukturhöhere in den Stufen 2 oder 3 haben Angst, stufengleich zu werden. *Zwischenmenschliche Probleme wie Intrigen, Mangel an Erfolg, Akzeptanz, Selbstüberschätzung, Managersyndrom (der Mitarbeiter der Stufe 1 fühlt sich so, als wäre er in der Stufe 6) und mangelndes kaufmännisches Verhalten (verdientes Geld wird zum Fenster hinausgeworfen) sind einige der Hauptursachen für das Scheitern in diesen Stufen.* Die Führungsaufgabe der überstellten Mitarbeiter ist es sozusagen, den Vermittler der Stufe 1 in die Stufe 2 durchzubringen, damit er mehr Geld verdient und damit hauptberuflich tätig werden kann.

Für Mitarbeiter der Stufe 1 sind also Verkaufsgespräche, Einstellungsgespräche, Gespräche mit unterstellten Mitarbeitern, das Begleiten auf die ersten Kundengespräche, der Besuch von Ausbildungsveranstaltungen und die außergeschäftlichen Treffs mit unterstellten Mitarbeitern zu bewältigen. **Der Zeitaufwand dürfte dabei im Nebenberuf bei ca. 30–40 Stunden pro Woche liegen.** Da sich fast alle Mitarbeiter in einem zusätzlichen hauptberuflichen Arbeitsverhältnis befinden, wird der Zeitaufwand als gigantische Belastung und die Betreuung durch die Strukturhöheren als Schikane, was letztlich auch oft zutrifft, empfunden. Der Ausstieg aus dem Strukturvertriebssystem ist dann meist vorprogrammiert. Die größten Führungsfehler machen Mitarbeiter in der Position 2 oder 3 bei der Führung von Vermittlern der Stufe A. Mitarbeiter in der Position 4 tragen das ihre zu diesem Dilemma bei, indem sie sich zu wenig einschalten und gute Mitarbeiter der Stufe 1 ohne Unterstützung laufen lassen, anstatt diese stark zu fördern. Meist wird viel Zeit in „schlechte" Mitarbeiter investiert, so daß am Ende nur noch Brände gelöscht werden. Wenn ein Mitarbeiter unten ist, wird in diesen investiert – bis dann meist ein anderer unten ist – und so weiter. Der Vergleich mit einem Jongleur ist dabei gar nicht so falsch. Durch richtige Personalentscheidungen könnten aber viele Fehler, Zeiteinsatz und Ärger vermieden werden.

Die Stufen 2 und 3

In den Stufen 2 und 3 bahnt sich meist eine der wichtigsten Entscheidungen für den Mitarbeiter an – die hauptberufliche Tätigkeit. Oft sind Mitarbeiter fünf, zehn oder mehr Jahre in einer Firma angestellt und sollen nach sechs oder zwölf Monaten Strukturvertrieb entscheiden, wie ihr weiterer Lebensweg aussieht. Zeitlich sind Strukturen in einer Größenordnung zwischen 10 (Stufe 2) und 20 (Stufe 3) Mitarbeitern im Nebenberuf nicht mehr zu betreuen. Nebenberufliche Mitarbeiter sehen es zudem als eine Bestätigung des Systems an, wenn Mitarbeiter der Stufe 2 oder 3 in den Hauptberuf gehen – die Führung der Nebenberufler wird dadurch wesentlich erleichtert – Mut wird nämlich fast immer belohnt. So hat in der Stufe zwei bzw. drei die Führung durch Vorbild ein weitaus stärkeres Gewicht als in der Stufe eins. In der Stufe 2 oder 3 muß Geld verdient werden, das wissen sowohl die unterstellten als auch die überstellten Mitarbeiter. Entscheidend für die Akzeptanz nach unten in diesen Stufen ist damit die Strukturbreite, d. h., wie viele Mitarbeiter direkt oder indirekt an den Kopf der Struktur gebunden sind. Bei einem durchschnittlichen Umsatz sind die Verdienstunterschiede (s. Kap. 1) ganz erheblich. In der Stufe 2 und 3 trennt sich dann auch die Spreu vom Weizen. Meist muß, will man in die nächsthöhere Stufe kommen, eine Klausel (Prozentklausel bzw. Stornoklausel) überwunden werden. Der überstellte Mitarbeiter in der Position 4 hat aber nur dann Interesse, den Mitarbeiter in der Position 3 in die Stufe 4 zu fördern, wenn er selbst die Stufe 5 erreichen kann. Andernfalls würde die Stufengleichheit sehr viel Geld kosten (stufengleich = kein Verdienst). Deshalb sind zur Führung von Mitarbeitern der Stufen 2 und 3 auch immer die Mitarbeiter der Stufen 5 und 6 angehalten. *Nur Mitarbeiter, die finanziell unabhängig sind, können es sich erlauben, gute Leute unvoreingenommen zu fördern.* Ziel dabei

ist es, von der Kleingruppe von 10 bis 20 Mitarbeitern zu Groß-
gruppen von 50, 60 und mehr Mitarbeitern zu kommen. Mitarbeiter der Position 3 sind oft als Büroleiter interessant, da sie von
der Umsatzgröße und der Betreuungssituation – eine gute Struktursituation vorausgesetzt – gute Voraussetzungen bieten. Dies bedeutet, daß auf diese betroffenen Führungskräfte neben den angesprochenen Aufgaben die der Verwaltung und Organisation hin-
zukommen. Gerade hauptberufliche Mitarbeiter brauchen in den
Positionen 2 und 3 eine intensive Betreuung durch die Mitarbeiter der Positionen 4, 5 oder 6. Es gelingt diesen nämlich meist
nicht, mit der plötzlich zur Verfügung stehenden Zeit richtig um-
zugehen. Deshalb nehmen die Strukturen an Umsatz und Mitar-
beiterzahl ab. Es geht also auf der einen Seite darum, aus Ama-
teuren Vertriebsprofis zu machen und auf der anderen Seite die
Eigenmotivation stark zu fördern. Dies hat zur Folge, daß die ko-
operative Führung mehr an Gewicht bekommt. Mehr Freiheit, mehr
Selbständigkeit und mehr Verdienst sind gute Motivationsfakto-
ren.

Da Geld in diesen Stufen bereits eine enorme Rolle spielt und
die Unabhängigkeit vom Strukturhöheren immer größer wird, sind
strukturtaktische Aspekte ein wichtiger Bestandteil der Führung
und der Karriereplanung. Mitarbeiter in den Stufen 2 und 3, die
gut vorbereitet die Stufe 4 erreichen, trennen sich weit seltener
von Strukturvertrieben und erreichen auch die Positionen 5 und
6 eher.

Grundsätzliche Schwächen bei der Führung von Mitarbeitern
der Stufen zwei und drei sind das Übersehen von guten Leuten,
die nicht oder nur wenig gefördert werden, oder die mangelnde
Finanzplanung und Kostenkontrolle, die zum Ruin der Mitarbeiter
beitragen (dicke Autos, Autotelefon, Hausbau und teure Kleidung).
Auch hier kommt die Vorbildfunktion – vor allem die des Mitarbeiters der Position 5 und 6 – stark zum Tragen.

Mitarbeiter in den Stufen 2 und 3 haben also neben der Betreuung der Mitarbeiter in den Stufen A und 1 vor allem die Aufgabe, die Struktur zu erweitern und somit den Umsatz zu stei-
gern. Da die Strukturen bereits Kleingruppengrößen haben, ist nun

auch der Zeitpunkt gekommen, diese Mitarbeiter als Referenten für Vorträge bzw. als Meetingleiter einzusetzen. Der Besuch von derartigen Referentenseminaren ist deshalb sowohl fachlich als auch zur Förderung des eigenen Selbstwertgefühls zu empfehlen. Seminare über Unterrichts- und Kommunikationstechniken, Referentenseminare und der Erwerb von Wissen über Einzelgesprächstechniken sollten in der Stufe 3 weitgehend erfolgt und bei Handlungsbedarf auch verfügbar sein. Überstellte Führungskräfte haben bei Mitarbeitern der Stufen 2 oder 3 eher eine erzieherische Vorbildfunktion als die Rolle eines Kommandeurs. Der Mitarbeiter entwickelt sich nun vom Nehmenden mehr und mehr zum gebenden Geschäftspartner. Dieser Zusammenhang prägt auch den Führungsstil, die Führungsmoral und die längerfristige Zielsetzung beim Mitarbeiter der Stufe 2 und 3, sowohl bei ihm selbst als auch bei seinen unterstellten Mitarbeitern.

Gerade Mitarbeiter in den Positionen 5 und 6 nehmen auf diese Entwicklung maßgeblichen Einfluß.

Die Stufen 4 und 5

Hat der Mitarbeiter der Position 3 noch mit dem Aufstieg zu kämpfen, ist der Mitarbeiter der Stufe 4 oder 5 eigentlich schon in der Lage, größere Strukturen aufzubauen. Das Ziel eines Mitarbeiters in der Position 6 muß es also auch immer sein, Mitarbeiter in den Stufen 4 und 5 zu fördern, damit diese die Position 6 erreichen, wobei dafür fast alle Mitarbeiter der Stufen 4 oder 5 geeignet sein sollten. Mitarbeiter in der Stufe 4 oder 5 leiten in der Regel Strukturen in einer Größenordnung von 60 bis 200 unterstellten Mitarbeitern. Sie sind selbst des öfteren Moderatoren, Geschäftsstellenleiter und nehmen in hohem Maß Motivationsaufgaben wahr. Der Mitarbeiter der Position 4 und 5 ist der wahre Motor, was den Umsatz in den Strukturen angeht. Er sollte sich auch bis ins Detail in seiner Struktur auskennen. Mitarbeiter der Position 4 und 5 haben die Aufgabe, zukünftige Mitarbeiter der Stufe 4 oder 5 im Mitarbeiter der Position 2 und 3 (zum Teil sogar im Mitarbeiter der Stufe 1) zu erkennen, nachzuziehen und dadurch den

Erhalt und die Expansion der Struktur zu sichern. **Somit sind auch die Aufgabenbereiche klar abgegrenzt:**

- Förderung der Mitarbeiter der Positionen 1, 2 und 3
- Wahrnehmung von Motivationsaufgaben
- Organisation und Management im Verwaltungssektor
- Veranstaltung von Incentivemaßnahmen zur Expansionsförderung
- Leitung eines Innendienstes mit festangestelltem Personal

Die neuen Aufgaben des Mitarbeiters der Positionen 4 und 5, Angestellte in Form eines Innendienstes (meist Sekretärinnen) zu leiten, erfordert ein Umschalten in der Art der Führung im Büro und gegenüber den Mitarbeitern im Außendienst. Da Mitarbeiter der Position 4 und 5 meist auch über Agenturmitarbeiter verfügen, die Bestandspflegearbeit leisten, kommt die sogenannte Halbselbständigenführung dazu, weil der Agenturmitarbeiter meist auf der Basis von Festgehalt und Provision bezahlt wird.

Zudem verändert sich der Verantwortungsspielraum des Mitarbeiters in den Stufen 4 oder 5 erheblich. Dies gilt nicht nur für die Veranstaltung von Seminaren, sondern auch für die Existenzsicherung hauptberuflicher Mitarbeiter. Um dies sicherstellen zu können, muß jeder Mitarbeiter in der Position 4 und 5 fachlich kompetent sein und im sozialen Bereich die Kommunikationsspielregeln professionell beherrschen. Das Verhalten eines Mitarbeiters der Stufen 4 oder 5 spiegelt auch oft die Kultur (Sprache, Kleidung etc.) einer Struktur wider. In dieser Hinsicht hat ein Mitarbeiter der Stufe 5 enorme Vorbildverantwortung. Da aber immer noch die Gefahr besteht, daß Mitarbeiter der Stufe 5 stufengleich mit vorher unterstellten Mitarbeitern werden und somit kein Geld mehr verdienen würden, ist es die Aufgabe des Strukturhöheren der Stufe 6, strukturtaktisch einzugreifen, Ängste abzubauen und Motivationspotentiale zu aktivieren bzw. freizulegen. Über die tatsächliche Praxis ist hier nichts ausgesagt (s. Kap. Faule Tricks), da diese oft erheblich von der schönen Theorie abweicht. Somit sind die Positionen des Mitarbeiters der Stufen 4 bzw. 5 verantwortungsvolle Posten, die einem hohen moralischen und charakterlichen Qualitätsanspruch genügen müssen. In den Positionen 4 und 5 dürfte der Zeitaufwand am höchsten sein (ca. 100–120 Std./Woche). Auch die finanzielle Belastung (Fixkosten, Wettbewerbe etc.) und die nervliche Anspannung (Erreichen der Stufe 6 bzw. die Verdienstsituation, Ego usw.) sind enorm hoch.

Mitarbeiter in diesen Stufen sind somit nicht über Jahre hinweg voll leistungsfähig, sondern nur maximal 2–3 Jahre. Wird die Stufe 6 nicht erreicht, führt die Resignation oft zu erheblichen Produktions- und Struktureinbrüchen. Es ist die Aufgabe des Mitarbeiters der Stufe 6, dem vorzubeugen und gegenzusteuern.

Die Stufe 6

In jedem Strukturvertrieb existiert eine Stufe, die nicht mehr mit irgendwelchen Karriereängsten verbunden ist. Die Spitze der Pyramide ist erreicht. Mitarbeiter der Stufe 6 sind demnach die Köpfe von Strukturen mit ca. 300–600 Mitarbeitern. Werden weitere Mitarbeiter der Stufe 6 nachgezogen, können Strukturen von theoretisch unbegrenzter Größe (10, 15, 20.000 Mitarbeiter und mehr) entstehen. Dies sind allerdings Einzelfälle. Mitarbeiter der Position 6 werden nicht mehr im klassischen Sinn geführt, sondern werden an ihren Ergebnissen gemessen. Stimmt der Umsatz (Quantität) und die Stornoquote (Qualität), haben Mitarbeiter der Position 6 bei den Gesellschaften praktisch Narrenfreiheit. Diese Tatsache birgt allerdings die erhebliche Gefahr der Selbstüberschätzung und der Ziellosigkeit in sich. Viele Mitarbeiter in diesen Positionen fallen nach dem Erreichen der Stufe 6 zuerst in ein schwarzes Loch, da keine weiteren konkreten vorgegebenen Umsatzziele existieren. Außerdem bringen der enorme Verdienst und die nun zur Verfügung stehende Zeit eine Umstellung im Lebenswandel mit sich. Sie beginnen daher, sich ihren früheren oder neuerworbenen Hobbies und Aktivitäten (Golf, Frauen, Glücksspiel oder Reisen) zuzuwenden. Die Mitarbeiter der Position 6 haben in Strukturvertrieben somit eher eine Drohnen- oder Vorzeigefunktion. Sie sind lebende Beweise, daß Strukturvertriebe funktionieren. Für den eigentlichen Umsatz werden sie allerdings nicht mehr benötigt. Zumeist ist es auch so, daß viele unterstellte Mitarbeiter den überstellten Mitarbeiter der Stufe 6 nur noch dem Namen nach kennen und kein persönlicher Kontakt mehr besteht. Der gesamte Geschäftsablauf wird über die Mitarbeiter der Stufen 4 und 5 abgewickelt. Um also nicht die Kontrolle zu verlieren, müssen Mitarbeiter der Stufe 6 ihre unterstellten Führungskräfte der Positionen 3, 4 und 5 an sich binden, um eigene Ziele durchsetzen zu können. Da Mitarbeiter in der Position 6 meist keinen Eigenverkauf bzw. keine Einstellung von neuen Mitarbeitern vornehmen, verlieren diese zunehmend den Bezug zur Basis. Viele Mitarbeiter in der Position 4 und 5 wissen nicht, wie schwach und abhängig ihre großen Idole tatsächlich sind. Wäre das bekannt, würden mehr Mitarbeiter die Stufe 6 erreichen (Erläuterung im Kapitel Faule Tricks). So aber bleibt der Traum von der Stufe 6 bestehen. Die Anzahl jener Mitarbeiter in der Stufe 6, die auch die Produktion bringen, die ihrem Strukturumfang entspräche, ist allerdings sehr gering. Viele fallen nach dem Erreichen der höchsten Position in der Produktion sehr stark zurück, weil andere Interessen wieder Vorrang haben. Daher ist auch der Nachwuchs an Mitarbeitern der Stufe 6 wesentlich kleiner, als es das System erlauben würde. Durch viele Regularien und Auflagen seitens des Unternehmens wird darüber hinaus vielen Mitarbeitern in diesen Positionen bewußt, daß sie im Grunde nur gutverdienende Quasiangestellte sind, die sich selbständig nennen dürfen.

Dies führt bei vielen Mitarbeitern der Stufe 6 (auch bei Mitarbeitern der Positionen 5 und 4) zur inneren Vergreisung und anschließend zur inneren Kündigung (andere Aktivitäten oder Beschäftigungen werden gesucht) oder gar zum Strukturvertriebswechsel bzw. Ausstieg aus diesem System.

Unternehmen sind an einer Teilung der Macht meist nicht interessiert, weil sie häufig von schlechtverdienenden Vorständen geführt werden – jedenfalls was den Vergleich zu den Mitarbeitern der Stufe 6 angeht. Deshalb wird versucht, keine Macht abgeben zu müssen und von Strukturvertrieben nicht zu stark abhängig zu werden. Bei manchen Gesellschaften, wie z. B. bei der Aachener und Münchner Versicherung (A +M), ist dies nicht gelungen, da die DVAG (Deutsche Vermögensberatung) immerhin ca. 60 bis 70 % des Umsatzes der A + M schreibt.

Auf der Direktoren- und Generalrepräsentantenebene geht es mehr um machtpolitische Spiele als um echtes Umsatzinteresse, wobei dieses natürlich auch noch vorhanden ist.

Dies dürfte auch einer der Gründe sein, warum bestimmte Strukturvertriebe ab einer gewissen Größe nicht weiterwachsen – es ist ganz einfach nicht erwünscht.

Es gibt natürlich noch eine ganze Anzahl von weiteren Erklärungen, warum das Wachstum plötzlich geringer wird (Verwaltungswasserkopf, Provisionssituation bei zu vielen Königen usw.).

Zusammenfassend kann gesagt werden, daß in Strukturvertrieben die Chancen der Mitarbeiter von unten nach oben verdienstmäßig enorm zunehmen, die Freiheiten größer werden – aber die Expansion auf Grund unternehmenstaktischer, finanzieller und verwaltungsmäßiger Probleme begrenzt ist.

Statussymbole

Mitarbeiter eines Strukturvertriebes erkennt jeder, der einmal damit zu tun hatte, leicht an ihren Statussymbolen. Der Mitarbeiter der Stufe 6 trägt gerne Armani-Anzüge und eine goldene Rolex am Handgelenk. Der Mitarbeiter der Stufe 3 aus Ostdeutschland gibt sich mit dem Boss-Anzug aus zweiter Hand zufrieden. Dafür fährt er einen überteuerten gebrauchten 3er BMW, natürlich tiefergelegt mit Alu-Felgen und Niederquerschnittreifen – Eigentümer ist meist die Bank oder eine Leasinggesellschaft.

Für Mitarbeiter in Strukturvertrieben ist es enorm wichtig, ihre Status- bzw. Hierarchiedifferenz vor allem nach außen deutlich sichtbar zu machen. Statussymbole sind schließlich auch immer Zeichen des Einflusses und der Macht. Sie beinhalten Aussagen wie: Ich bin ein Spitzenverdiener, ein Macher, ein außergewöhnlicher Typ, ein Macho oder ein Karrieremensch.

Auf Statussymbole trifft man selbstverständlich auch im „normalen" Leben permanent, egal ob es um das spezielle Mobiliar im Haus, das Auto, die Kleidung, das Parfüm oder andere Dinge des alltäglichen Lebens geht.

Peter Lauster hat zum Thema Statusysmbole ein tolles Buch geschrieben (s. Literaturverzeichnis). Deshalb möchte ich an dieser Stelle aus seinem Werk zitieren:

Statussymbole sollen zeigen, wer man ist; sie sollen die tatsächliche oder gewünschte gesellschaftliche Position dokumentieren. Das wollen nicht nur die Eliten, da es sich um ein allgemein menschliches Phänomen handelt, das quer durch alle gesellschaftlichen Schichten geht. Die einen sind stolz, wenn sie das Besondere eines Abends mit dem Knall eines Sektkorkens signalisieren, andere rümpfen hierüber die Nase, da sie meinen, daß nur Champagner richtiges Elitebewußtsein vermittelt.

Es scheint sich bei diesem Beispiel um Nuancen zu handeln. Wer diese und andere Nuancen jedoch mißachtet, „ist niemand", wer sie beachtet, „kann einer werden", und wer sie selbstverständlich anwendet, „ist einer". So einfach und doch so kompliziert ist die Anwendung von Statussymbolen.

..Das Bedürfnis nach statusgerechtem und statuserhöhendem Konsum ist groß. Das machen sich Marketingabteilungen und Werbeagenturen zunutze. Sie deuten mit ihren Slogans an, welchen kleinen Statusgewinn der Konsum ihres Produktes bringen kann. Der Preis spielt dabei eine wichtige Rolle. Beispiel: „Der Asbach Uralt ist seinen Preis wert." Und warum? Die Antwort: „Qualität hat nun einmal ihren Preis – den Preis, den die sorgfältige Auswahl bester Weine und die wohlbemessene, lange Lager- und Reifezeit erfordern." Die Sprache dieser Werbebotschaft ist vornehm. Wer Asbach Uralt trinkt, gehört also zu einer erlesenen, vornehmen Gesellschaft, die sich den Preis dieser Qualität leisten kann.

..Die Sehnsucht, den Status zu erhöhen ist groß. „Sind Sie auch schon einer der Privilegierten?" fragt Diners Club. Das Heer der Unprivilegierten senkt verlegen den Kopf. Hier hilft der Diners Club mit seiner Clubkarte.

..Das Statusverhalten entspringt den Minderwertigkeitsgefühlen und dem Geltungsbedürfnis. Das Streben nach Anerkennung und Geltung ist in unserer Kultur bei fast allen Menschen stark ausgeprägt. Alfred Adler räumte dem Geltungsbedürfnis eine wichtigere Bedeutung für das Verständnis des Menschen ein, als dem Sexualtrieb. Hier setzte er sich in Gegensatz zu seinen Lehrer, dem Begründer der Psychoanalyse, Sigmund Freud.

Das Geltungsstreben tritt auf, wenn der Mensch Gefühle der Minderwertigkeit empfindet. Er versucht dann, mit Hilfe von verschiedenen Kompensationstechniken Überlegenheit zu gewinnen und die Minderwertigkeitsgefühle dadurch zur Ruhe zu bringen. Eine dieser Kompensationstechniken ist die Betonung von Statussymbolen. Sie dient als Mittel zum Zweck, die Bedeutung der Person, ihren Rang nach außen für jedermann sichtbar zu machen und ihr Anerkennung zu verschaffen. Auf diese Weise sollen das Gel-

tungsbedürfnis befriedigt und die Minderwertigkeitsgefühle besänftigt werden.

Menschen ohne Minderwertigkeitsgefühle benötigen keine Statussymbole zur Aufwertung ihrer Geltung. Sie akzeptieren sich selbst so, wie sie sind. In unserem Gesellschaftssystem gibt es nur eine kleine Zahl von selbstsicheren Menschen.

Eine ganz besondere Rolle spielen Statussymbole in Strukturvertrieben, da diese zum großen Teil nur durch deren ausgeprägten Einsatz existenzfähig sind. Strukturvertriebe ohne ihre ausgeklügelten Normsysteme, wer wann was bekommt und wer wie in welcher Stufe auszusehen hat, wären beinahe schon fast als gesellschaftsfähig anzusehen. *„Wer Erfolg haben will, muß so aussehen, als habe er Erfolg."*

Gemäß diesem Motto gibt es eine ganze Reihe von stufenspezifischen Merkmalen, die jedem Insider deutlich zeigen, wer sich wo im System befindet, ohne daß jeder mit einer Nummer auf der Stirn herumlaufen muß. Dies ist auch die Grundlage des Blendertums in den Strukturvertrieben, da viele Mitarbeiter überhaupt nur durch den Hochglanzeffekt ins Geschäft gebracht werden können. Meist reduzieren sich aber die Statussymbole auf die schlichte Aussage: Ich verdiene dicke Knete (vom Auto über die Kleidung bis zum Sektquirl).

OUTFIT

Dies wäre alles insoweit in Ordnung, weil in vielen Betrieben prinzipiell ähnliche Statussymbolsysteme existieren. Der Fehler liegt aber in der totalen Übertreibung des Ganzen. Andererseits weiß man: Wer nicht übertreibt, kann nicht anschaulich schildern. Eine interessante Erfahrung war nach der Öffnung des ostdeutschen Marktes, wie unsere Brüder und Schwestern auf die Fülle der Statussymbole reagierten. Da es in der ehemaligen DDR gang und gäbe war, für jeden Anlaß einen Orden, eine Urkunde oder andere Auszeichnungen oder Titel zu erhalten, war die Reaktion eher verhalten, was diese Form der Motivation anbetraf (auf Seminaren machten sich nicht wenige Teilnehmer darüber lustig, daß es das alles schon mal gab). Meiner Meinung nach sind Statussymbole, wie sie in Strukturvertrieben existieren, auch immer ein Zeichen von autoritären Systemen.

Die nachfolgende Tabelle dient dazu, einen Überblick darüber zu erhalten, was in welcher Stufe üblich ist (Abb. 36):

Stufe	Statussymbole
A	Zeitplaner, Silberbarren
1	goldene Geldklammer, eigene Visitenkarten, Lederkoffer
2	Führungskräftenadel, Profizeitplaner, größeres Auto, Seidenkrawatten
3	Silberner Crosskugelschreiber,Designerkleidung, Zertifikate für Wettbewerbssiege, eigenes Büro, Geldbündel mit 50,— DM Scheinen
4	Goldene Uhr von Chopard (Wert ca. DM 5000,—), neutrale Visitenkarten, eigene Geschäftsstelle und Sekretärin, noch größeres Auto + Zweitwagen
5	Goldenes Crosset bestehend aus Kugelschreiber und Füller, Luxuslimousinen, Geldbündel mit 100,— und 500,— DM Scheinen, mehrere Geschäftsstellen mit Innendienstpersonal, extravagante Kleidung
6	Straußenlederkoffer, Blöcke mit Namensgravur, eigenes Haus, Hemden mit Manschettenknöpfen, Einstecktüchern fürs Jackett, Edelkarossen, Geldbündel mit 1000,— DM Scheinen
General-repräsentant	wie Mitarbeiter der Stufe 6, allerdings Ernennung durch den Vorstand, Schulungsleiter und Assistent(in), eigene Generalsekretärin + Geschäftsstelle, Mitglied der Geschäftsführung ohne Entscheidungsbefugnis

Abb. 36 Statussymbole im Strukturvertrieb

Begegnet man einem Mitarbeiter aus einem Strukturvertrieb, erkennt man in der Regel zuerst an der Kleidung, in welcher Hierarchiestufe er sich befinden dürfte. Auch im Freizeitbereich gilt, daß Designerkleidung (Edeljeans, Seidenhemden etc.) eher von Mitarbeitern in höheren Stufen getragen werden. Maßanzüge, Hemden mit Manschettenknöpfen werden dagegen nur von den Topleuten angelegt (Generäle, sehr gute Mitarbeiter der Stufe 6).

Gleiches gilt für das Schuhwerk (Ledersohlen, italienische Marken, Maßschuhe).

Ein ehemaliger Mitarbeiter meiner Struktur in der Position 4 hatte einmal die Schuhe eines Mitarbeiters der Stufe 3 in seinem Büro an das schwarze Brett genagelt, da diese nur Plastiksohlen hatten. Besonders ausgeprägt ist die Vorliebe (oder der Fetischismus) für außergewöhnliche Krawatten.

Ab der Position 2 sind Leder- und Nylonkrawatten verpönt. Für Führungskräfte ab dieser Position ist es Pflicht, ausschließlich Seidenkrawatten zu tragen, die ab der Position 4 außergewöhnliche Motive (z. B. Nicole-Müller-Krawatten) haben müssen. Es geht immer darum, sich von den anderen grundlegend zu unterscheiden. Beim Wunsch, sich gegenseitig zu überbieten, gilt die Devise, je schriller, desto besser. Diese papageienartige Kleidungsweise dürfte auch heute noch weit verbreitet sein. Bisher war nur vom starken Geschlecht die Rede. Wer sich das Geld für eine Dessousshow sparen will, der braucht sich nur die meisten weiblichen Führungskräfte in Strukturvertrieben anzusehen – Ausnahmen hängen meist mit dem Verhältnis von Körpergröße zu Gewicht zusammen.

Es muß dabei aber sehr genau zwischen Freizeit- und Geschäftsaufmachung unterschieden werden. Bei der Freizeitkleidung sind die Unterschiede nämlich zum Teil noch extremer, was die Mitarbeiter in den einzelnen Positionen angeht.

Bei einigen Männern in den Stufen 4, 5 oder 6 und höher geht der Stil vor allem in die Richtung des gehobenen Zuhälterniveaus. Langes Haar, schwere Goldketten, Goldringe (Weißgold mit Brillanten bevorzugt), Designerbrillen (Bugatti, Yves-Saint-Laurent, Chanel, Porsche, Jaguar), dicke Uhren (Cartier, Rolex, Chopard,

Patek-Philip – alle mehr wert als DM 10.000, ab der Stufe 6 oft DM 50.000 bis hin zu DM 200.000 und mehr), große Autos (Ferrari, Porsche, Jaguar und dicke Mercedeslimousinen) und eine Sprache, die von vulgären Ausdrücken gespickt ist, vertiefen diesen Eindruck.

In Strukturvertrieben werden ab einer bestimmten Position häufig goldene Uhren verliehen, z. B. gab es in der HMI für die bestätigte Stufe 4 eine Weißgolduhr von Chopard. Mitarbeiter der Stufe 6 versuchen sich nochmals abzuheben, indem sie eigene Uhren tragen, z. B. eine Rolex, während auf Incentive-Reisen dagegen Swatch-Watch-, Benetton- und andere verrückte Freizeituhren bevorzugt werden. Alles steht dabei unter dem Motto „Außergewöhnliches ist für uns normal". Mitarbeiter in unteren Stufen haben nicht die finanziellen Möglichkeiten ihrer Vorbilder. Deshalb bleibt es beim Versuch, es ihnen gleichzutun bei billigen Imitaten (falsche Goldgliederketten, falsche Rolex, falsche Ringe, falsche Brillen – z. B. Ray-Ban-Plagiate, Krawattennadeln oder Klammern). Die Blendermentalität findet sich meist bis zum Mitarbeiter in der Stufe 5.

Ab der Position 6 ist das Einkommen üblicherweise so gut, daß auf die Blenderei verzichtet werden kann. Manche Führungskräfte könnte man also eher mit Faschingsprinzen als mit seriösen Geschäftsleuten vergleichen.

Die Manie der Nachahmung von Strukturhöheren geht so weit, daß Strukturen oft sogenannte eigene Gesichter bekommen. Damit ist gemeint, daß Mitarbeiter in diesen Strukturen nicht nur ein ähnliches Verhalten bezüglich der Sprache (Satzbau, Witze, Grammatik, Verwendung von Fremdwörtern etc.), Mimik oder Körpersprache aufweisen. Sie haben gleiche oder ähnliche Frisuren, tragen die gleichen oder ähnliche Anzüge, Krawatten, Schuhe, fahren einen bestimmten Autotyp oder suchen sich ähnliche Frauentypen. Die Auffälligkeit ist so groß, daß man getrost von Kopien oder Abziehbildern reden kann (Blues-Brothers-Effekt). Diese gruppenspezifische Aufmachung (in den USA haben Jugendgangs ähnliche Kennzeichen – Uniformen) soll gegen andere Strukturen abgrenzen, da man zwar meist zum gleichen „Verein" gehört, aber natürlich untereinander in Konkurrenz steht. Wie extrem die ganze Sache werden kann, möchte ich hier kurz schildern. Mir ist ein Mitarbeiter der Position 4 bekannt, der nicht nur die Frisur, die Kleidung und vieles andere seines Strukturhöheren in der Position 6 kopierte, sondern auch so rauchte wie dieser, sprach wie dieser und sogar dessen Unterschrift perfekt konnte. Man kann sich vorstellen, welche Übung und Beobachtungsgabe es erfordert, jemanden in allen Einzelheiten zu kopieren. Dies alles geschieht nur, weil sich diese Mitarbeiter auf der einen Seite den erwünschten geschäftlichen Erfolg erhoffen, auf der anderen Seite im Gegensatz zu Schauspielern ihre eigene Persönlichkeit bereits verloren haben.

Mitarbeiter, die in Strukturvertrieben tätig sind, gewöhnen es sich an, der Hackordnung oder Hierarchie folgend ihre Autos für jeden sichtbar vor den Hotels (Büros usw.) zu parken. Alle sollen sofort verstehen, wer man ist und wo man steht. Die Unsitte mit Handys herumzuprotzen ist hinreichend bekannt. Es soll wiederum Außenstehenden klargemacht werden, daß man wichtig genug ist, um jederzeit erreichbar sein zu müssen. Nicht zu unterschätzen ist auch der Effekt, daß sich Mitarbeiter in Strukturvertrieben nach ihrem Aufstieg gern als Topmanager sehen möchten. Gerade in der Finanzdienstleistungsbranche ist aber hinreichend bekannt, wo der Versicherungsvertreter (was anderes sind die meisten sowieso nicht) in der Gesellschaft von seinem Stellenwert her einzuordnen ist, nämlich an letzter Stelle. **Was an gesellschaftlicher Akzeptanz nicht erreicht wird, versucht man, durch Geld wettzumachen.**

Ein wahres Ritual wird vollzogen, wenn es um das Bezahlen einer Rechnung in einem Restaurant geht. Den Meister dieser Disziplin erkennt man an der Art, wie er seine Geldscheine zückt. Mitarbeiter in Strukturvertrieben legen sich relativ schnell sogenannte Geldklammern zu. Auch hier ist es ein Unterschied, ob man eine silberne Minigeldklammer oder eine brillantenbesetzte Goldklammer sein eigen nennt. Es soll dem Außenstehenden der Eindruck vermittelt werden, daß man so wohlhabend sei, daß man sein Geld bündeln müsse (Dagoberteffekt). Je nach Stufe hat der

Mitarbeiter ein Geldbündel, welches vorwiegend aus 50,—, 100,— 500,— oder 1.000,— DM Scheinen besteht. Die Scheine sind um die Kreditkarten und Visitenkarten gebündelt. Natürlich ist es auch von Bedeutung, ob jemand eine Goldcard (Visa, American Express) oder eventuell sogar Platincard (American Express) besitzt. Normale Kreditkarten wirken fast schon lächerlich. Es soll dem Gesprächspartner signalisiert werden: Ich habe Geld – ich bin kreditwürdig – ich bin auserlesen, und man hat mich als eine very important person zu behandeln.

Beobachtet man Rekrutierungsgespräche, die in Restaurants, in Hotels oder in anderen Lokalitäten stattfinden, so sieht man, wie ein Profi bei der Präsentation seiner Geldscheine vorgeht. Er oder sie versucht dabei möglichst, nicht angeberisch zu wirken: Topleute öffnen ihr Bündel unter dem Tisch, geben dem Oberkellner die Kreditkarte, so daß der Gesprächspartner oder der Mitarbeiter die Goldcard nur ganz kurz sieht – oder er läßt diese aus Versehen fallen bzw. gibt diese der Bedienung so ungeschickt, daß diese zu Boden fällt und aufgehoben werden muß. Es geht immer nur darum, andere zu beeindrucken. **Man möchte gern als jemand gesehen werden, der über Reichtum verfügt und wohlhabend ist. Man ist jemand, der es geschafft hat und sich all das leisten kann, wovon viele nur träumen.**

Dieses übertriebene Verhalten ist ursächlich im Mißerfolg der meisten Mitarbeiter in Strukturvertrieben zu suchen. Der mangelnde Erfolg soll überdeckt werden. *Es wird eine künstliche Steigerung des Selbstbewußtseins angestrebt.* Mitarbeiter in Strukturvertrieben kopieren dabei nur allzu gern ihre großen Vorbilder.

Strukturvertriebe sind Gebilde, in denen einfach alles und am allermeisten die eigene Person verkauft wird. Also muß die Verpackung stimmen. Was trendmäßig in oder out ist, wird nicht nur durch bestimmte Normsysteme festgelegt, sondern orientiert sich natürlich auch an einschlägigen Magazinen wie dem Playboy, Forbes, Coupe und anderen Insidermagazinen.

Im Jahr 1990 wurde der Markt der ehemaligen DDR zugänglich. Bei den Mitarbeitern aus den neuen Bundesländern hatte man es allerdings nicht mit modebewußten und auf Eindruck schielenden Verkäufern, sondern eher mit Kindern zu tun. Der Begriff des Verkaufs und alles, was dazu gehört, war praktisch gänzlich unbekannt. Deshalb wurden richtige Erziehungsveranstaltungen durchgeführt (Originalzitat eines Mitarbeiters der Stufe 6: Aus Ihnen machen wir auch noch einen Menschen). Die Ostdeutschen ließen auch so ziemlich alles bereitwillig mit sich geschehen, denn sie wollten den Traum vom großen Geld erfüllt sehen. Die grundsätzliche Frage ist nun, ob denn wirklich das Erscheinungsbild über Erfolg oder Mißerfolg im Verkauf entscheidet. Eines ist jedenfalls klar – in Strukturvertrieben sind Leute, die sich überwiegend normal verhalten, weniger oder gar nicht gefragt. Das soll heißen, daß ihnen einfach weniger Chancen im Aufstieg eingeräumt werden. Tatsächlich ist das Selbstbewußtsein der meisten Vermittler in der Alltagskleidung eher unterentwickelt, wenn die glanzvolle Fassade fehlt, an die sie gewohnt sind und die ihnen als Krücke dient.

Es ist unbestritten, daß durch Statussymbole eine bestimmte Aussage getroffen wird. Ist jedoch der „Schein" entscheidend darüber, ob es zum „Sein" kommt, stimmen die Verhältnisse nicht mehr. Gerade in Strukturvertrieben finden sich aber Mitarbeiter in großer Zahl. *Im Leben außerhalb ihrer Vertriebsorganisation sind sie hingegen Nobodys und fallen nicht weiter auf.*

Das Leben eines Mitarbeiters im Strukturvertrieb ist von morgens bis abends vom Statusdenken dermaßen stark geprägt, daß er nach und nach seine eigene Identität verliert. Die tägliche Maskerade wird bei vielen von ihnen über die Jahre verinnerlicht, zum Zwang und sogar zur Sucht. Die Folgen sind unübersehbar. Es muß auf einer Feier – und sei es nur der Geburtstag des Kindes – unbedingt Champagner (Dom Perignon) geben und Gebäck aus der Hofkonditorei. So wird das ganze Leben um einige Preisetagen zu hoch angesiedelt. Geht aber der Verdienst zurück, fallen diese Angeber in das große schwarze Loch der Realität.

Geht es nun ganz ohne, oder nicht?

Wie bei vielen Dingen im Leben liegt meiner Meinung nach der richtige Weg in der Mitte. Keiner kann es sich z. B. als Finanzkaufmann erlauben, im Pennerlook zu erscheinen. Er muß aber auch nicht ausstaffiert wie ein Pfau umherstolzieren. Noch viel mehr gilt dies bei den unterstellten Mitarbeitern. Es wirkt lächerlich, wenn Mitarbeiter in Designerkleidung und mit Ferrari auftreten, die vielleicht DM 2.000,— im Monat verdienen. Gefährlich wird es aber für Nachahmer, die sich blenden lassen und damit ihre Familie und sich selbst ruinieren.

Die Formel, die für alle gelten sollte, ist einfach:

Jeder soll sich das leisten, was er sich auch wirklich leisten kann, ohne den Verdienst der nächsten 10 Jahre mit einzukalkulieren.

Würden alle Mitarbeiter in Strukturvertrieben die überzogene Protzerei etwas zurückschrauben, könnte sich so mancher vor dem finanziellen Ruin bewahren. Zudem würde der Gesamteindruck in der Öffentlichkeit wesentlich verbessert und die eigene Persönlichkeit gestärkt.

Es dürfte aber nicht ganz einfach sein, die in Jahren oder Jahrzehnten – manche Strukturvertriebe gehen schon ins 3. Jahrzehnt – eingeprägten Riten, Stile und Unarten wieder abzustellen und durch natürlichere und ehrlichere zu ersetzen. Übertrieben formuliert warte ich nur noch darauf, bis der erste Mitarbeiter in der Position 4 im Privathubschrauber in seine Geschäftsstelle einfliegt. Ärgerlich und psychisch sehr belastend ist es vor allem für diejenigen, die aus Strukturvertrieben ausscheiden und ohne die Droge Statussymbol nicht mehr leben können. Sie fühlen sich sozusagen wie jemand, der nackt in einem vollbesetzten Opernhaus sitzt, während das Licht angeht. Gewisse gehässige Bemerkungen (der Neid!) von alten Bekannten sind das Mindeste, was die Menschen erwartet. Ihre einzige Chance ist die Radikalkur: Alle Symbole streichen und so leben, daß man sich gut fühlt, ohne darauf achten zu müssen, was andere darüber denken. Das gelingt allerdings nur den wenigsten – viele behalten ihre Symbole wie Kriegsorden und tragen den Traum vom großen Geld ewig in sich.

STRUKTURVERTRIEBSSPEZIFISCHE SYMBOLE

Eines der wichtigsten Symbole ist, wie bei jedem anderen Unternehmen auch, das Firmenlogo. Es ist so etwas wie ein zweiter Name. Tatsächlich identifizieren sich viele Mitarbeiter eines Strukturvertriebs so stark mit diesem, daß Kritik daran als ein persönlicher Angriff empfunden wird. Wichtig ist dabei die Einfachheit des Firmenzeichens. Jeder Mitarbeiter ist geradezu verpflichtet, auf allen Statussymbolen seine Zugehörigkeit zu „seinem" Vertrieb zu demonstrieren.

Es existieren Kataloge, in denen Mitarbeiter ihre Utensilien bestellen können. Die wichtigsten Gegenstände sind dabei:

- Stufenspezifische Anstecknadeln aus Silber oder Gold mit Logo und eventuell Brillanten für die Krawatte oder den Anzug
- Manschettenknöpfe mit Logo (soweit vorhanden)
- Schlüsselanhänger aus Silber oder Gold mit Logo, die eingesetzten Brillanten sind Zeichen des Eigenumsatzes, ein Brillant entspricht z. B. DM 250.000,— Versicherungssumme im Kapitallebenbereich
- Armbanduhren aus Gold mit Logo, z. B. von Chopard oder Rolex, z. T. mit Brillanten verziert für Mitarbeiter in höheren Stufen (ab Stufe 4)
- Geldklammern aus Gold mit Logo
- Schreibsets aus Silber oder Gold (z. B. Crosset) mit Logo
- Lederaktenkoffer mit Logo (z. B. Stufe 6 Straußenlederkoffer, Collegemappe und Timer)
- Zeitplaner (Timer) aus Leder mit Logo
- Brillen (Cartier, Jaguar oder Porsche) aus Gold bzw. edlem Material mit und ohne Logo
- Designeranzüge, Hemden, Hosen, Jacketts, Krawatten, Mäntel, Socken, Shorts, Unterhemden und Schuhe
- Markenwagen wie BMW, DB, Porsche, Jaguar, aber auch Corvette, Rolls-Royce, Lamborghini, Alfa-Spider und alle Mittelklasse- und Oberklasse-Cabriolets (Morgan plus 8)
- Designerparfüms für sie und ihn

- Accessoires wie Feuerzeuge, Haarspangen, Kämme, Spiegel etc. von Designern aus Leder oder Gold mit Logo
- Viele Strukturen besitzen außerdem noch eigene Kennzeichen (Jaguar, Löwe etc.), um sich innerhalb einer Organisation zusätzlich zu unterscheiden

und last but not least Schnick-Schnacks wie Autotelefone, Videogeräte im Auto, Bodystocks für Männer – den Phantasien sind keine Grenzen gesetzt.

Den durchschnittlichen Strukturmacho erkennt man also vor allem an seiner Aufmachung, wobei immer gilt – mehr Schein als Sein. So werden häufig Imitate getragen, das heißt, der Cross ist nur aus Stahl, der Aktenkoffer besteht aus Kunstleder, der Pilotenkoffer aus Plastik und so weiter und so fort.

KULTUR

Ist jemand länger in einem Strukturvertrieb tätig, ändert sich nicht nur sein Outfit bzw. seine kostenmäßige Aufmachung, sondern auch das Verhalten, die Sprache, die Körpersprache und im Prinzip die Persönlichkeit. Man weiß immer die neuesten Witze, Redewendungen, In-Gags, Modewörter und Kunstsätze. Der Dialekt verschwindet allmählich und macht dem Hochdeutschen mehr und mehr Platz (außer bei unverbesserlichen Waldlern).

In Gesellschaft kommt dann auch der „Strukturknigge" zur Anwendung. Es gibt sozusagen einen eigenen Verhaltenskatalog, wie man sich wo zu verhalten hat, ohne daß es allerdings festgeschriebene Regeln gibt – am Büfett z. B. wird den Damen der Vortritt gelassen, das gleiche gilt für die Ranghöchsten. Die Haltung wird von Stufe zu Stufe aufrechter (Referententraining), vergleichbar mit der Entwicklung vom Primaten zum Menschen. Nicht wenige ändern sich in ihrer Körpersprache vom unverbindlichen Gesprächspartner zum arroganten Besserwisser. Es bildet sich nach und nach eine elitäre Gruppe innerhalb der Führungskräfteteams heraus, die sich auf Seminaren absondert. Es wird gemeinsam diniert, getrunken, und man bleibt unter sich an der Bar, wie die

Oberpaviane im Zoo. Auch dieses Verhalten soll signalisieren: Wer in der erlauchten Runde sitzen möchte, muß sich durch Leistung qualifizieren. Ab und zu wird auch erfolgreichen Mitarbeitern in unteren Stufen gestattet, an solchen Runden zeitweise teilzunehmen, um ihnen hinzureiben, wie schön es ist, „prominent" zu sein.

Die weniger erfreuliche Seite der Persönlichkeitsveränderung zeigt sich vor allem dann, wenn Führungskräfte zu viel Alkohol genossen haben. Dann kommt es schon vor, daß die Stufe des Neandertalers wieder erreicht wird. Dies bedeutet konkret, daß nicht selten Gläser an die Wand fliegen. Das Champagnergelage bzw. die vulgären und obszönen Bemerkungen wirken geradezu harmlos, wenn man weiß, daß nachts das Essen in Hotelpools geworfen wird und später Gruppensex angesagt ist.

Topleute dagegen pflegen mit ihren Führungskräften eher in spezielle Bars und danach ins Luxusbordell zu gehen. Ich kann mich nicht erinnern, daß während meiner Tätigkeit der Abend nach einem Führungsseminar nicht mit einem Besuch im Rotlichtbezirk geendet hätte.

Meiner Schätzung nach dürften ca. 60 % aller Führungskräfte in höheren Stufen die Gelegenheit nutzen, um sich richtig auszuleben. Gerade auf Grundseminaren, die mit neuen Mitarbeiterinnen besetzt sind, ist es fast die Regel, nach dem Seminar (mit den edlen Inhalten und Führungsgrundsätzen) zur Realität überzugehen und seine Männlichkeit zu beweisen.

Fazit: Ansprüche, die an zukünftige Führungskräfte gestellt werden, können nur selten von diesen auch erfüllt werden. Spätestens in Situationen, die von der Norm abweichen (Essen in einem Gourmetrestaurant, Besuch einer Opernvorstellung) zeigen sich enorme Lücken, was das angemessene Verhalten bzw. auch die Bildung angeht.

Statussymbole sind ein sehr wichtiger Faktor in einem Strukturvertrieb, da das ganze System vom Glauben an die große Welt lebt. Nur wenige leben das, was sie sich leisten können. Die allerwenigsten bleiben auch mit dem Erfolg charakterlich das, was sie einmal vorher waren.

Incentivemaßnahmen

Eines der am häufigsten gebrauchten Motivationsmittel in Struktur-vertrieben sind Incentive- oder Wettbewerbsveranstaltungen. Deren Sinn liegt darin, daß immer nur ein bestimmter prozentualer An-teil von Mitarbeitern die echte Chance hat, als Sieger hervorzu-gehen. Im Prinzip kann zwischen drei Kategorien unterschieden werden:
- Immaterielle Anerkennungen (Urkunden, Lob vor der Grup-pe)
- Sachpreise (Lederaktenkoffer, TV-Geräte)
- Reisen (1 Woche Karibik mit Partner)

Alle drei Formen finden enorme Resonanz, wenn sie richtig eingesetzt werden. Entscheidend ist die Planung, Finanzierung, Präsentation und Durchführung von Wettbewerben. Je besser Wettbewerbe in Erinnerung der Mitarbeiter sind, umso mehr ziehen diese auch bei einem erneuten Einsatz. In diesem Kapitel wird auf grundlegende Regeln zur Veranstaltung von Wettbewerben ein-gegangen. Darüber hinaus sollen Fehler, die in der Praxis auftre-ten, behandelt werden.

DIE IMMATERIELLE ANERKENNUNG

Die weitaus kostengünstigste Version sind logischerweise die im-materiellen Anerkennungen. Da Incentivemaßnahmen immer ei-ner Statuserhöhung der Mitarbeiter dienen sollen, benötigt man ein ganzes System von Möglichkeiten, um die Wirksamkeit auch in höheren Stufen sicherzustellen. Es ist also nicht sinnvoll, Mit-arbeiter mit Mengen von Statussymbolen zu überziehen. Man muß ganz gezielt auf die Person des einzelnen einzugehen. Mitarbeiter in Strukturvertrieben haben von Beginn an Schwierigkeiten, im eigenen sozialen Umfeld zurechtzukommen (der Automechaniker ist jetzt Klinkenputzer). Zudem fängt er auf Seminaren an, die durchschnittlich von 30 bis 40 Teilnehmern besucht werden. Er ist also ein Nobody und meist auch ein Noname. Gerade deshalb ist es enorm wichtig, diesen neuen Leuten eine Identität, Identifikation und Zugehörigkeit zugänglich zu machen. Dies fängt damit an, daß sie auf Seminaren mit eigenen Namensschildern ausgestattet werden und setzt sich bei eigenen Ausweisen mit Lichtbild, passenden Visitenkarten bzw. dem eigenen Ausbildungspaß fort. Oft erhalten Mitarbeiter aber erst ab einer gewissen Position diese elementaren Dinge – wer weiß warum? Mit einer Computeranlage wäre es heutzutage eine Sache von wenigen Minuten, alle oben erwähnten Utensilien zu erstellen. Nachfolgend sehen Sie eine Liste mit Anerkennungen, die einen Mitarbeiter erst zum Mit-Arbeiter werden lassen (Abb. 37).

Stufe	Umsatz	Preis	Wert
A	bis 150 E	Zeitplaner	30,—
jede	250 E in 30 Tagen	Silberbarren	150,—
A	250 E gesamt	Probevertrag	
jede	zweimal 250 E in 30 Tagen	Lederkoffer	800,—
jede	500 E in 30 Tagen	goldene Geldklammer	1.000,—
jede	1 Mio. Umsatz in 30 Tagen	gold. Geldklammer mit Brillanten	1.500,—
jede	weitere 250 E in 30 Tagen	Brillant in den Silberbarren	150,—
2		Führungskräfteteam-Nadel	10,—
3		silberner Crosskugelschreiber	100,—
4		goldene Uhr von Chopard	5.000,—
5		goldenes Crosset	600,—
6		Straußenlederkoffer	3.500,—

Abb. 37 Zeichen des Erfolgs!

Da die Mitarbeiter der Stufen A und 1 bis zu 80 % der gesamten Mitarbeiter eines Vertriebs ausmachen, sind diese auch die Visitenkarten eines Strukturvertriebs und damit für den Ruf in der Öffentlichkeit verantwortlich. Trotz der überaus hohen Fluktuationsraten in Strukturvertrieben sollten die einfachsten Investitionen schon im Interesse der Mitarbeiter getätigt werden. Ist der Mitarbeiter längere Zeit in einem Strukturvertrieb tätig, erhält er einen Verlängerungsvertrag oder, beim Aufstieg im System, die sogenannten Stufenverträge. Urkunden und Verträge sollten von Anfang an immer persönlich und am besten vor der Gruppe überreicht werden, so daß der Mitarbeiter die Anerkennung seiner Leistung auch durch die Gruppe erfährt. Dasselbe gilt auch, wenn dem Mitarbeiter ein einfaches Lob ausgesprochen wird oder wenn dem Lebensgefährten des Mitarbeiters (z. B. die Ehefrau) eine Anerkennung zuteil wird. Anerkennungen sollten nicht in der Strukturvertriebsroutine untergehen, sondern entsprechend aufbereitet und präsentiert werden. Dabei ist es nicht einmal notwendig, zu übertreiben. Oft wird natürlich bei größeren Veranstaltungen die Gelegenheit genutzt, ähnlich wie in einer Show die Mitarbeiter gleich Zirkuspferden vorzuführen – das wirkt idiotisch.

Mit immaterieller Anerkennung sollte man nie sparen! Lob ist bekannterweise Balsam für die Seele und setzt immer Energien frei. Nur in seltenen Fällen begeben sich Mitarbeiter nach einer Ehrung auf ihre nichtvorhandenen Lorbeeren.

DIE SACHPREISE

Sachpreise sind eine Steigerung der Anerkennung, da es sich meist um Dinge handelt, die einen wirklichen und greifbaren Gegenwert für eine erbrachte Leistung darstellen. Dabei gilt, je nach Höhe der erbrachten Leistung sollte auch der Wert des Preises bemessen sein. Bei den Sachpreisen selbst sind der Phantasie keine Grenzen gesetzt. Wichtig ist allerdings, daß auch ein Bedarf für einen bestimmten Sachpreis besteht (z. B. dürfte ein Staubsauger kaum eine Motivation für eine erreichte Stufe sein). Der Mitarbeiter baut sich mit Sachpreisen (und auch Urkunden) eine Art Trophäensammlung auf, die er seinen Bekannten unter Umständen stolz präsentiert. Tinneff oder Billigsachpreise machen sich dabei nicht so gut. Wenn also Sachpreise verliehen werden, dann sollten diese qualitativ hochwertig sein. Lieber eine teure Kleinbildkamera hoher Qualität als eine billige Videokamera minderer Qualität verleihen! Die Fehler, die hier begangen werden, liegen vor allem in der Sachpreiszusammenstellung (am Bedürfnis vorbei oder die Auswahl erfolgt über Warenhauskataloge), bei der Qualität (Billigstschrott) und im Detail – bei der Überreichung einer Silberschale gehören der Name und das Datum des Mitarbeiters eingraviert, der Partnerin des Mitarbeiters überreicht man einen Blumenstrauß.

Sachpreise eignen sich auch dazu, um einen exklusiven Club der Erfolgreichen aufzubauen (s. Abb. 37, einen Silberbarren erhält, wer 250.000,— Versicherungssumme Umsatz pro Monat erzielt; bei einer Wiederholung der Leistung wird ein Brillant in den Barren eingesetzt). Dabei muß kein Druck auf die Mitarbeiter ausgeübt werden. Wer die entsprechenden Statussymbole besitzen möchte, braucht nur die Kriterien zu erfüllen und schon ist er ein Mitglied im Club der „Barrenschreiber". Die Verleihung von Wettbewerbspreisen sollte immer kurz nach der erreichten Leistung erfolgen, da sonst eine Demotivation des Mitarbeiters bewirkt wird.

Sachpreise sollten von Dauer sein und eigentlich, was aber nicht immer möglich ist, lebenslang erhalten bleiben. Mit Sachpreisen können auch Partner und Familie des Mitarbeiters einbezogen werden – so können weitere Sympathisanten gewonnen werden. Ein Beispiel dafür wäre der Diamantring, der vom Mitarbeiter für seine Frau gewonnen wurde. Selbst wenn die Frau dem Strukturvertrieb gegenüber negativ eingestellt ist, wird sie den Ring tragen und somit automatisch ein Teil des Strukturteams sein.

DIE REISEN

Incentivereisen sind die wohl beste Methode, um zum richtigen Zeitpunkt für unvergeßliche Erlebnisse, gedanklich verbunden mit der Tätigkeit in einem Strukturvertrieb, zu sorgen. Beliebte Ziele sind die Karibik, die Südsee und Florida, aber auch Thailand, die Philippinen, Sri Lanka oder die Malediven kommen in die engere Wahl. Reisen sollten nur den absolut besten Leistungsträgern vorbehalten sein, da hier ganz klar die Grenze zwischen gut und sehr gut gezogen werden kann. Mit Reisewettbewerben werden Träume erfüllt. Es ist also sehr wichtig, Ziele auszusuchen, die auch erstrebenswert sind. Die stärkste Motivation wird erzielt, wenn der Mitarbeiter seinen Lebensgefährten mitnehmen kann oder zumindest eine Mitreise auf eigene Beteiligung möglich wird. Befürworter von Partnern auf Wettbewerbsreisen behaupten, daß der private Friede und damit die psychische Energiequelle des Mitarbeiters eine wichtigere Rolle spielen, als das Austoben, wenn der Mitarbeiter allein fährt. Gegner argumentieren, daß der Mitarbeiter sich nur dann so gibt, wie er wirklich ist, wenn er keiner Kontrolle unterliegt. Beide Argumentationen kann ich persönlich nachvollziehen, da ich während meiner Tätigkeit sowohl die Vor- als auch die Nachteile erlebt habe. Deshalb wird der Streit um das Für und Wider von Partnern auf Wettbewerbsreisen nie zu Ende gehen. Vielleicht ist die beste Lösung, Reisewettbewerbe abwechselnd mit und ohne Partner zu veranstalten, so daß jeder zu seinem Recht kommt.

Gewinne in der Form von Reisewettbewerben sind für Mitarbeiter zum Teil auch Ersatzurlaub. Gute Leute investieren oft sehr viel Zeit ins Geschäft und brauchen ab und zu, je nach Typ, eine Möglichkeit zu entspannen oder um Dampf abzulassen. Reisewettbewerbe sollten immer gut vorbereitet sein (Ablaufplan mit Extraprogrammen), so daß der Mitarbeiter wirklich etwas erlebt (unter Umständen sollten Incentivereiseveranstalter hinzugezogen werden).

Reisewettbewerbe wirken sehr lange und sehr tief bezüglich der Eigen-Motivation und Einstellung. *Mitarbeiter werden durch Reise-*

wettbewerbe zu Geschäftspartnern, die zur Stammannschaft eines Vertriebs gehören. Sie sind weit weniger fluktuationsgefährdet als diejenigen, denen ein solches Erlebnis fehlt.

DIE WETTBEWERBSKRITERIEN

Jede Veranstaltung eines Wettbewerbs setzt bestimmte Kriterien voraus. Diese können umsatz-, mitarbeiter-, storno-, steigerungs- oder teambezogen sein. Wichtig ist dabei nur, daß die Kriterien klar sind. Der Mitarbeiter muß genau wissen, was er bringen muß, um gewinnen zu können. Im Verlauf des Wettbewerbs dürfen Wettbewerbskriterien höchstens zum Vorteil, aber nie zum Nachteil der Wettbewerbsteilnehmer geändert werden. Dabei werden im wesentlichen Rennlistensysteme, d. h. Listen, in denen z. B. die 10 Führenden Gewinner sind, oder Umsatzkriterien zur Auswahl herangezogen (z. B. eine Million Versicherungssumme in zwei Monaten = ein Sieger). Vielfach werden solche Kriterien allerdings mit berechtigten Fußnoten versehen: bestimmte Stornoquoten dürfen nicht überschritten werden, der Mitarbeiter muß ein aktives Vertragsverhältnis haben, es besteht kein Rechtsanspruch auf Gewinnauszahlung in Geld und eine Nichtteilnahme hat keinen Ersatzanspruch zur Folge. Es gibt nämlich immer wieder Mitarbeiter, wenn auch nur vereinzelt, die eventuell schon für die Konkurrenz arbeiten, einen Wettbewerb gewinnen und diesen dann in harter Währung ausbezahlt bekommen wollen. Dagegen muß man sich natürlich schützen. Es ist also auch bei der Kriterienerstellung der rechtliche Rahmen nicht zu vergessen. Unklare Regelungen und Kriterien können später zu sehr bösen Auseinandersetzungen führen.

DIE FINANZIERUNG

Bereiten schon die Kriterien erhebliches Kopfzerbrechen, so gerät die Finanzierung von Wettbewerben meist zu jener Hürde, an der viele Möchtegernveranstalter scheitern oder sich maßlos übernehmen. Es gibt im wesentlichen drei Finanzierungsmodelle (Abb. 38):

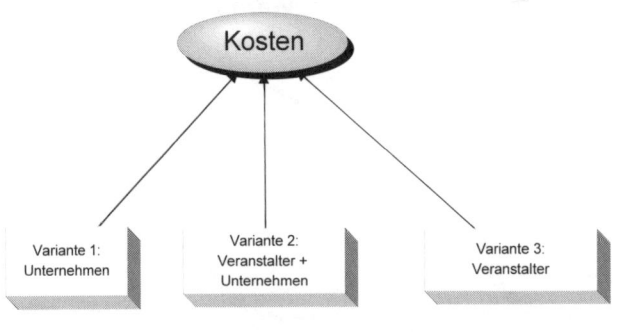

Unternehmen = Versicherungsgesellschaft,

Veranstalter = eine Struktur, mehrere Strukturen, der Strukturhöhere
oder der ganze Strukturvertrieb

Abb. 38 Finanzierungsmaßnahmen für Incentivemaßnahmen

Bei den beiden letzten Varianten sollte vor dem Wettbewerb festgelegt werden, wer wie beteiligt ist. Geschieht das nicht, ist der Ärger vorprogrammiert!

Veranstalterbeteiligungen (z. B. alle Führungskräfte ab der Stufe 1) können auf Verdienstbasis (jeder bezahlt z. B. 10 % vom Verdienst aus den drei Monaten, in denen der Wettbewerb läuft), fest nach Teilnehmer (pro Teilnehmer DM 500,— für den Mitarbeiter der Stufe 1, DM 1.000,— für den Mitarbeiter der Stufe 2 etc.) oder nach komplizierten gemischten Systemen (nur wer Sieger hat, zahlt anteilmäßig bezogen auf die erhaltene Leitungsvergütung) kalkuliert werden (Abb. 39).

Egal, welches System benutzt wird – es muß für alle gerecht sein! **Rein rechtlich können übrigens auch keine Beteiligungen eingefordert werden, wenn dies nicht ausdrücklich vertraglich vor dem Wettbewerbsbeginn vereinbart wurde.** Nicht selten werden Mitarbeiter mit überteuerten Wettbewerben überzogen, damit der Strukturhöhere seine Stufe schreiben kann.

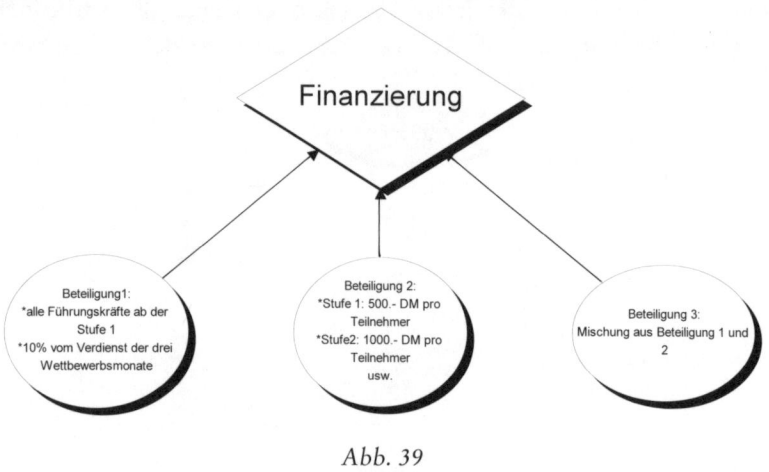

Abb. 39

Wettbewerbe sollten so kalkuliert sein, daß die durch den Wettbewerb zusätzlich erzielte Umsatzsteigerung und der damit verbundene Verdienst in einem angemessenen Verhältnis zu den Wettbewerbskosten stehen. Konkret bedeutet das, daß es nicht angeht, daß ein Mitarbeiter für einen Wettbewerb 20 % seines Verdienstes abgibt, wenn die Steigerung während des Wettbewerbszeitraums nur 30 % beträgt. Rechnet man nämlich das nachfolgende Storno und die unter Umständen geringere Leitungsvergütung (womöglich ist man auch noch stufengleich) dadurch, daß durch den Wettbewerb Stufen erreicht wurden, dann geht der Schuß nach hinten los.

Wird z. B. ein Wettbewerb mit 100 Mitarbeitern veranstaltet, wobei 10 Sieger kalkuliert sind (Kosten pro Einzelsieger z. B. DM 8.000,— = 10 x 8.000 = DM 80.000), und steigt der Umsatz während des Wettbewerbs um 50 % über normal (z. B. Struktur produziert statt 5 Millionen Neugeschäft pro Monat 7,5 Millionen pro Monat auf 3 Monate => 3 x 2,5 Millionen = 7,5 Millionen zusätzlicher Umsatz => der zusätzliche Verdienst beträgt ca. DM 250.000,— bis zur Spitze), dann würde der Anteil bei ca. 30 % liegen. Meiner Meinung nach sind aber maximal 10 % erträglich. Also entweder gibt es nur drei Sieger, die Reise kostet maximal ca. DM 2.600,— pro Person oder die Mitarbeiter produzieren ca. DM 24 Mio. Neugeschäft mehr als zuvor.

Reduziert man die Anzahl der Sieger nach einem Wettbewerb, kann man sich die Folgen vorstellen. Das gleiche gilt für die Beteiligung von Mitarbeitern an einem Wettbewerb. Deshalb wird oft verzweifelt versucht, Wettbewerbe erst sehr viel später auszuführen, da man hofft, daß einige von den Gewinnern wegfallen. Zudem wird das Programm zusammengestrichen und eingespart, um nicht zu stark draufzahlen zu müssen. All dies passiert nur, weil es sich bei der Kalkulation um eine Dilettantenrechnung gehandelt hat. Viele Führungskräfte sind selbst in den höchsten Positionen nicht in der Lage, Wettbewerbe richtig zu berechnen und dann auch anständige Reisen durchzuführen (Bahamas werden da schnell zu Griechenland). Die schlimmsten Konsequenzen ergeben sich, wenn mangels Teilnehmer (z. B. bleiben nur fünf übrig) der Wettbewerb (z. B. eine Reise) abgesagt wird. In dieser Lage kann man sich für die nächsten Jahre weitere Wettbewerbe ersparen, da niemand mehr daran glaubt.

Bei Wettbewerben muß, um diese vorher kalkulieren zu können, bis auf 10 % hin oder her klar sein, wieviele Sieger zu erwarten sind und was der Wettbewerb insgesamt kosten wird. Nur dann läßt sich vernünftig wirtschaften. Zu diesem Thema gibt es für Strukturvertriebe leider keine Literatur. Deshalb kann ich nur jedem raten, entweder auf einen Profi zurückzugreifen oder ein paar Mathematikstunden bzw. Unterricht über Haushalts- und Finanzplanung zu nehmen.

Nicht wenige Mitarbeiter in Strukturvertrieben mußten wegen Wettbewerben die Segel streichen, weil sie es sich nicht mehr leisten konnten, ständig irgendwelche Beteiligungen zu bezahlen.

DIE PLANUNG

Mit der Planung von Incentiveveranstaltungen steht und fällt deren Erfolg. Dies beginnt beim Start der Veranstaltungen, setzt sich über die Länge und die Details sowie Zusatzprogramme, den Einsatz von T-Shirts, Urkunden fort und endet bei den Sachpreisen und Reisewettbewerben.

Gute Zeitpunkte, um Wettbewerbe zu starten, sind gegen Anfang des Halbjahres, wenn der Mitarbeiter bereits wieder etwas erholt ans Werk gegangen ist (z. B. Ende Januar). Immer wenn ein zusätzlicher Motivationsschub eine klare Leistungssteigerung erwarten läßt, sind Wettbewerbe angebracht. Sachpreiswettbewerbe erreichen dabei mehr Mitarbeiter als Reisewettbewerbe, da die letzteren teurer und schwieriger zu meistern sind und nur eingesetzt werden sollten, um die Leistungsspitze zu motivieren. Demnach bemißt sich auch der Zeitraum, über den Wettbewerbe laufen sollen. Reisewettbewerbe sollten nicht länger als 2 Monate und Sachpreiswettbewerbe maximal 3 Monate laufen, wobei der Mitarbeiter die Möglichkeit haben sollte, sich von Kategorie zu Kategorie hochzuarbeiten.

Sachpreise, die durch bestimmte einmalige Leistungen zu erreichen sind, können dagegen ständig laufen (z. B. goldene Uhr beim Erreichen der Position 4 oder eine goldene Geldklammer mit Brillanten für eine Million Versicherungssumme innerhalb von 30 Tagen usw.).

Bei der Planung von Wettbewerben ist höchste Geheimhaltung angesagt. Dringen Informationen über Wettbewerbsart, Ziel oder Dauer nach außen, so werden Umsätze zurückgehalten und die Kalkulation wird falsch.

Wenn zu viele Wettbewerbe in einer Produktionsperiode eingeplant werden, verlieren diese an Wirkung. Maximal zwei Reisewettbewerbe und zwei Sachpreiswettbewerbe pro Jahr sind genug des Guten.

Bei der Planung sollten auch die Siegerbekanntgabe bzw. die Preisverleihungstermine schon berücksichtigt sein. Reisetermine bzw. -unterlagen müssen bekannt und verfügbar sein, damit keine Zeit für derartige organisatorischen Arbeiten aufgewendet werden muß.

DIE PRÄSENTATION

Wettbewerbe sind außergewöhnliche Ereignisse und müssen auch so präsentiert werden. Der größte Wettbewerb, der Vertrag des Mitarbeiters mit dem Karrieremodell, läuft sowieso immer und sollte nicht in den Hintergrund geraten. Wettbewerbe sind Bonbons für die guten und besten Mitarbeiter. Zur Präsentation gehört es, einen geeigneten Ort zur Wettbewerbsbekanntgabe auszusuchen. Ist eine Reise nach Griechenland geplant, bietet sich ein griechisches Restaurant als Veranstaltungsort an. Erwartet man eine größere Teilnehmerzahl bei der Bekanntgabe des Wettbewerbs, läßt man in einem guten Hotel einen Saal zu dem Thema Griechenland dekorieren. Nach der Bekanntgabe wird ein griechisches Buffet eröffnet. Dazu läßt man griechischen Wein bzw. Getränke servieren. Zur Erinnerung an eine Wettbewerbsbekanntgabe sollten die Mitarbeiter nicht nur die Kriterien und Preise in schriftlicher Form, z. B. als Plakat, welches gut aufgemacht sein sollte, mitnehmen. Eine kleine Erinnerung kann, wenn sich der Mitarbeiter wieder dem Alltagsgeschäft zuwendet, z. B. eine griechische Amphore mit eingraviertem Wettbewerbs- und Firmenlogo oder einer Flasche Metaxa mit Firmenetikett und Wettbewerbsaufdruck sein. Noch besser sind z. B. Maßbänder in jeder Aufmachung, so daß der Mitarbeiter Tag für Tag sein Fortkommen während des Wettbewerbszeitraums sieht. Dasselbe gilt für Rennlisten, die schon bei der Präsentation vorgestellt werden sollten. Die Bekanntgabe von Zwischenständen mit Etappensiegern beugt bei längeren Wettbewerben Ermüdungserscheinungen vor. Die Etappensieger sollten bei Zwischenveranstaltungen mit Preisen geehrt werden. Gegen Ende des Wettbewerbs müssen wöchentlich Listen an alle Mitarbeiter versandt werden, damit diese sehen können, wo sie sich im Augenblick befinden. So findet bis zum Schluß ein Kopf-an Kopf-Rennen statt.

Für neu hinzugekommene Mitarbeiter müssen die Kriterien je nach Wettbewerbseinstiegszeitpunkt so korrigiert werden, daß Chancengleichheit besteht.

Gute Wirkung wird bei Reisewettbewerben durch die Vorführung eines 10minütigen Videos auf einer Großbildleinwand erzielt. Bei Sachpreiswettbewerben bietet es sich an, alle Sachpreise aufzubauen und bei der Präsentation zu zeigen, so daß der Mitarbeiter diese sieht und evtl. auch anfassen kann. Er hat einen Eindruck bekommen, was es zu gewinnen gibt.

Auch hier gilt die Regel, je teurer und exklusiver ein Wettbewerb ist, umso teurer sollte die Präsentation sein.

Für einen Reisewettbewerb nach Indien empfiehlt es sich, einen Elefanten, Kobras oder Schlangen, schöne Teppiche oder Inderinnen in Saris durch die Menge zu führen. Bei Sachpreiswettbewerben mit einem Porsche als Hauptpreis sollte dieser auch entsprechend präsentiert werden (mit einem Fotomodell als Fahrerin).

Auch hier sind der Phantasie keine Grenzen gesetzt. In Strukturvertrieben ist es allerdings oft eine Geldfrage, ob eine teure Präsentation stattfindet oder nicht. Wenige gut präsentierte Wettbewerbe bewirken zudem mehr, als viele billig dargebotene Incentiveveranstaltungen. Es gelingt schon oft mit relativ einfachen und preisgünstigen Mitteln, große Wirkungen bei der Vorstellung eines Wettbewerbs erzielen.

Zum Thema Incentivemaßnahmen gibt es auch gute Literatur (s. Literaturverzeichnis).

Allerdings sind die eigenen, wohldurchdachten Ideen und Pläne immer noch am besten. Solange man sich einer professionellen Arbeitsweise bedient (und nicht die Exfreundin als Möchtegernplaygirl auftreten läßt), werden Wettbewerbe in Strukturvertrieben immer Reißer sein und zu guten Umsatzsteigerungen und damit zur Expansion führen.

Karriere

Rein theoretisch ist das Strukturvertriebssystem das Karrieremodell par excellence. Nirgendwo wird eine Karriere klarer und durch Leistung besser darstellbar definiert, als durch dieses System. Die Praxis weicht allerdings von der Theorie erheblich ab.

Die Karriere eines Mitarbeiters im Strukturvertrieb läuft immer nach dem gleichen Schema ab. Die Mitarbeiter steigen normalerweise als Laien in irgendeinen Bereich ein (z. B. Finanzdienstleistungen oder Kosmetikbranche) und dienen sich vom Verkäufer oder Treppenterrier über die Führungskraft bis zum „Topmanager" hoch.

Für meine persönliche Karriere benötigte ich folgende Zeiträume, Produktionsvolumina und Mitarbeiterzahlen:

Stufe	Beginn	Produktion/Halbjahr	Mitarbeiteranzahl
A	1.8.84	–	1
1	Februar 1985	500.000	6
2	Juni 1985	2 Mio.	15
3	November 1985	4 Mio.	40
4	Dezember 1986	10 Mio.	130
5	Dezember 1988	30 Mio.	600
6	Oktober 1990	80 Mio.	1.300
General	April 1991	120 Mio.	1.300

Abb. 40 Persönliche Karriereübersicht (ca. Zahlen!)

Am 31.7.1992 verließ ich die Gesellschaft im beidseitigen Einvernehmen mit dem berühmten goldenen Handschlag.

Zur Karriere gehört es, nicht nur seinen Aufstieg, sondern auch seinen Ausstieg aus dem System vorzubereiten und zu planen.

Meinen Schätzungen zufolge ist die Wahrscheinlichkeit, in einem Zeitraum von 20 Jahren die Spitze in einem Strukturvertrieb zu erreichen, ungefähr eins zu zwei Millionen. Umgerechnet bedeutet dies, daß auf zwei Millionen Einwohner nur einer kommt, der diese Position erreicht.

Setzt man diese Schätzung fort, erhält man Zahlen für alle Stufen und kann sich ausrechnen, wieviele Leute rekrutiert werden müssen, um eine bestimmte Stufe zu erreichen.

Stufe	Verhältnis	Mitarbeiteranzahl	Anzahl der Anträge	Namenspotential für Mitarbeiter und Kunden	Verdienst DM
1	1:1.250	0-2	20	200-250	400,—
2	1:5.000	8-10	75	800-1.000	1.100,—
3	1:20.000	15-20	160	15.000-20.000	2.800,—
4	1:80.000	45-50	450	45.000-50.000	7.000,—
5	1:200.000	130-170	1.300	130.000-170.000	17.000,—
6	1: 1 Mio.	300-450	3.400	300.000-450.000	54.000,—

Abb. 41 Schätzung der Karrierechancen in einem Strukturvertrieb

Jede Karriere ist von Höhen und Tiefen begleitet. In Strukturvertrieben sind die Hochs und Tiefs besonders stark ausgeprägt. Deswegen neigen auch die Mitarbeiter auf der einen Seite eher dazu aufzugeben, sind aber auf der anderen Seite, wenn der Erfolg vorhanden ist, nicht nur hochmotiviert, sondern geradezu besessen von ihrer Tätigkeit. Die schwierigste Phase im Karriereverlauf sind die Positionen der Stufe A bis zur Stufe 2. *Die durchschnittliche Verweildauer eines Mitarbeiters, der keinen Erfolg, sprich Abschlüsse vorzuweisen hat, beträgt ca. zwei Wochen nach dem Einführungsseminar (Grundseminar).*

In diesem Zeitraum hören die meisten Mitarbeiter auf. Nur wenigen Ausnahmen ist es vorbehalten, länger ohne Abschluß auszukommen und trotzdem dabeizubleiben.

Auch bei erfolgreichen Mitarbeitern der Stufe A, welche die Stufe 1 erlangen, ist es noch lange nicht gesagt, daß diese auch die Position 2 erreichen. Gerade in der Position 1 fallen nochmals eine Menge Mitarbeiter weg. Hat der Mitarbeiter die Stufe 2 erreicht, so ist er bereits einer von wenigen, die von seinem ursprünglichen Grundseminar übrig geblieben sind. Da in der Stufe 2 oft die Entscheidung ansteht, hauptberuflich tätig zu werden, um die Stufe 3 erreichen zu können, trennt sich hier nochmals die „Spreu vom Weizen". Mit der Entscheidung für den hauptberuflichen Strukturvertrieb sinkt auch die Gefahr der Fluktuation in den höheren Stufen. Diejenigen, die nur nebenberuflich ab der Position 2 tätig sind, schaffen die Karriere praktisch nicht.

Bis zur Position 2 sind von hundert eingestellten Mitarbeitern gerade zwei oder drei übrig geblieben. Sieht man sich die Erfolgsquoten über alle Stufen (also bis zur Position 6) bzw. über einen bestimmten Zeitraum (z. B. acht Jahre) an, so ergibt sich folgendes Bild:

Stufe	A	1	2	3	4	5	6
Anteil von Stufe zu Stufe in %		19,8	31,4	50	36,8	17,44	50
Anteil gesamt in %		19,8	6,21	3,1	1,1	0,2	0,1

Abb. 42 Schätzung der prozentualen Überlebensrate anhand von Zahlenmaterial

Das Schaubild zeigt also, daß ca. 20% aller Mitarbeiter mit einem Mitarbeitervertrag (mindestens ein Antrag wurde vermittelt) die nächsthöhere Stufe (Position 1) erreichen. Nur 31,4% der Mitarbeiter in der Position 1 erreichen auch die Stufe 2. Insgesamt erreichen nur 3,1% aller Mitarbeiter die Stufe 3. Jeder tausendste Mitarbeiter (1 ‰) erreicht die Stufe 6.

Welches Potential wird benötigt, um eine Generalstruktur zu schaffen? Meine persönlichen Statistiken ergeben folgende Werte:

Art	Anzahl
Mitarbeiter mit Vertrag ab der Stufe A	3.055
neue Mitarbeiter auf den Grundseminaren	7.500
Rekrutierungen für die Gewinnung der Grundseminarteilnehmer	22.500
Terminvereinbarungen (Telefonate, Kontakte) zur Gewinnung neuer Mitarbeiter	70.000
Namenspotential für die Mitarbeitergewinnung	350.000
Namen insgesamt auf den Namenslisten	1,5 Mio.

Abb. 43 Zahlenmaterial für die Abschätzung des Namenspotentials
für meine ehemalige Generalstruktur

Es mußten also 1,5 Millionen Adressen gesammelt werden, um eine Struktur mit ca. 600 aktiven Mitarbeitern entstehen zu lassen, welche im Monat ca. DM 40 Millionen Versicherungssumme produzierte.

Da die oben genannten Zahlen den ostdeutschen Boom beinhalten, sind die tatsächlichen Werte weitaus höher, d. h., die realistischen Verhältniswerte sind weit schlechter, als hier angegeben.

Legt man die Steigerungsraten in den Jahren 1990, 1991 und 1992, welche einigen Aufschluß vermitteln, zugrunde, so dürften vor allem im Bereich der Stufen 3 bis 6 die Ergebnisse wesentlich schlechter als dargestellt sein (ca. 50 % der angegebenen Erfolgsquote ab der Stufe 3). Dies bedeutet, daß nur 20 % der Mitarbeiter in der Position 3 bei „normalen" Verhältnissen die Stufe 4 erreichen.

Es gehört also eine erhebliche Portion Durchhaltevermögen dazu, einen Strukturvertrieb ganz zu durchlaufen.

In Anbetracht dieser Zahlen ist nun auch klar, warum es so wenige gibt, die die Spitze erreichen.

Da sich im Verlauf einer Strukturvertriebskarriere die Aufgabenstellungen mit der Größe der Struktur, dem Umsatz und der eigenen Position verändern, ist auch viel Flexibilität des Einzelnen in relativ kurzer Zeit gefordert.

Das klassische Karrieremuster sieht folgendermaßen aus:

Stufe	Moderator	Einsteller	Verkäufer	Funktion
A	0	0	10	Verkäufer
1	0	3	8	Verkäufer/Einsteller
2	0	5	7	Verkäufer/Einsteller/Betreuer
3	2	10	6	Verkäufer/Einsteller/Betreuer/Referent/Moderator/Organisator
4	5	7	5	Einsteller/Betreuer/Referent/Moderator/Organisator
5	8	6	4	Referent/Moderator/Organisator
6	10	4	1	Moderator

Abb. 44 Karrieremuster im Strukturvertrieb

Die Tabelle zeigt auf, wie bedeutungsvoll die einzelnen Funktionen sind, die in einem Strukturvertrieb zu erfüllen sind. Auf einer Skala von 0 = keine Bedeutung bis 10 = höchste Bedeutung wird eingeschätzt, wie sich das Profil in den einzelnen Positionen verändert.

Die Übergänge bzw. die Aufgabenprofile sind dabei fließend. Im zwischenmenschlichen Bereich, wie bei der Zusammenarbeit mit den Strukturhöheren bzw. mit den unterstellten Mitarbeitern, spielen Taktiken und Strategien eine große Rolle.

Leitende Mitarbeiter sind meist nicht besonders daran interessiert, den Mitarbeiter aufsteigen zu sehen. Deshalb werden diese in Schach gehalten, um Schwächen der eigenen Persönlichkeit zu überdecken.

Hat man sowohl nach „oben" wie auch nach „unten" ein solides Fundament geschaffen, verfügt man also über die sogenannte Beziehungskiste (Vitamin B), welche auch oft mit der „natürlichen" Autorität verwechselt wird, steht dem Aufstieg nichts mehr im Weg.

Die kaufmännische Seite (Steuerfragen, Schulden etc.) muß natürlich auch geklärt sein, da einem sonst auf halbem Weg die Luft ausgehen wird.

Wer ganz nach oben will, kann nicht auf einen acht- oder zehnstündigen Arbeitstag setzen, da mindestens 16 bis 18 Stunden pro Tag (ca. 6 Jahre lang) erforderlich sind. Das gilt auch für die Wochenenden. Gute körperliche und geistige Verfassung sind zwingende Voraussetzungen für eine Strukturvertriebskarriere.

Es erweist sich als vorteilhaft, unabhängig zu sein (keine Kinder, unverheiratet). Eine solide Partnerschaft stützt aber auf jeden Fall eine Karriere, wenn der Partner (meist die Frau) hinter der Tätigkeit des Partners im Strukturvertrieb steht. Ist dies nicht der Fall, gibt es nur zwei Lösungen. Entweder erfolgt die Trennung vom Partner oder vom Strukturvertrieb. Für die Partnerschaft ist es harmonischer, wenn auch der Partner einer Beschäftigung nachgeht und somit unabhängig ist.

Strukturvertriebskarrieren fordern den Karrieristen mit Haut und Haar, bis das ersehnte Ziel (Stufe 6) erreicht ist. Erst dann kann man zur Sicherung des Erreichten übergehen und an andere Dinge denken.

Zur Karriere in einem Strukturvertrieb gehört auch die Fähigkeit, die Expansion systematisch voranzutreiben. Eine der ersten übergeordneten Aufgaben ist die Leitung eines Büros. Dabei geht es nicht nur um die Standardfrage, ob dieses für alle Mitarbeiter gut erreichbar ist, über genügend Parkplätze und einen Schulungsraum verfügt, sondern auch um die kaufmännischen Aspekte. Ein Büro, das mehr als 100 m² Bürofläche hat, ist wenig sinnvoll. Es ist besser, mehrere kleinere Büros als Anlaufstellen für Kunden und Mitarbeiter zu unterhalten. Das Netz sollte dabei so gezogen werden, daß eine sinnvolle Verknüpfung stattfindet. Es sind z. B. nur dann drei Büros in einer Kleinstadt interessant, wenn die Mitarbeiteranzahl und der Umsatz stimmen.

Da viele Mitarbeiter von Haus aus keine Kaufleute sind, wenn sie in einen Strukturvertrieb kommen, hat deren Ausbildung in dieser Richtung hohe Priorität. Gerade hauptberufliche Büro-, Stützpunkt- oder Geschäftsstellenleiter geraten immer wieder durch

ihre Fehlkalkulationen, gepaart mit gesteigertem Selbstdarstellungs-
bedürfnis, in finanzielle Notsituationen.

Ist man sich im klaren darüber, wie der eigene Karriereweg verlaufen soll, ist eine eigene Positionsbestimmung von überlebens-
wichtiger Notwendigkeit!

Nur dann, wenn die eigene Zielsetzung stimmt, die nötige Konsequenz zur Durchsetzung derselben und eine gehörige Portion
Mut zur Ansprache neuer Kunden und Mitarbeiter entwickelt werden, hat man eine Zukunft. Zur Definition des eigenen Ziels gehört auch die Vorstellung, wann man welche Position erreicht haben
will, wie hoch der eigene Verdienst sein muß, wieviel man arbeiten will, wie groß die Struktur sein soll und wo die eigenen Grenzen liegen. *Zur Karriereplanung gehört ebenso die Bestimmung
des richtigen Zeitpunkts zum Ausstieg.* Sickert nämlich durch, daß
man sich mit dem Gedanken aufzuhören trägt, kommt es sofort
zu entsprechenden Reaktionen, sowohl von der Unternehmensleitung als auch aus den Strukturen, und zwar der Strukturhöheren
in den unterstellten Strukturen. Überstellte Führungskräfte sehen
für sich die Chance, den eigenen Geldbeutel zu füllen, und die
Unternehmensleitung befaßt sich mit dem Gedanken, wie der Ausstieg möglichst kostengünstig bewerkstelligt werden könnte. Unterstellte Mitarbeiter spekulieren entweder damit, selbst auch auszusteigen oder sind schlichtweg verunsichert, wie ihre Zukunft
weiter aussehen soll. Deshalb muß nicht nur der Einstieg und
Aufstieg, sondern auch der Ausstieg aus einem Strukturvertrieb
geplant werden.

*Der richtige Zeitpunkt, Schluß zu machen, ist mit Sicherheit nicht
nur der, an dem die maximalen Abfindungszahlungen zu erwarten sind, falls dies überhaupt abschätzbar ist.*

Typisches Anzeichen für den bevorstehenden Ausstieg ist die
„innere" Kündigung, d. h., wenn man bereits Zeit für andere Dinge
investiert, vielleicht sogar ein branchenfremdes Unternehmen ge-
gründet hat und sich im wesentlichen mit Dingen beschäftigt, die
mit dem Strukturvertrieb nichts mehr gemeinsam haben. Betrachtet
man diesen zudem nur noch als notwendiges Übel, um finanziell

gut dazustehen (gilt vor allem für hohe Positionen in Strukturvertrieben), ist ein Ende absehbar.

Ist die Einstellung nicht mehr in Ordnung, sollte man eine Kurskorrektur in seinem Leben vollziehen.

Befindet man sich in der Situation des Stillstands, d. h., ist man seit Jahren in der gleichen Stufe, z. B. in den Stufen 4 oder 5 und überlebt nur noch von Monat zu Monat, sollte man sich nach anderen Verdienstmöglichkeiten umsehen. Durchhalteparolen bringen dann nichts mehr. Sicher gibt es den einen oder anderen, der doch noch die Stufe 6 erlangt, aber der Großteil schafft es eben nicht.

Taktisch gesehen ist es zudem besser, zu gehen, als irgendwann gegangen zu werden. Das eigene Selbstbewußtsein erleidet dann keinen Schaden, und man ist offen für neue Aufgaben.

Zusammenfassend kann also gesagt werden, daß das Karrieremachen in einem Strukturvertrieb äußerst schwierig ist. Es gehört nicht nur eine robuste Natur, sondern auch eine enorme psychische Kondition dazu, um an die Spitze zu kommen. Dabei ist die Wahrscheinlichkeit, ganz oben mitzuspielen, fast gleich Null. Nur dem, der über absolut außergewöhnliche intellektuelle, kommunikative Fähigkeiten und über soziale Kompetenz verfügt, ist es vorbehalten, die Toppositionen zu erreichen.

Genau so, wie die Karriere selbst, muß natürlich auch das Leben danach geplant werden.

Will man allerdings nicht der Sektiererei verfallen, ist ein Ausstieg unumgänglich.

Trotzdem sind auch nach 20 Jahren Strukturvertrieb eine ganze Reihe von Topleuten nach wie vor tätig. Bestünde für diese Mitarbeiter eine klare Perspektive, mit einer großen Abfindung, die ihren Geldbedarf nachhaltig abdeckt, aufhören zu können, würde sich der Kreis erheblich reduzieren. Viele sind sich der Situation, in der sie sich befinden, durchaus bewußt, spielen aber das Spiel mangels eigener Courage oder auf Grund von Abhängigkeiten weiter mit. Man kann gewissen „Topmanagern" eine Tendenz zur inneren und äußeren Vergreisung nicht absprechen. Nicht wenige 6er und Generäle sind so ausgepowert, daß sie nicht mehr kämpfen wollen und können. So verfallen einige in ein geistiges Siechtum und verlagern, wenn überhaupt, die restlichen Aktivitäten in andere Bereiche des alltäglichen Lebens. Andere wiederum fangen an zu philosophieren und entrücken so nach und nach der Realität. Fast alle bauen sich zur Wahrung ihres Gesichts vor sich selbst und der Außenwelt ein Rechtfertigungssystem auf, welches ihr Handeln nicht nur rechtfertigt, sondern als überaus gesellschaftlich wichtig und sinnvoll begründet.

In Augenblicken der Ehrlichkeit, welche zwar spärlich sind, die es aber dennoch gibt, würden einige lieber gestern als heute Schluß machen.

Faule Tricks

DIE EINFÜHRUNG IN DAS BLACK MANAGEMENT

Wer auch immer in einem Strukturvertrieb arbeitet, gearbeitet hat oder anfangen will, sollte es nicht versäumen, dieses Kapitel zu lesen. Viele Probleme, viel Ärger, viele existentielle Sorgen und Spekulationen können vermieden werden, wenn der Leser diese Ausführungen als eine Art Warnung innerlich ständig mit sich herumträgt.

Die meisten Strukturvertriebe sind nicht, wie oft behauptet wird, Leistungssysteme, in denen man besser aufsteigen kann als in jeder anderen Firma. *Strukturvertriebe sind fast immer Sümpfe mit vielen Ratten, Krokodilen, Aasgeiern und sehr vielen Opfern, auch wenn sie als Paradiese beschrieben werden.*

Zwischen der in einigen vorhergegangenen Kapiteln beschriebenen grauen Theorie und der Alltagspraxis vieler Strukturvertriebe bestehen ganz erhebliche Unterschiede.

Bei Strukturvertrieben handelt es sich fast immer um menschenverachtende umsatzorientierte Systeme, denen Leute vorstehen, die Hunderttausende von Menschen schlicht und einfach hinters Licht führen. Dies geschieht meistens - so nehme ich an - aus finanziellen Nöten heraus, in denen sich sehr viele der hauptberuflichen „Führungskräfte" befinden. Dies kann aber keine Entschuldigung für ihr Verhalten sein!

Für fast alle, die in einem Strukturvertrieb anfangen, endet der Traum vom großen und schnellen Geld als Alptraum. Meist scheiden gebrochene Menschen mit hohen Schulden notgedrungen aus, kehren reumütig in ihren Bekanntenkreis zurück und sind gebrandmarkt für ihr Leben. Gebrochen deshalb, weil den Mitarbeitern immer wieder direkt oder indirekt auf plumpe oder subtile intelligente Weise zu verstehen gegeben wird: Wer es in einem Strukturvertrieb nicht schafft, der schafft es nirgendwo. Da viele neue Mitarbeiter gute, wenn auch nur kurzfristige Anfangserfolge haben, wird die Menschheit in zwei Klassen eingeteilt, die Gewinner und die Verlierer. Und wer es in einem Strukturvertrieb nicht schafft, ist eben ein Verlierer, Loser, Versager, ein Taugenichts, ein Prolo oder ein Drolo. Wer in einem Strukturvertrieb anfängt, der hat es kapiert – mehr als 90 % der Menschen sind Idioten, weil sie ihre Chancen nicht begreifen und wahrnehmen. Wer XYZ macht, ist ein Guter, wer es nicht macht, ist einer, der nur zu bedauern ist. Trennen Sie sich von den Bekannten, die negativ reden, ist einer der „guten Hinweise" in Strukturvertrieben, denn fast alle reden negativ. Mitarbeitern in Strukturvertrieben werden nach und nach die familiäre Basis, die guten Bekannten und Freunde entzogen, was natürlich durch den vermehrten Freizeiteinsatz gefördert wird. Man verkehrt nur noch mit Strukturvertrieblern, geschäftlich und privat. Ist man wieder draußen, dann ist man allein und muß sich erst etwas Neues aufbauen. Es wird ganz enorm unterschätzt, welchen seelischen Knacks viele ausgeschiedene Mitarbeiter dadurch erleiden. Es heißt nämlich, zurück in die grausige Welt gehen zu müssen – die Verstoßung von Adam und Eva aus dem Paradies.

In diesem Kapitel sollen nun die gängigsten Tricks beschrieben werden, wie man Mitarbeiter manipuliert bzw. ganz einfach zum eigenen Vorteil betrügt. Der Autor erhebt keinen Anspruch, nicht so gehandelt zu haben, verdammt jedoch im nachhinein diese Praxis. Ich möchte mich an dieser Stelle für meine Handlungen bzw. das Verhalten, welches solche Praktiken beinhaltete, bei allen Betroffenen entschuldigen.

DER VERKAUF

Mitarbeiter, die in einem Strukturvertrieb anfangen, sind zu Beginn ihrer Tätigkeit mit der Problematik des Verkaufs beschäftigt. Aufgabe ist es, möglichst schnell viele Abschlüsse zu bringen, um die nächste Stufe zu erreichen. Für die erste Stufe werden meist 10 bis 15 Lebensversicherungsverträge in einer durchschnittlichen Größenordnung benötigt. Ist man verheiratet und hat zwei Kinder, sind das schon vier Abschlüsse. Dann benötigt man noch zwei private Krankenzusatzversicherungen und Unfallversicherungen, ein Bausparvertrag und ein Vermögensbildungsvertrag sind zusammen gerechnet ca. DM 700,— Monatsbeitrag, was neun Abschlüssen entspricht. Dieselbe Prozedur erfolgt beim Bruder, den Eltern, dem besten Freund und schon ist man in der Stufe eins. Und genau so läuft es ab! In der Regel können Mitarbeiter Verträge für sich selbst erst nach einer gewissen Zeit abschließen. Das ist jedoch von Vertrieb zu Vertrieb unterschiedlich. Es gibt natürlich auch andere Regularien, z. B. wurde ein Eigenantrag erst nach dem Ende der Stornohaftungszeit provisions- und einheitenmäßig vergütet. Es gibt aber immer Mittel und Wege, um fingierte Eigenabschlüsse zu tätigen – Strukturvertriebsfüchse sind wie Wasser, sie suchen sich ihren Weg. Der Grund ist dabei nicht die Besorgnis der Strukturhöheren oder der Gesellschaft, der Mitarbeiter könnte sich übernehmen, sondern die Angst vor Storno, welches nach dem Ausscheiden des Mitarbeiters anfällt. Hat also jemand eine große Familie bzw. viele gute Bekannte und Freunde, so ist die Stufe eins manchmal in weniger als zwei Tagen erreicht. Strukturhöhere, die auf die Stufen 3, 4, 5 oder 6 laufen und unbedingt Geld verdienen müssen, zeigen den Mitarbeitern während der sogenannten heißen Stufenphasen auf, wie man es bewerkstelligen muß, um auch solche Abschlüsse noch „reinziehen" zu können. Es wurden möglichst lange Laufzeiten bei den Abschlüssen angestrebt, da sich die Stufenbewertung nach der Versicherungssumme richtete (s. Einheitensystem). Der Onkel schließt den Neffen, d. h. das Kind des Mitarbeiters ab, wobei der Mitarbeiter die Beiträge bezahlt. Ein Teil der Provisionen wird an die Kunden bezahlt (sogenannte Provisionsabgaben, die aber verboten sind). Der Mitarbeiter, der neu ins Geschäft gebracht wird, schließt vor der Ausfertigung des Mitarbeitervertrags noch alle Versicherungsverträge ab, um nicht unter die Eigenantragsklausel zu fallen. Man schreibt Verträge, die man von anderen erhält, die nicht auf Stufe laufen, danach an diese zurück usw. und so fort. Jede Versicherungsgesellschaft hat Lücken in ihren Antragsaufnahmerichtlinien, und so wird fleißig gesucht und gefunden. Schwerbehinderte werden versichert – wen juckt es, wenn 4 Monate später der Antrag rausfliegt, die Stufe ist geschrieben. Der Strukturhöhere zahlt die Zeche, denn die Rückrechnung der Provision erfolgt mit der alten Leitungsvergütung, wenn der Vertrag storniert wird. Allgemein kann man jedoch sagen, je höher die Stufe ist, in der sich ein Mitarbeiter befindet, um so höher ist auch das Interesse an der Qualität des Geschäfts (ein Mitarbeiter der Stufe 6 weiß sehr wohl, welche fatalen Folgen mangelnde Qualität nach sich zieht). Dennoch wird bei Wettbewerben, Stufensprüngen und Qualifikationen ein Hühnerauge mehr zugedrückt – trotz Warnung, daß Stufen wegen überhöhten Stornos aberkannt werden können, denn für die Mitarbeiter geht es manchmal finanziell ums nackte Überleben.

Sind die Stufen einmal geschrieben, dann wird sehr genau kontrolliert, ob die Anträge sauber sind. So kann man übrigens auch Mitarbeiter ärgern, Umsätze drücken, Stufen verhindern und wunderschöne Schweinereien fabrizieren.

Sie fragen sich, wie das geht?

Über Verkaufsrichtlinien (möglichst viele Formulare und Hindernisse) lassen sich ganze Verkaufsorganisationen steuern. Um möglichst viel Umsatz zu produzieren, brauchen also nur viele Familienanträge (falls die Gesellschaft irgendwelche Regularien hat, müssen eben gute Bekannte Verträge auf die eigene Familie machen – oder Verwandte schließen ab, und später wird über Änderungsanträge die Geschichte geregelt), Eigenanträge, hohe Anträge (Lebensversicherungen mit langer Laufzeit, hohem Beitrag oder BVE-Anträge = Lebensversicherung für die betriebliche Altersversorgung) und Gefälligkeitsanträge mit Provisionszahlung an Dritte (verboten!) abgeschlossen zu werden. In manchen Strukturvertrieben war oder wird es sogar zur Bedingung für den neuen Mitarbeiter gemacht, zuerst drei Anträge zu bringen, bevor man für den vierten Antrag Provision bekommt. Hier gibt es alle möglichen „Regularien", um schnell zu Geld zu kommen.

Trotz der Einfachheit schaffen es viele Mitarbeiter aber nicht, die erste Stufe mit diesen Anträgen zu schreiben (gewollt oder ungewollt). Dies bedeutet, daß entferntere Bekannte oder Empfehlungen als Kunden kontaktiert werden müssen, im schlechtesten Fall – Klinkenputzen! Hat der Mitarbeiter eine ehemalige Freundin, die ihm gewogen ist, oder sieht die Mitarbeiterin gut aus, dann ist es Zeit für die sogenannten Bettkantenverträge. Was damit gemeint ist, ist klar. Es handelt sich um reine Prostitution. So werden manche Mitarbeiter zum Ehebruch motiviert, und sie tun es, um abzuschließen. Geld stinkt nicht, und man macht schließlich nichts Kriminelles. Verkäufer sind Straßenfüchse und sie wissen, wie man zum Ziel kommt. Endlich darf man all das tun, was man sich vorher nicht getraut hat und hat sogar ein Alibi. Wer darauf nicht einsteigt und zu wenig Termine hat, dem muß man Gas geben – aber wie? Indem man Mitarbeiter einstellt! Kurz vor oder nach dem Grundseminar schnappt man sich eine Adressenliste des Mitarbeiters, erarbeitet Namen für Kunden und Mitarbeiter, mit dem Vorwand, diesem bei der Karriere helfen zu wollen und stellt sofort Mitarbeiter ein, auch wenn er es nicht will (er kommt doch dadurch schneller in die nächste Stufe!). Hat er selbst zu wenig Abschlüsse, braucht man ihm nur die Umsatzzahlen seines Mitarbeiters vorzuhalten, etwas von Vorbild und Akzeptanz zu erwähnen, und es geschehen noch Wunder – kick in the ASS (Arschtrittmethode).

Sind keine Mitarbeiter eingestellt worden, läßt man den Mitarbeiter einfach ins Büro kommen und Termine machen (helfe Ihnen beim Telefonputzen). Jeden Tag, wenn es sein muß! Es müssen bis zu 10 Termine pro Woche stehen, damit der Mitarbeiter (!) Erfolg hat. Nutzt auch das nichts, etwa weil zu viele Termine ausfallen und keine Abschlüsse erzielt werden, so muß mit ihm über seine Einstellung geredet werden. Es wird ein *Klausurgespräch* (ca. 1 1/2 h) mit einem Strukturhöheren geführt oder man bedient sich einfach des knallharten Telefonterrors.

Telefonterror heißt, beim Mitarbeiter unter dem Vorwand, ihn unterstützen zu wollen, zu jeder Tages- oder Nachtzeit anzurufen. Es werden Termine abgefragt, der Mitarbeiter wird mit dem

Hinweis, daß man ihn eine Stunde später noch mal anrufen würde, aufgefordert, Termine zu legen. Mitarbeiter werden in den frühen
Morgenstunden aus dem Bett geholt. Reagiert der Mitarbeiter am
Telefon etwas verschlafen, brüllt der Strukturhöhere in den Hörer, welch herrlicher Tag heute sei und daß es Zeit wäre, etwas
für die Zukunft zu tun (um sechs Uhr morgens) und nicht sein
Leben zu verschlafen. Es ist klar, wie nebenberufliche Mitarbeiter auf solche Überfälle reagieren. Der hauptberufliche Mitarbeiter läßt sich diese Folter in der Regel gefallen, da er vermeintlich
keine anderen Alternativen hat (Mobbing im Strukturvertrieb).

Eine andere Variante, Mitarbeiter auf Trab zu halten, ist es, bei
den wöchentlichen Schulungen den Kollegen vom gleichen Seminar zu befragen, wie viele Abschlüsse er schon hätte und was er
verdient hätte. Die härtere Version kann aber auch sein, die Terminanzahl aller Anwesenden über den Overheadprojektor (im Jar-
gon „Proki" genannt) an die Wand zu werfen – für jeden sichtbar. Noch gemeiner wird die Geschichte, wenn man vor der Gruppe
den Verdienst anspricht oder einen Mitarbeiter exemplarisch auffordert, darzulegen, warum er so wenig „gemacht" habe. Wir reden von erwachsenen, selbständigen Menschen, die sich das alles
gefallen lassen! Bei den Mitarbeitern kommt in solchen Meetings
richtig Freude auf. Es ist gefährlich, wenn man in einem Strukturvertrieb nicht erfolgreich ist. Unter den Seinen wird der Mitarbeiter bemitleidet, letztlich sogar verachtet. Erfolglose Mitarbeiter werden wie Aussätzige oder Kranke behandelt. Dabei wird die
Schuld natürlich beim Mitarbeiter gesucht, denn es kann nur an
diesem liegen. Nützt alle Motivationsarbeit nichts, hat er wirklich überhaupt keinen Erfolg – meist hört er dann von selbst auf
–, wird die Zusammenarbeit beendet (warum soll dieser auch noch
die Dynamikprovision oder die Bestandspflegeprovision verdienen, wenn er sowieso nichts macht). Man verabschiedet sich positiv oder negativ: War halt nix, oder: Es ist besser, wenn sie etwas machen, was sie auch können – liegt wohl doch an den Kunden, am Markt (in Seminaren wird gelehrt, daß man dem Mitarbeiter sein Gesicht wahren lassen soll). Die Adressenliste? Die
braucht er nicht mehr – ein anderer solle aber noch die Chance

als Mitarbeiter oder Kunde bekommen! So kommt man zu weiterem Kunden- und Mitarbeiterpotential. Dies alles ist bei der Behandlung von Mitarbeitern der Stufen A bis ca. zwei Monate nach deren Einstieg ins System zu beobachten.

Für Mitarbeiter, die bereits länger in der Stufe A tätig sind, existiert zusätzliches Trickmaterial. Ein beliebtes Mittel ist es, Ziele vorzugeben bzw. Statistiken (Verkaufsanalysen oder Wochenberichte) zu verlangen. Der Mitarbeiter wird auf ein bestimmtes Ziel, z. B. die Vermittlung von 4 Verträgen pro Woche, festgelegt und unterschreibt einen Vertrag mit sich selbst (in Gegenwart des Strukturhöheren als Zeugen), daß er diesen einhalten wird. Bei Nichteinhaltung desselben gibt es die Möglichkeit der Kündigung, oder der Mitarbeiter muß z. B. DM 500,— Strafe an eine karitative Vereinigung zahlen. Es kommt auch vor, daß Wetten vereinbart werden. Wenn der Mitarbeiter die Wette gewinnt, bekommt er etwas (Geld, eine Flasche Sekt etc.), wenn nicht, muß er zahlen. Eine harte Version der Wettmotivation wäre, wenn z. B. 10 Mitarbeiter bei Nichterfüllung eines Ziels eine Strafe bezahlen müssen (z. B. jeder DM 1000,—), die derjenige gewinnt, der seinem Ziel am nächsten kommt (z. B. der cleverste Strukturhöhere). Man kann sich vorstellen, wie die Zielvorgaben aussehen und wer wohl die Wette gewinnt. Es gibt prinzipiell nichts gegen diese Methode einzuwenden, wenn der Mitarbeiter die realistische Chance hat, seine Ziele zu erreichen. Dies ist aber nur selten der Fall (die Ziele sind zu hoch gesteckt, oder der Mitarbeiter ist für den Verkauf nicht geeignet). Der psychische und finanzielle Druck wird dann natürlich enorm hoch. Andere Möglichkeiten sind z. B., in der Geschäftsstelle Rennlisten mit Namen und Bildern von Mitarbeitern aufzuhängen, so daß jeder sehen kann, wie gut oder wie schlecht er selbst bzw. die anderen Mitarbeiter sind. Helfen auch diese Maßnahmen bzw. Klausurgespräche und Arschtreten nicht, versucht man meist noch die Adressenliste (soweit brauchbar) zu bekommen und verabschiedet sich dann von ihm. Hat der Mitarbeiter bereits andere Mitarbeiter, werden diese betreut und der Mitarbeiter links liegengelassen, weil dieser wegfällt und sich damit die eigene Struktur verbreitert. Strukturverbreiterung heißt, daß Mitarbeiter, die sich in zweiter Linie befinden, nach dem Ausscheiden ihres überstellten Strukturhöheren direkt an die nächsthöhere „Führungskraft" angebunden sind (Abb. 45).

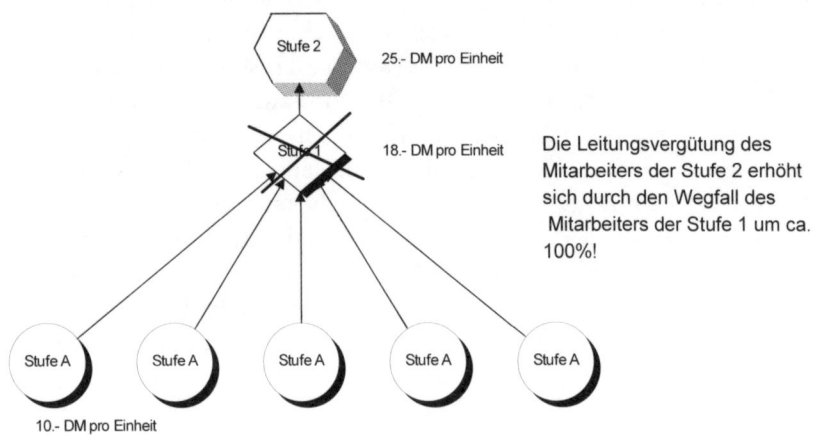

Abb. 45 Beispiel einer Strukturverbreiterung

Mitarbeiter in den Stufen 1 oder 2, die keinen Eigenverkauf betreiben bzw. zu wenig Abschlüsse bringen, werden als schlechte Vorbilder hingestellt. Härtere Versionen sind die Androhung von Stufenverweigerungen, d. h., daß dem Mitarbeiter entgegen dem Mitarbeitervertrag die Stufe verweigert wird, wenn er zu wenig Eigenumsatz bringt. Eine weitere Maßnahme ist die Ausladung von gewonnenen Wettbewerben. Es ist äußerst demotivierend, wenn man z. B. einen Reisewettbewerb gewonnen hat, dann auf Grund des zurückgegangenen Eigenumsatzes ausgeladen wird, die unterstellten Mitarbeiter aber unter Umständen mitfahren. Der Mitarbeiter wird aufgefordert, an Ausbildungsveranstaltungen, die er vielleicht schon fünfmal besucht hat, erneut teilzunehmen. Hilft das auch nichts, wird der Mitarbeiter gefeuert. Dabei ist entscheidend, ob er hauptberuflich tätig ist oder nicht. Auf Hauptberufler kann nämlich ein ganz anderer Druck ausgeübt werden. Diesen werden Terminauflagen gemacht, genauso wie im Angestelltenleben. Bringen die Mitarbeiter die geforderte Leistung innerhalb eines bestimmten Zeitraums nicht (z. B. ein Mitarbeiter der Stufe 2), werden einfach die Strukturen weggenommen (umstrukturiert), da man es nicht verantworten kann, daß ein solch schlechter Mitarbeiter einer Struktur vorsteht (Abb. 46).

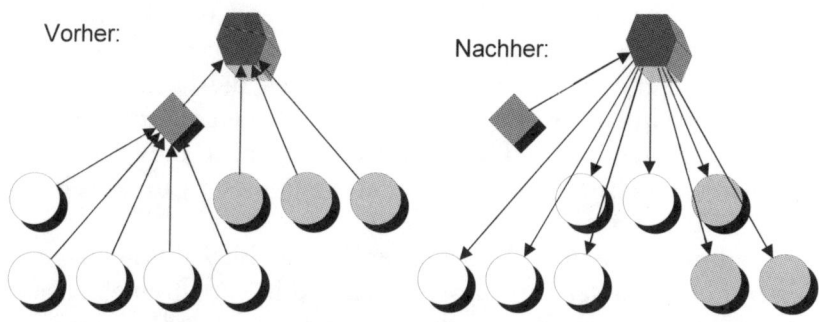

Abb. 46 Die Umstrukturierungsmaßnahme

Leitungsvergütung wird laut Mitarbeitervertrag nur bezahlt, wenn der Strukturhöhere die Betreuung seiner Struktur tatsächlich wahrnimmt. Es ist also eine Frage der Auslegung, wann der kritische Zeitpunkt erreicht ist. Erklärt sich der Mitarbeiter nicht mit einer Umstrukturierung einverstanden, wird er entweder fristgerecht oder fristlos gekündigt. **Da die fristlose Kündigung sofort dazu führt, daß der Strukturhöhere Leitungsvergütung bezieht, wird intensiv gesucht, um dem Mitarbeiter Verfehlungen anhängen zu können.** Eine mildere Version ist die Kündigung im beidseitigen Einvernehmen, welche sich aber vom wirtschaftlichen Ergebnis kaum von einer fristlosen Kündigung unterscheidet.

DIE FÜHRUNG

Tricks zur „schwarzen Führung" (Bedrohung, Voranpeitschen) gibt es unendlich viele. Manchmal hatte ich zur Zeit meiner Tätigkeit den Eindruck, daß kranke Gehirne, anstatt zu arbeiten, sich nur damit beschäftigten, wie sie ihre Mitarbeiter schikanieren und Macht ausüben konnten. Im vorangehenden Kapitel wurden bereits einige Maßnahmen im Bereich des Verkaufs angeschnitten. Da sich das Aufgabenprofil in Strukturvertrieben aus Verkaufen, Rekrutieren, Führen, Referieren, Verwalten, Organisieren und Motivieren zusammensetzt, je nachdem, welche Stufe der Mitarbeiter innehat, existieren natürlich auch für jeden Komplex spezielle Tricks. Eines der Hauptprobleme von Strukturvertrieben ist die Fluktuation und die Stornoquote. Strukturen, die darunter leiden, haben konsequenterweise auch ganz erhebliche Umsatz- und damit Verdiensteinbußen. Über den Verdienst bzw. die Freiheiten, die man einem Mitarbeiter zugesteht, kann dieser ganz erheblich unter Druck gesetzt werden.

Strukturhöhere in den Positionen 2 und 3 bis zur Stufe 6 leben weitgehend von der Leitungsvergütung, d.h. von ihren Mitarbeitern. Sind zu wenige unterstellte Mitarbeiter vorhanden, kippt das System. Es ist niemand mehr da, der den erforderlichen Umsatz schreibt. Normalerweise würde man erwarten, daß bei einem Verdienstrückgang eine vermehrte Verkaufstätigkeit bzw. Rekrutierungen stattfinden. Dies ist aber meist nicht der Fall. Wenn Mitarbeiter am Boden sind, haben sie häufig so wenig Selbstbewußtsein, daß sie sich niemand mehr, nicht einmal mehr echte Interessenten, anzurufen bzw. anzusprechen trauen. Aus den großen Managern werden wahre Angsthasen – dies gilt auch für Mitarbeiter der Stufe 6. Deshalb wird versucht, die vorhandenen unterstellten Mitarbeiter so unter Druck zu setzen, daß der nötige Umsatz kommt (Ausquetschmethode).

Eine beliebtes Mittel dazu ist die Sperrung der Leitungsvergütung. Es wird so lange keine Provision für die unterstellten Struktur(en) mehr ausbezahlt, solange die Auflagen nicht erfüllt sind (Umsatz, Storno, Mitarbeiterzuwachs usw.). Es werden je nach Auflage z. B. nur noch 50 % oder 10 % der verdienten Provision ausbezahlt (der Rest der Provision wandert dann meist auf das Stornoreservekonto). Der Mitarbeiter wird also finanziell unter Druck gesetzt. Erreicht der Mitarbeiter sein Umsatz- oder Stornoziel, so wird das ihm zustehende Geld ausbezahlt – erreicht er es nicht, muß er früher oder später aufhören, da er finanziell ruiniert ist. Provisionssperrungen sind elegante Maßnahmen, um Mitarbeiter gefügig zu machen und stehen in der Rangordnung der Strafmaßnahmen kurz vor der Kündigung. Gerade hauptberufliche Mitarbeiter, die von der Provision leben müssen, sind von solchen Maßnahmen am härtesten betroffen. Es besteht auch die Möglichkeit, Leitungsvergütungen gut produzierender Strukturen zu sperren, um den Mitarbeiter zu maßregeln. Damit wird der Mitarbeiter zwar finanziell kurz gehalten, aber nicht sofort zum Aufgeben gezwungen.

Weitere Mittel sind sogenannte Auflagenkataloge, die der Mitarbeiter akzeptieren und sogar mit seiner Unterschrift bestätigen „muß". Dabei handelt es sich um Termin-, Storno-, Umsatz- und Einstellungsaktivitäten bzw. Verkaufs-, Referats- und Verwaltungsauflagen. Konkret heißt das, daß z. B. ein Mitarbeiter der Stufe drei 20 Einstellungsgespräche im Monat führen muß, wobei er jede Woche genau über seine Aktivitäten und Ergebnisse beim Mitarbeiter der Stufe 4 oder 5 zu berichten hat. Werden die Auflagen nicht oder unzureichend erfüllt, folgt entweder die Kündigung oder der Mitarbeiter wird von seiner Struktur isoliert. Ein anderer Strukturhöherer führt dessen Strukturen weiter.

Gerade hauptberufliche Mitarbeiter nehmen sehr oft an hauptberuflichen Meetings teil. In diesen Meetings wird dann auch vor der Gruppe knallhart die „Faulheit" des schlechten Mitarbeiters offengelegt (am Overheadprojektor für jeden lesbar), wobei sich oft ein Kommentar erübrigt. Der Gruppendruck und die Tatsache, jeden Tag erneut Gefahr zu laufen, als Versager zu erscheinen, führt entweder dazu, daß die „schlechten" Mitarbeiter fehlen, oder dazu, daß die innere Kündigung (Resignation) eintritt. Im ersten Fall erfolgt ein Klausurgespräch, im zweiten auch. Klausurgespräche (Rügegespräche) gewinnen dadurch an Härte, indem man die Lebensgefährten (Ehefrau bzw. Freundin) ab und zu mit einlädt, damit diese privat Druck ausüben (Komplize des Strukturhöheren). Da kein Mann vor der eigenen Frau als Schlappschwanz dastehen möchte, ist dies eine besonders niederträchtige Form der Gesprächsführung.

Bei Strukturmeetings werden Strukturhöhere des öfteren vorgeführt, indem man ihre Aktivitäten im Vergleich zu den Mitarbeitern während deren Anwesenheit abfragt. Sind diese niedriger, steht der Strukturhöhere dumm da bzw. kann sich nur aus der Affäre ziehen, indem er lügt. Dies wiederum ist eine Gelegenheit Druck auszuüben, indem man ihm in einem Gespräch unter vier Augen erklärt, daß Wahrheit und Klarheit herrschen müßten und man die Mitarbeiter „aufklären" müsse, falls sich nichts ändere.

Weitere Maßnahmen sind z. B. die Wegnahme von Kompetenzen, wie die der Antragskontrolle, der Einreichung von Anträgen, die Leitung eines Büros, die Referententätigkeit, Klausurgespräche mit unterstellten Mitarbeitern zu führen bis hin zur totalen Isolierung (die Struktur wird vom Strukturhöheren geführt – der Mitarbeiter soll in sich gehen und im Fall einer Besserung kann er wieder tätig werden). Gerade in höheren Stufen werden solche Maßnahmen oft schriftlich festgelegt.

Auch der Ausschluß von sozialen Aktivitäten (Meetings, Feiern etc.) bzw. Incentivemaßnahmen sollen den Mitarbeiter disziplinieren und andere Mitarbeiter abschrecken. Die Führung von Mitarbeitern der Stufen 2 und 3 (vom Mitarbeiter der Stufe 1 und A gar nicht zu reden) wird von den Mitarbeitern der Stufen 4, 5 und 6 eher als technische Angelegenheit betrachtet (bis zur Stufe 4 sind die Mitarbeiter Nummern, die produzieren). Läuft es nicht, werden zuerst die unteren gepeitscht, bei größeren Fehlern rollen in der Regel allerdings auch die Köpfe von Strukturleitern.

Um Mitarbeiter auf Trab zu halten, werden nicht selten unzählige Berichte, Formulare, Planungen usw. verlangt. Der Sinn dieses Vorgehens ist es, seine Macht zu zeigen und immer wieder zu demonstrieren, wer der Boß ist.

Ganz besonders ausgefeilt sind die sogenannten Strukturtaktiken, um Mitarbeiter zu bewegen.

DIE STRUKTURTAKTIKEN

Je höher die Stufe ist, in der sich ein Mitarbeiter befindet, um so höher sollte der Verdienst sein. Je größer also die Stufendifferenz ist, um so leichter wird die Führung von unterstellten Mitarbeitern und um so höher ist die Vergütung auf dieselben. Allein diese simplen Tatsachen sorgen für höchst komplizierte Manöver, um Mitarbeiter auszubremsen. Teile und herrsche, so lautet die Devise der meisten Köpfe (ab der Stufe 3).

Es gibt im Prinzip zwei Möglichkeiten, um Mitarbeiter zu fördern oder zu bremsen: die Motivation und die Demotivation.

Motivation heißt Aufstieg, und Aufstieg heißt Mehrverdienst, allerdings nur, wenn nach einer Stufe der Umsatz weiter steigt, was meist nicht der Fall ist.

Auf Grund dieser Erfahrung retten sich die cleveren Strukis in die nächste Stufe, verhindern aber bis zum eigenen erneuten Aufstieg die Stufen der Mitarbeiter.

Ein beliebtes Mittel ist die Beschäftigungstherapie. Ein Mitarbeiter der Stufe 3, der in die Position 4 kommen will, wird zum Büroleiter ernannt und bekommt eine ganze Reihe von „Kompetenzen" übertragen. Damit hat er so viel Arbeit, daß er die Stufe 4 nicht schreibt. Hat sich der Mitarbeiter der Stufe 3 dann organisiert (ca. 6 Monate bis 1 Jahr später), folgt der zweite Schlag. Die Stornoquote ist zu hoch, der Mitarbeiter macht Fehler, die Struktur ist nicht gut – es wird solange negativ geredet, bis der Umsatz runtergeht. Hilft das auch nichts, geht man selbst in die Struktur hinein und intrigiert gegen den Strukturhöheren. Es finden sich immer Leute, die ihn nicht leiden können, wie z. B. der unterstellte Mitarbeiter der Stufe 2, der die Stufe 3 das dritte Mal verpassen wird oder der Mitarbeiter der Stufe 3, der den Strukturhöheren, der sich selbst in der Stufe 3 befindet, überholen könnte. Solche sozialen Probleme in Strukturen erleichtern es geschickten Taktikern, diese Mitarbeiter auf die eigene Seite zu ziehen. Man hilft dem stufengleichen Mitarbeiter in der Stufe 3, die nächsthöhere Stufe zu erreichen oder sorgt dafür, daß der Mitarbeiter in der Stufe 2 die Stufe 3 schreibt, so daß der Strukturhöhere selbst die Stufe 4 nicht erreicht (dies gleicht der Taktik beim Schachspielen).

Ist der Mitarbeiter erst von seinem unterstellten Mitarbeiter überholt, ist er so gut wie erledigt. Ist er nur stufengleich mit diesem, ist es eine Frage der Zeit, bis er finanziell untergeht. Ist er aber zäh und hält durch, bringt man seine Mitarbeiter so gegen ihn auf, daß sich ein Grund ergibt, die Provision zu sperren oder ihn hinauszuwerfen, was als große Erleichterung in der Struktur empfunden wird, wenn genügend Stimmung gegen ihn gemacht wurde. Hat der Mitarbeiter der Stufe 3 z. B. drei direkte Strukturen, kann man es sich durchaus leisten, einen dieser Mitarbeiter in der Position 4 zu akzeptieren, wenn man dadurch zwei zusätzliche nicht stufengleiche Strukturen gewinnt.

Diese Taktik kann natürlich auch für höhere Stufen angewendet werden. Der Mitarbeiter der Stufe 4 wird zum Geschäftsstellenleiter ernannt bzw. wieder degradiert, oder der Mitarbeiter der Stufe 5 bekommt neue „Kompetenzbereiche". Selbst in der Stufe 6 ist man noch nicht sicher, da der strukturhöhere Mitarbeiter in der Stufe 6 nur zufrieden sein kann, wenn er mehr Geld als vorher verdient. Die beste Möglichkeit ist, eine günstige Gelegenheit abzuwarten, um den unterstellten Mitarbeiter der Stufe 6 auszuhebeln. Irgendwann hat jeder in der Struktur Probleme, dann gilt es, die eigenen Pfründe zu sichern und Mitarbeiter auf seine Seite zu ziehen.

Befindet man sich in einer Schlüsselposition, wie sie sich zum Beispiel bei der Antragskontrolle und Weiterreichung darstellt, kann der Umsatz ganz beliebig kontrolliert werden. Hier wird ein Zusatzformular, da ein erneuter Kundenbesuch zwecks einer Nachrecherche, dort eine zusätzliche Verdiensterklärung benötigt, der Phantasie sind keine Grenzen gesetzt. Die Abrechnung von Anträgen erfolgt an einem bestimmten Stichtag. Es muß nur der Rest der Anträge, die dem Mitarbeiter für eine Stufe fehlen, einen Tag später eingereicht werden. Schon ist die eigene Stufe perfekt und die des Mitarbeiters leider nicht. Der Umsatz ist ganz erheblich über die Familienanträge zu steuern, indem man diese nicht mehr zuläßt, wenn man sie für die eigene Stufe nicht benötigt. Ein paar Monate später, wenn sich alles beruhigt hat und man selbst wieder auf eine Stufe läuft, sind sie wieder erlaubt.

Sind Anteilsklauseln in dem Karrieremodell vorgesehen, braucht man nur die Anträge vom schwachen Strukturteil des unterstellten Mitarbeiters zurückzuhalten, und schon saust der Mitarbeiter an der Stufe vorbei.

Entscheidend für alle Taktiken ist es, den Mitarbeiter so weit wie möglich dumm zu halten. Dies gelingt meist bis zur Stufe 4 oder 5, dann sickern allerdings so viele Informationen durch, daß andere Wege beschritten werden müssen.

Eine weitere Taktik ist die Verzögerungstaktik. Man bringt Sand ins Getriebe, indem Material (Informationen, Büromaterial usw.) zu spät ankommt. Sind z. B. bessere Tarife, die mehr Umsatz versprechen, verfügbar, verhindert man die Weitergabe der Information, solange es geht. Man läßt Grundseminare ausfallen (zu wenig Teilnehmer), so daß der Mitarbeiter nicht genug neue Mitarbeiter bekommt, die zur Stufenproduktion beitragen könnten, oder man erhöht einfach die Zeitspanne zwischen den einzelnen Seminaren. Weitere Möglichkeiten sind die Nichtbekanntgabe von Incentivesiegern. Mitarbeitern, die in die nächste Position aufgestiegen sind, werden die Stufenverträge nur mit enormer Verzögerung ausgehändigt. Wettbewerbspreise werden sechs Monate später oder gar nicht ausgehändigt (man wartet, bis die Mitarbeiter ausgeschieden sind). Es werden häufiger Meetings und Seminare in Stufenzeiträumen angesetzt (gegen Ende des Produktionszeitraums, so daß weniger Zeit zum Produzieren bleibt). Am Anfang eines Halbjahres läßt man es dagegen schleifen, macht kaum Ausbildung und Seminare für neue Teilnehmer, so daß sehr gute Strukturen gleich zum Beginn enorm gedämpft werden – ein Mitarbeiter der Stufe 3, der die Stufe 4 nur knapp verpaßt hat, kann so z. B. gleich vom Anfang an behindert werden. Man ist selten telefonisch oder persönlich für die Mitarbeiter ansprechbar, fährt zwei oder drei Wochen gegen Halbjahresschluß in den Urlaub und so weiter.

Umgekehrt gibt es aber auch die Taktiken von unten nach oben. Um seinen Strukturhöheren zu umgehen, wendet man sich an den nächsten Strukturhöheren, der das meiste Interesse am eigenen Aufstieg haben kann (z. B. indem man eventuell stufengleich mit dem eigenen Strukturhöheren wird und der nächsthöhere Strukturhöhere von der Stufe 5 in die 6 kommt). Man führt also hinter dessen Rücken Gespräche, leitet Anträge um, lädt den Kandidaten für die Stufe 6 zum selbstveranstalteten Meeting ein, bringt Teilnehmer auf dessen Seminare und gibt zu verstehen, wie gerne man mit dem zukünftigen Mitarbeiter der Stufe 6 zusammenarbeiten würde. Gelingt dieses Unterfangen, ist dies meist der Tod des Strukturhöheren – und es gelingt fast immer, wenn die eigenen Stufenchancen hoch sind und die Struktursituation des direkt überstellten Strukturhöheren schlecht ist.

Besonders clevere Mitarbeiter pflegen intensive Kontakte in die Hauptverwaltung zu Sachbearbeitern, zu diversen Mitarbeitern der Stufe 6 und zu überstellten Mitarbeitern. Sie kennen mindestens eine Innendienstangestellte, die sie mit den notwendigen Informationen versorgt. Dies geht so weit, daß man Mitarbeiter auf Seminare anderer Strukturen gibt, um die eigenen Strukturhöheren zu untergraben. Die Taktik von unten nach oben funktioniert allerdings nur, wenn der entsprechende Strukturhöhere, an den man sich wendet, mitspielt und der direkt überstellte Strukturhöhere zu dumm ist, das Spiel zu durchschauen. Andernfalls endet ein solches Verhalten in letzter Instanz mit dem eigenen Rausschmiß.

Gerade was die Taktik angeht, gibt es unzählig viele Methoden, wie auf mehr oder weniger elegante Weise Mitarbeiter in ihrem Tatendrang gebremst werden können.

Ein besonderes Mittel der Umsatzsteuerung in Strukturen ist das der Incentivemaßnahmen.

DIE WETTBEWERBSSTRATEGIEN

Je nachdem, welcher Wettbewerb veranstaltet wird und wann dieser einsetzt, können damit Stufen von Mitarbeitern verhindert oder geschrieben werden. Dabei ist zu beachten, daß Reisen im Vergleich zu Sachpreisen wesentlich attraktiver sind, insbesondere wenn die Möglichkeit besteht, den Partner mitzunehmen. Eine einfache und sehr wirkungsvolle Taktik besteht darin, gegen Ende des Produktionszeitraums keinen Wettbewerb zu veranstalten oder die Kriterien so hoch anzusetzen, daß keiner gewinnen kann. Wettbewerbe sind auch nur dann erfolgreich, wenn vorangegangene Wettbewerbe zur Auszahlung kamen (Mitarbeiter haben kurz nach der Siegerbekanntgabe ihre Preise, Reisen etc. erhalten). Ist dies nicht der Fall, gehen die Mitarbeiter nur von einem Trick aus, um sie zu mehr Umsatz zu bewegen. Die Glaubwürdigkeit von Strukturhöheren, im Prinzip von ganzen Vertrieben, steht auf dem Spiel. Eine subtilere Taktik ist es also, vorausgegangene Wettbewerbspreise sehr verspätet auszuhändigen, so daß bei der Bekanntgabe eines neuen Wettbewerbs noch alte Preise ausstehen. Die Wirkung des neuen Wettbewerbs ist dann weitaus geringer.

Eine weitere Möglichkeit ist es, nur in den Strukturen Wettbewerbe durchzuführen, die für einen selbst positiv sind (z. B. wenn dadurch ein Mitarbeiter stufengleich mit einem unterstellten Mitarbeiter wird, der aber selbst seine nächsthöhere Stufe nicht schreibt.).

Natürlich kann man auch Wettbewerbe mit Argumenten, wie zu teuer oder imageschädigend, verbieten, um den Mehrumsatz zu verhindern. Eine gute Möglichkeit ist, mit Führungskräften zu wetten. Dies scheint auf den ersten Blick für den unterstellten Mitarbeiter, der seine Stufe erreichen will, dadurch positiv zu sein, daß sich alle noch mehr anstrengen müssen. Setzt man die Wette jedoch so an, daß alle verlieren und nur man selbst gewinnt, so hat dies genau den gegenteiligen Effekt. Wettet der Strukturhöhere gegen alle Führungskräfte mit DM 1.000,— Einsatz pro Mann, mehr Mitarbeiter aufs Seminar zu bringen als jeder einzelne, und verliert er die Wette, gehört das Geld im Pool demjenigen, der die meisten Mitarbeiter hat. Bei 10 Führungskräften sind schon DM 10.000,— im Topf. Durch geschicktes Rekrutieren hat natürlich der Kopf immer die Nase vorn und die Mitarbeiter verlieren DM 1.000,— pro Nase, was nicht sehr motivierend ist.

Es kann also zusammenfassend gesagt werden, daß positive Wettbewerbsstrategien immer dort eingesetzt werden, wo diese einem selbst dienen, und negative Strategien in Strukturen, die geschwächt werden sollen, ohne jedoch größeren Schaden anrichten zu wollen.

DIE ABHÄNGIGKEITEN

Mitarbeiter, vor allem Hauptberufler in Strukturvertrieben, sind nach einer gewissen Zeit nicht selten sowohl in finanzieller als auch in sozialer und psychischer Hinsicht so abhängig, daß ein Neuanfang in einer Firma praktisch nahezu unmöglich wird.

Finanzielle Abhängigkeiten entstehen durch die Regulierung der Provisionsauszahlung, aber auch durch den Lebensstil und finanzielle Verpflichtungen. Das Imponiergehabe, Statusdenken, welches durch die Strukturhöheren ganz massiv gefördert wird (wer etwas ist oder sein will, fährt Mercedes, BMW oder Porsche), verleitet die Mitarbeiter zu Ausgaben, die sie vorher niemals getätigt hätten. Das geht meist nicht ohne eine Kreditaufnahme ab. Die mildeste Version ist dabei noch der einfache Bankkredit. Die Folgen sind beim und nach dem Ausscheiden des Mitarbeiters unübersehbar. Der Mitarbeiter und sogar ganze Familien werden ruiniert. Ein ehemaliger Mitarbeiter der Position 4 in meiner Struktur hatte bei seinem Ausscheiden sechsstellige Verpflichtungen. Der Vater, der bereits Rentner war, unterstützte ihn mit einem Teil seiner Rente und arbeitete noch zusätzlich, um die Schulden des Sohnes abbezahlen zu können. Zudem wurde der Sohn wegen Betrugs und Unterschlagung angezeigt, da er Mitarbeitergelder zur Finanzierung seines Lebensstils herangezogen hatte. Der darüber stehende spätere Mitarbeiter der Stufe 6 war für dieses Dilemma hauptverantwortlich, da er den Betroffenen in dieses finanzielle Desaster getrieben hatte. Wie ist wohl sonst zu erklären, daß genau dieser Mitarbeiter der Stufe 6 zu einem späteren Zeitpunkt zwei Morddrohungen erhielt. Im Jahr 1989 war dieser Mitarbeiter – damals noch in der Stufe 4 – so ruiniert, daß ich für ihn die Steuern bezahlen mußte. Zudem nahm er ein Mitarbeiterdarlehen bei der Versicherungsgesellschaft in der Höhe von DM 40.000,— auf, für das ich und ein anderer Mitarbeiter in der Stufe 6 bürgten. Ein weiterer Mitarbeiter in der Stufe 6, der sich in meiner Struktur befand, mußte sich von mir über Monate hinweg DM 50.000,— privat ausleihen, da er Angst hatte, zu seinen Eltern zu gehen. Dieser Mitarbeiter in der Stufe 6 hatte im Juli 1992 eine Abrechnung über ca. DM 1.000,— Monatsverdienst. Nur wer diese Fakten kennt, weiß, wie blenderisch der Verdienst in Strukturvertrieben nach außen dargestellt wird.

Der Trick besteht darin, den Mitarbeiter zu hohen Ausgaben zu verleiten, damit er Schulden machen muß. Diese Darlehen können bei der Bank (wenn überhaupt, dann am besten nur bei einer Bank), von Versicherungsunternehmen (z. B. Hausbau, besserer Zins für Mitarbeiter bzw. Mitarbeiterdarlehen bei anderen Anschaffungen), wobei er automatisch abhängig ist (der Brötchengeber ist zugleich der Gläubiger) oder auch privat (Bürgschaften, Schuldscheinforderungen oder Wechselgeschäfte – damit ist der Mitarbeiter total erpreßbar) bezogen werden. Mitarbeiter nehmen natürlich nur deshalb Kredite auf, weil sie glauben, diese auch wieder zurückbezahlen zu können. Die Strukturhöheren wissen aber zum Teil ganz genau, daß die Verdienste nicht so steigen, wie sich das der Mitarbeiter erhofft, und spekulieren darauf, daß der Mitarbeiter noch mehr Umsatz bringen muß, wenn er Schulden hat, da er unter enormem Druck steht.

Jener erwähnte Mitarbeiter der Stufe 6 hatte denn auch die Devise, je mehr Schulden der Mitarbeiter hat, um so leichter ist er zu führen. Ist der Mitarbeiter erst in der Schuldenmühle, gibt es für ihn kein Entrinnen mehr. Immer mehr Kredite werden aufgenommen, um bestehende Kredite abzubezahlen – bis irgendwann das Aus anstatt der ersehnten Million kommt. **Nur sehr wenige Mitarbeiter scheiden aus Strukturvertrieben mit einer positiven Kontobilanz aus. Viele sind zum Teil bis an ihr Lebensende ruiniert, ein Teil auf lange Zeit und viele brauchen Jahre, um sich wieder zu erholen.** Eine Ausrede der Unternehmensführung ist der Hinweis auf Seminare zur Haushaltsplanung, welche der Mitarbeiter besuchen kann. Das ist zwar richtig, nur wird das, was in einem Ein- oder Drei-Tagesseminar erzählt wird, dann bei unzähligen anderen Gelegenheiten ad absurdum geführt. Das wird meist nicht zur Kenntnis genommen, oder man weiß nichts davon. Nach außen spielt der Mitarbeiter den erfolgreichen, gutverdienenden Manager, innerlich weiß er, daß er sich selbst und alle anderen belügt, zum Teil belügen muß, da er keine andere

Möglichkeit als im Strukturvertrieb sieht, seine Schulden irgendwann einmal zurückzubezahlen. Das ist die traurige Wahrheit! Eine andere Methode, um Mitarbeiter abhängig zu machen, ist die Mitwisserschaft. Den Mitarbeitern in Strukturvertrieben wird das Gefühl vermittelt, daß sie etwas Besonderes seien, Auserlesene, die die Chance haben, von normalen Menschen zu Göttern (6er) zu werden – und Götter können und dürfen alles tun, was ihnen beliebt. Unter alles ist zu verstehen, sich eben **Alles** leisten zu können. Dies ist nicht nur in finanzieller, sondern auch in moralischer, eben in jeder Hinsicht der Fall. Geld regiert die Welt, haste was, biste was, haste nix, biste nix – lieber reich und gesund als arm und krank.

Schon in der Stufe 1, wenn das erste Führungsseminar besucht wird, ist das Ziel für die Führungskräfte nicht, möglichst brauchbare Führungsinhalte zu vermitteln – da sie genau wissen, daß nur ein Bruchteil vom vermittelten Wissen hängenbleibt –, sondern die Seelen der Mitarbeiter zu „beleben" und verborgene Energien freizusetzen. Danach wird auch das Freizeitprogramm bzw. der Seminaraufbau bemessen. Diese Seminare finden häufig ohne Ehepartner statt und sind zeitlich so angelegt, daß der Mitarbeiter bereits nach seiner Anreise zum Hotel total ermüdet ist (manche brauchen zehn und mehr Stunden für die Anreise). Dieser Zustand der Müdigkeit wird während des ganzen Seminars bewußt aufrecht erhalten. Man ist an die Gehirnwäschestrategien bestimmter Sekten erinnert. Alles geschieht natürlich auf freiwilliger Basis, niemand wird zu etwas gezwungen.

Im durchorganisierten Freizeitbereich stehen der Alkohol und die Geselligkeit an erster Stelle. Der Mitarbeiter hat fast keine Chance, für sich allein zu sein. Während eines solchen Seminars spielt das Thema Sex eine besondere Rolle. Immer wieder fließen subtile Bemerkungen, Witze und Anspielungen während und nach dem Seminar ein. Frauen als teilnehmende Mitarbeiter auf dem Seminar sind als Verstärker in diese Richtung sehr beliebt. Jeder kann sich vorstellen, was passiert, wenn so ca. 35 Männer, drei Tage lang mehr oder weniger alkoholisiert, ständig angestachelt durch Bemerkungen, gegen 22.00 Uhr durch die Bordellgegend in Hamburg geführt werden. 50 % verliert man schon im ersten Kontakthof! Dies ist ein Standardprogramm, um Täter zu erzeugen. Ein beliebtes Mittel ist es, die Mitarbeiter in das Salambo zu führen, in dem während einer Show der Geschlechtsakt live auf einer Bühne (auch zum Mitmachen) vollzogen wird – schärfer als jeder Porno. Was danach passiert, ist wohl klar! Nur wenige können sich diesem Reiz entziehen – systematisch gefördert und geplant, um Mitarbeiter abhängig zu machen. Hat der Mitarbeiter erst seine Frau betrogen (natürlich schweigt man unter Männern), ist der Bann gebrochen.

Die Seminarleiter seilen sich dabei vorher ab, um nicht selbst erpreßbar zu sein. Abgesehen von der interessanten Wandlung von braven Ehemännern zu Sexsportlern, die so gut drauf sind, dürfte das Führungsseminar I für Strukturhöhere relativ uninteressant sein, was die Umsatzproduktion angeht. Mitarbeiter werden also zu Dingen direkt oder indirekt veranlaßt, die sie unter normalen Umständen nie tun würden. Saufen, Huren, Zocken, in eiskaltes Wasser im Anzug springen und ähnliche Scherze sind Beweise für die außergewöhnlichen Qualitäten von Mitarbeitern in Strukturvertrieben. Allein der Gedanke, was wohl passieren würde, wenn die Ehefrau wüßte, wen sie geheiratet hat, läßt dann nach dem Seminar und nach der Ernüchterung bei den meisten Mitarbeitern ein eher schales und mulmiges Gefühl aufkommen. Hoffentlich erfährt sie nichts, natürlich nicht, solange – tja, solange der Mitarbeiter sich schön ins System eingliedert. Ist der Mitarbeiter in dieser und in finanzieller Hinsicht abhängig, ist er seinem Strukturhöheren auf Gedeih und Verderb ausgeliefert. Nur so ist für den Außenstehenden zu begreifen, warum immer wieder Mitarbeiter wider jegliche Vernunft bis hin zum totalen Ruin in Strukturvertrieben verbleiben. Ist der Mitarbeiter erst einmal unten, so wird er nur noch von den Kollegen „motiviert", die Struktur wird zu seiner Ersatzfamilie, die dann auch gesucht wird, allerdings nur bis zum Rauswurf – dann fällt der Mitarbeiter in das schwarze Loch der Realität.

Die finanzielle, soziale und psychische Abhängigkeit und der Vorsatz, nicht als Versager enden zu wollen, setzen manchmal enorme Energien frei. Der Preis dafür ist allerdings sehr hoch. Tausende scheiden aus Strukturvertrieben ohne psychische Nachbetreuung aus, sind seelische und finanzielle Wracks und brauchen Jahre, um wieder ein „normales" Leben führen zu können. Vom Strukturvertriebsvirus infiziert, versuchen viele ihr Glück in anderen Strukturvertrieben, wo sie es aber häufig auch nicht schaffen. So bleibt der ewige Traum oder Alptraum vom großen Geld. Auch nach dem Ausscheiden werden die eigentlichen Henker und Manipulatoren (Mitarbeiter der Stufen 4, 5 und 6) noch als Idole angesehen.

In jeder Firma werden „Führungsmittel" (mehr oder weniger akzeptabel) eingesetzt, um Unternehmensinteressen durchzusetzen. In Strukturvertrieben geschieht dies auf brutale, rücksichtslose und meist unmenschliche Weise und zwar schon kurz nach dem Eintritt. **Nur wenige Topführungskräfte dürften am Abend – in Anbetracht der Tatsache, welche Schicksale sie zu verantworten haben – mit ruhigem Gewissen einschlafen.**

Wer in Strukturvertrieben arbeitet oder arbeiten will, muß sich immer darüber im klaren sein, daß er in Abhängigkeiten getrieben werden soll. Wer sich nicht zu Dingen drängen läßt, die er eigentlich nicht will, ist psychisch überlebensfähig. Ein konsequentes Nein bringt hier Klarheit, auch wenn man Gefahr läuft, zum Außenseiter zu werden.

Der Ausstieg und das Handelsvertreterrecht

– Das Handelsvertreterrecht und seine möglichen Auswirkungen auf die wirtschaftliche Stellung des Mitarbeiters im Strukturvertrieb –

Die Beendigung seiner Tätigkeit in einem Strukturvertrieb kann für den „Mitarbeiter" zum erfolgreichen Abschluß eines langjährigen Engagements für ein *anderes* Unternehmen werden. Der Erhalt einer Ausgleichszahlung gemäß § 89 b des Handelsgesetzbuches (HGB) oder allgemein einer Abfindung kann ihm eine finanzielle Basis für die Gründung einer neuen Existenz in derselben oder einer fremden Branche verschaffen oder seine Altersversorgung verbessern. **In vielen Fällen ist die Beendigung seiner Tätigkeit im Strukturvertrieb für den „Mitarbeiter" aber mit dem Niedergang oder gar der Vernichtung seiner wirtschaftlichen Existenz gleichbedeutend.** Dies ist – neben den mannigfachen wechselseitigen finanziellen Abhängigkeiten im Strukturvertrieb – durch die rechtliche Stellung des „Mitarbeiters" als freier Handelsvertreter im Sinne der §§ 84 ff., 92 ff. HGB bedingt. Daneben spielt auch das Deutsche Wettbewerbsrecht eine nicht unerhebliche Rolle, ferner ein nachvertragliches, also mit dem Unternehmen des Handelsvertreters vereinbartes Wettbewerbsverbot, wenn der Mitarbeiter die Absicht hat, nach Beendigung seiner Tätigkeit für ein Konkurrenzunternehmen tätig zu werden oder einen konkurrierenden Strukturbetrieb zu gründen.

Um die rechtlichen und die dadurch bedingten wirtschaftlichen Zusammenhänge aufzuzeigen, die im Falle der Beendigung der Tätigkeit für einen bestimmten Strukturvertrieb wirksam werden, wird im folgenden ein Überblick über die rechtliche Stellung des

Mitarbeiters im Strukturvertrieb gegeben. Dabei stellen die nach-
folgenden Ausführungen schwerpunktmäßig auf die rechtliche
Situation des im Strukturvertrieb tätigen Versicherungsvertreters
beziehungsweise solcher Außendienstmitarbeiter ab, die überwiegend Versicherungen und sonstige „Allfinanzprodukte" vertrei-
ben. Anlaß dafür ist der Umstand, daß gerade im Bereich der Versicherungswirtschaft sowohl der Rückgriff auf Strukturvertriebe
in der Bundesrepublik Deutschland als auch im angrenzenden Aus-
land besonders beliebt und ausgeprägt ist. Vom Grundsatz her
passen die nachstehenden Ausführungen aber auch auf den im
Strukturvertrieb organisierten Vermittler von Immobilien und
sonstigen Produkten und Waren; Abweichungen gibt es vor allem bei der Berechnung des Ausgleichsanspruches gemäß § 89 b
HGB, bei der Fälligkeit von Provisionsansprüchen und deren nach-
träglichem Entfallen mit der Folge des Entstehens von Provisions-
rückforderungsansprüchen.

1.

Die Verträge von Mitarbeitern im Strukturvertrieb sind regelmäßig als freie Handelsvertreterverträge im Sinne der §§ 84 ff., 92 ff.
HGB ausgestaltet. Die gesetzliche Begriffsbestimmung des Handelsvertreters ist in § 84 HGB enthalten, der wie folgt lautet:

„(1) Handelsvertreter ist, wer als selbständiger Gewerbetreibender ständig damit betraut ist, für einen anderen Unternehmer (Unternehmer) Geschäfte zu vermitteln oder in dessen
Namen abzuschließen.
Selbständig ist, wer im wesentlichen frei seine Tätigkeit gestalten und seine Arbeitszeit bestimmen kann.

(2) Wer, ohne selbständig im Sinne des Absatzes 1 zu sein, ständig
damit betraut ist, für einen Unternehmer Geschäfte zu vermitteln oder in dessen Namen abzuschließen, gilt als Angestellter.

(3) Der Unternehmer kann auch Handelsvertreter sein."

Die gesetzgeberische Kernaussage enthält Absatz 1 der Vorschrift. Das Handelsvertreterrecht gilt danach für den selbständigen Gewerbetreibenden, also den selbständigen eigenverantwortlichen Unternehmer, der seine Tätigkeit im wesentlichen frei gestalten und seine Arbeitszeiten so einsetzen kann, wie es ihm beliebt. Indem der Mitarbeiter im Strukturvertrieb zum selbständigen Gewerbetreibenden gemacht wird – insoweit kann er auf die Vertragsgestaltung in aller Regel keinen Einfluß nehmen –, wird ihm allein das wirtschaftliche Risiko und die Verantwortung für seine berufliche Tätigkeit und Zukunft überbürdet. Er hat regelmäßig keinen Anspruch auf Zahlung von Urlaubs- oder Krankengeld, er ist nicht in der Sozialversicherung pflichtversichert, ihm allein obliegt die Erklärung und Abführung von Steuern und Abgaben, die im Zusammenhang mit seiner beruflichen Tätigkeit (ent)stehen. Das Unternehmen, für das er tätig ist, trägt keinerlei Soziallast, abgesehen von im Einzelfall gewährten freiwilligen „Sozialleistungen" wie die Übernahme der Prämien für die Mitgliedschaft in einer Gruppenversicherung. Da Handelsvertreterverträge im Rahmen der vertraglichen oder der gesetzlichen Kündigungsfristen frei kündbar sind, es also keinen dem arbeitsrechtlichen Kündigungsschutz vergleichbaren Schutz des Handelsvertreters gibt, sind Vertriebssysteme, die mit Handelsvertretern arbeiten, in rechtlicher Hinsicht vergleichsweise sehr „flexibel": **Expansion oder Abbau eines Vertriebes sind von Rechts wegen leicht gemacht, was den schnellen Aufbau großer Strukturen oder Struktursysteme ohne großes wirtschaftliches Risiko des Unternehmers ermöglicht.** Wird eine Struktur nicht mehr gebraucht oder „bricht" eine solche „weg", so hat das für den Unternehmer anders als im Anwendungsbereich des Arbeitsrechtes grundsätzlich keine weitreichenden wirtschaftlichen Konsequenzen. Zahlungen muß der Unternehmer nur leisten, wenn und soweit und solange provisionspflichtiges Geschäft vermittelt wird; Ausgleichszahlungen nach § 89 b HGB schlagen nur bei erfolgreichen Mitarbeitern nennenswert zu Buche und werden häufig gar nicht geltend gemacht.

Der selbständige Gewerbetreibende, so wie ihn sich der Gesetzgeber des § 84 HGB vorgestellt hat, paßt naturgemäß nicht ohne weiteres in einen Strukturvertrieb, also in ein Vertriebssystem, in dem eine pyramidale Über- und Unterordnung herrscht (vgl. dazu das Kapitel Der Strukturvertrieb, Unterabschnitt Was ist ein Strukturvertrieb?). Würde nämlich jeder Mitarbeiter überall dort, wo es ihm gefällt, seine Geschäfte machen, würde er bei seiner Tätigkeit nicht die geschulten Vertriebsformen und -taktiken umsetzen und würde er nicht ganz allgemein den Weisungen der Strukturhöheren und der Unternehmensleitung unterworfen sein, so würde das strukturierte Vertriebssystem nicht funktionieren, aus den Fugen geraten und sich wegen wirtschaftlicher Erfolglosigkeit selbst auflösen. Aus diesem Grunde enthalten die Mitarbeiterverträge von Strukturvertrieben regelmäßig umfangreiche, wenn auch allgemein gehaltene Pflichtenkataloge für den Mitarbeiter. Viel weniger als diese in den Mitarbeitervertrag ausdrücklich hineingeschriebenen Verpflichtungen des Mitarbeiters gegenüber dem Unternehmen und seine dort kodifizierte Verpflichtung zur Befolgung von Weisungen des Unternehmers, binden den Strukturmitarbeiter aber die nicht geschriebenen, also von der Strukturspitze angeordneten Weisungen und täglichen Verpflichtungen (wegen der Einzelheiten wird auf das Kapitel Die Mitarbeiterführung verwiesen). Diese Verpflichtungen des Mitarbeiters, der in einem Strukturvertrieb steht und in dessen Karrieresystem aufsteigen will, werden – auch – aus Rechtsgründen nicht alle in den Vertrag hineingeschrieben. Denn wer durch vertragliche Regelungen seine Selbständigkeit verliert, ist nach § 84 Absatz 2 HGB nicht mehr Handelsvertreter, sondern er gilt als Angestellter. Für den angestellten Außendienstmitarbeiter gelten nicht die „flexiblen" Regeln des Handelsvertreterrechtes, sondern des Dienstvertragsrechts, des Rechts der Handlungsreisenden und die arbeitsrechtlichen Schutzvorschriften. Deren Anwendung wollen die Unternehmen aus den oben genannten Gründen vermeiden. Allerdings – und dies kann für den Mitarbeiter im Einzelfalle interessant sein – kommt es für die Einordnung des Mitarbeitervertrages als Handelsvertretervertrag oder Arbeitsvertrag nicht entscheidend auf die im Vertragstext vorgenommene rechtliche Qualifizierung an, sondern maßgeblich auf die tatsächliche Ausgestaltung in der täglichen Praxis.

Um die Bindung an das Unternehmen zu verstärken, wird das Vertragsverhältnis des Außendienstmitarbeiters im Strukturvertrieb regelmäßig als sogenannter Einfirmenvertreter-Vertrag ausgestaltet. Der Mitarbeiter darf also nicht für weitere Unternehmer tätig werden, sondern ausschließlich und allein für „seinen" Strukturvertrieb. Es liegt auf der Hand, daß durch diese gängige, nahezu ausschließlich festzustellende Vertragsgestaltung eine starke Abhängigkeit des Mitarbeiters vom Unternehmen begründet wird. Das Unternehmen, für welches er tätig ist, ist sozusagen seine einzige Einnahmequelle. Diese Gefahr der Abhängigkeit hat auch der Gesetzgeber gesehen. Er hat daher in § 92 a HGB den Erlaß besonderer sozialer Mindestschutzbestimmungen für Einfirmenvertreter durch Rechtsverordnung vorgesehen. Während nach dem bis einschließlich 1989 geltenden Recht die „arbeitnehmerähnlichen" Handelsvertreter mit Ausnahme des Rechtes auf Zeugnis nur prozeßrechtlich wie Arbeitnehmer gestellt waren (§ 5 Absatz 3 des Arbeitsgerichtsgesetzes eröffnet unter bestimmten Voraussetzungen die Zuständigkeit der Arbeitsgerichte für handelsvertretervertragsrechtliche Streitigkeiten), soll über § 92 a HGB in der neuen Fassung ein Existenzminimum für Einfirmenvertreter gesichert werden, wenn diese ihre ganze Arbeitskraft und Arbeitszeit einem Unternehmen zur Verfügung stellen. Bisher sind die Bemühungen des Gesetzgebers zum Schutz „arbeitnehmerähnlicher" Handelsvertreter oder der Einfirmenvertreter jedoch eher mißlungen beziehungsweise – bezogen auf den neuen § 92 a HGB – nicht umgesetzt worden. Dies mag auch an der Lobby der maßgeblichen Verbände liegen. Selbstverständlich gilt § 92 a HGB nicht für Handelsvertreter im Nebenberuf, weil diese auf die Einnahmen aus ihrer Handelsvertretertätigkeit nicht ausschließlich angewiesen sind.

Als Zwischenbilanz kann festgehalten werden, daß der im Strukturvertrieb tätige Mitarbeiter regelmäßig in der Vertrags- und Gerichtspraxis als selbständiger Gewerbetreibender und Kaufmann behandelt wird, der sich auf arbeitsrechtliche Schutzbestimmungen nicht berufen kann und den im Falle der Krankheit, der Berufsunfähigkeit oder des Alters kein soziales Netz auffängt. Tatsächlich ist seine Abhängigkeit von dem Unternehmen, für welches er tätig ist, häufig aber derjenigen eines Arbeitnehmers ähnlich. Der dadurch begründete wirtschaftliche Druck begünstigt die erforderliche, dem selbständigen Kaufmann untypische Einfügung in das pyramidale System des Strukturvertriebes und gewährleistet häufig die kritiklose Übernahme der systemeigenen Philosophie, die das Strukturvertriebssystem am Leben hält. Endet das Vertragsverhältnis mit dem Unternehmer, so endet zugleich dessen wirtschaftliche Verantwortung für den Mitarbeiter, und häufig erhält der Mitarbeiter auch keine oder keine adäquate Abfindung für seine bisherige Tätigkeit, die von Gesetzes wegen eigentlich vorgesehen ist (§ 89 b HGB; dazu später). Die erwähnte rechtliche und wirtschaftliche Abhängigkeit, vor allem letztere, trifft in erster Linie auf den Handelsvertreter im Hauptberuf zu, also für denjenigen Strukturvertriebsmitarbeiter, der seine Tätigkeit ausschließlich dem Vertrieb der Produkte seines Unternehmers widmet und daraus im wesentlichen seinen Lebensunterhalt bestreitet. Für den sogenannten Nebenberufler, der allerdings häufig auch im Strukturvertrieb anzutreffen ist, und sei es auch nur als „Karteileiche", sind einige der für den hauptberuflich tätigen Handelsvertreter geltenden gesetzlichen Vorschriften für kraftlos erklärt. So können Nebenberuflerverträge regelmäßig mit einer einmonatigen Kündigungsfrist aufgekündigt werden, der Anspruch auf angemessenen Vorschuß auf Vermittlungsprovision kann ausgeschlossen werden und ein Anspruch auf Abfindung im Falle des Vertragsendes gem. § 89 b HGB ist ausgeschlossen (§ 92 b HGB). Rechtlich und tatsächlich schwierig gestaltet sich in erster Linie die Situation des hauptberuflichen Mitarbeiters im Strukturvertrieb. Die folgenden Ausführungen betreffen daher vornehmlich den hauptberuflich tätigen Handelsvertreter.

Erwähnenswert erscheint an dieser Stelle noch ein kurzer Hinweis auf die bereits zitierte Vorschrift des § 84 Absatz 3 HGB. Diese Vorschrift ermöglicht es einem Handelsvertreter (Generalvertreter), seinerseits Verträge mit Untervertretern abzuschließen, die also nicht für das Unternehmen tätig sind, dessen Waren oder Leistungen vertrieben werden, sondern die für den Handelsvertreter (Generalvertreter) Vermittlungsleistungen erbringen (echte Untervertreter). Solche Untervertreter sind nicht Handelsvertreter nach § 84 Absatz 1 HGB. Da ihre Tätigkeit indessen wirtschaftlich gesehen der eines Handelsvertreters im Sinne der Vorschrift entspricht, stellt § 84 Absatz 3 HGB klar, daß auch dieser Personenkreis Handelsvertreter sein kann und eröffnet somit die Anwendung der §§ 84 ff. HGB einschließlich der sie ergänzenden anderen Gesetzesvorschriften auf die Vertragsverhältnisse von echten Untervertretern. In der Praxis, namentlich im Strukturvertrieb, wird häufig von dieser Vertragsgestaltung abgewichen, indem der Untervertreter vertraglich nicht an den Handelsvertreter (Generalvertreter) gebunden ist, sondern unmittelbar an das Unternehmen, beispielsweise die Versicherungsgesellschaft (unechte Untervertreter). Der unechte Untervertreter ist Handelsvertreter im Sinne von § 84 Absatz 1 HGB, wenn dessen weitere Voraussetzungen vorliegen. Mitunter sind sogar Konstruktionen anzutreffen, bei denen der Untervertreter einerseits an den ihm überstellten Handelsvertreter (Generalvertreter) vertraglich gebunden ist, andererseits aber auch an das Unternehmen, für welches der überstellte Handelsvertreter (Generalvertreter) tätig ist. Solche Sondertatbestände können naturgemäß zu Schwierigkeiten führen, wenn die vertraglichen Vereinbarungen nicht exakt aufeinander abgestimmt sind und es um den Vorrang der einen oder anderen vertraglichen Regelung geht.

2.

Nach § 89 b HGB kann der hauptberufliche Handelsvertreter von dem Unternehmer nach Beendigung des Vertragsverhältnisses unter bestimmten Voraussetzungen einen angemessenen Ausgleich verlangen. Stark verkürzt setzt ein solcher Ausgleichsanspruch kumulativ, also nebeneinander folgendes voraus:

- Erhebliche, nach Vertragsende zu erwartende Vorteile des Unternehmers aus der Geschäftsverbindung mit neuen Kunden (aus neuen Versicherungsverträgen), die der Handelsvertreter geworben/vermittelt hat;

- Nachteile des Handelsvertreters infolge Vertragsbeendigung in Form von Provisionsverlusten, die bei Vertragsfortführung aus bereits abgeschlossenen Geschäften oder künftig zustandekommenden Geschäften mit vom Handelsvertreter geworbenen Kunden nicht eingetreten wären;

- Das Erfordernis einer Ausgleichszahlung an den Handelsvertreter unter dem Aspekt der Billigkeit.

Im übrigen stellt § 89 b – mit Einschränkung für Auslands- und Schiffsvertreter, § 92 c HGB – zwingendes Recht dar. Der Anspruch kann also nicht im voraus, beispielsweise durch Regelung im Handelsvertretervertrag, ausgeschlossen werden, § 89 b Absatz 4 HGB. Für seine Geltendmachung gilt eine Ausschlußfrist von einem Jahr. **Anspruch auf Ausgleich gem. § 89 b HGB besteht nicht, wenn der Handelsvertreter das Vertragsverhältnis selbst gekündigt hat;** dies gilt nicht, wenn es für seine Kündigung aufgrund des Verhaltens des Unternehmers begründeten Anlaß gab oder wenn dem Handelsvertreter aufgrund Alters oder wegen Krankheit die Fortsetzung seiner Tätigkeit nicht zumutbar war. Ferner ist der Ausgleichsanspruch ausgeschlossen, wenn der Unternehmer das Vertragsverhältnis gekündigt hat und für die Kündigung ein wichtiger Grund wegen schuldhaften Verhaltens des Handelsvertreters vorlag. Nicht gegeben ist der Ausgleichsanspruch auch dann, wenn aufgrund einer Vereinbarung zwischen dem Unternehmer und dem Handelsvertreter ein Dritter anstelle des Handelsvertreters in das Vertragsverhältnis eintritt.

Die gesetzliche Regelung über den Ausgleichsanspruch des – hauptberuflichen – Handelsvertreters ist im Einzelfall schwer anzuwenden, über sie wurden ganze Bücher geschrieben. Es ist eine zentrale Vorschrift des Deutschen Handelsvertreterrechtes, die auch in ausländischen Rechtsordnungen – mit Abweichungen – Entsprechungen findet. Das gesetzgeberische Motiv für die Schaffung eines Ausgleichsanspruches war das folgende: Für seine vertragsmäßige Tätigkeit erhält der Handelsvertreter, wenn vertraglich nichts anderes vereinbart ist (§ 87 d HGB), regelmäßig nur die vereinbarte Provision. Mit Beendigung des Vertretervertrages sind regelmäßig alle weiteren Ansprüche des Handelsvertreters ausgeschlossen; jedenfalls sehen die meisten Handelsvertreterverträge für den Fall des Vertragsendes sogenannte Provisionsverzichtsklauseln vor, die alle bei Vertragsende noch nicht verdienten Provisionen zum Erlöschen bringen. Während der Handelsvertreter mithin bei Vertragsende keinen weiteren Nutzen mehr aus seiner vormaligen Tätigkeit für den Unternehmer ziehen kann, hat dieser zumindest noch die Chance, aus den vom ausgeschiedenen Handelsvertreter vermittelten Geschäften weiterhin Vorteile zu ziehen, sei es im Bereich des Warenvertreters aufgrund von Nachbestellungen aus dem vom Handelsvertreter beworbenen Kundenkreis, sei es im Bereich der Versicherungswirtschaft durch die Einnahme weiterer Prämien aus vermittelten Versicherungsverträgen, beispielsweise aufgrund Prämienerhöhungen durch vereinbarte Dynamisierung der Versicherungssumme. Diesen Vorteilen des Unternehmers aus der Tätigkeit des ausgeschiedenen Handelsvertreters stehen bei der regelmäßig anzutreffenden Vertragsgestaltung (Provisionsverzichtsklausel für den Fall des Vertragsendes und Verlust von Provisionen für Nachbestellungen der Kunden oder dynamische Erweiterung des Versicherungsschutzes) keine geldwerten Vorteile des Handelsvertreters gegenüber. Erschwerend kommt für den ausgeschiedenen Handelsvertreter hinzu, daß er zumindest rein faktisch den Zugriff auf den durch seine Vermittlungtätigkeit geschaffenen Kundenstamm verliert bzw. Gefahr läuft, diese Kunden zu verlieren, so daß er mit der Beendigung des Vertrages unter Umständen auch seines „Kapitals" und der Grundlage der bisherigen Existenz verlustig geht. Das Ende des Handelsvertretervertrages kann somit gleichbedeutend mit dem Ende der wirtschaftlichen Existenz als Handelsvertreter sein. Für solche Fälle der Vertragsbeendigung und unter den oben dargelegten Voraussetzungen, die aus Zeitgründen nicht im einzelnen dargestellt werden können, soll der Ausgleichsanspruch gem. § 89 b HGB eine Vorteilsausgleichung herbeiführen.

Für den aus einem Strukturvertrieb ausscheidenden Mitarbeiter, der auf eine erfolgreiche Tätigkeit für seinen Unternehmer zurückblicken kann, weil er mit einer Vielzahl von „unterstrukturierten" Mitarbeitern viel Umsatz und damit viel Provision gemacht hat, könnte der Ausgleichsanspruch die wirtschaftliche Grundlage für einen beruflichen Neuanfang oder aber eine – zusätzliche – Altersabsicherung schaffen. Die Höhe des Ausgleichsanspruches kann im Einzelfall beträchtlich sein. **Für Warenvertreter beläuft sie sich maximal auf eine nach dem Durchschnitt der letzten 5 Jahre der Tätigkeit berechnete Jahresprovision, bei Versicherungsvertretern auf höchstens drei durchschnittliche Jahresprovisionen.** Ein gut verdienender Mitarbeiter, der es im Karrieresystem ganz nach oben geschafft hat, könnte damit durchaus auf einen Ausgleichsbetrag von 1,5 Mio. DM kommen, im Einzelfall gar mehr. Mit einer solchen Summe läßt sich durchaus etwas anfangen. Sehr hohe Ausgleichsansprüche werden – worauf hier indessen nicht näher eingegangen werden soll – auch im Bereich der Vermittlung von Investitionsgütern (beispielsweise Maschinen) erzielt.

Wegen der im Einzelfall gegebenen hohen Summe des zu leistenden Ausgleiches ist die Neigung der Unternehmen, Ausgleichsforderungen ausscheidender Handelsvertreter zu akzeptieren, eher gering. **Deshalb wird die Höhe der Ausgleichsforderung des ausgeschiedenen Mitarbeiters häufig als unangemessen zurückgewiesen, das Gegebensein der Anspruchsvoraussetzungen schon dem Grunde nach bestritten oder gar im Vorfeld, also vor dem rechtlichen Vertragsende, versucht, „Fakten" zu schaffen, die den Ausgleichsanspruch ausschließen sollen.** Der potentiell mögliche Ausgleichsanspruch ist denn auch keine Größe, die ein ausscheidender Mitarbeiter fest einplanen kann. Vielmehr muß er im Einzelfall prüfen lassen, ob überhaupt, also dem Grunde nach, eine Ausgleichsanspruchberechtigung gegeben ist. Erst wenn diese Frage zu bejahen und der Ausgleichsanspruch beim Unternehmer binnen der gesetzlichen Ausschlußfrist angemeldet ist, stellt sich die Frage nach der Höhe, also nach der Berechnung des Anspruches.

Ziel der folgenden Ausführungen soll und kann nicht sein, dem ausgeschiedenen oder ausscheidungswilligen Mitarbeiter einen rechtlichen Leitfaden an die Hand zu geben, mit dessen Hilfe er einen Ausgleichsanspruch durchsetzen kann. Dazu wird er regelmäßig qualifizierter anwaltlicher Beratung bedürfen. Eine solche kann durch einen vergleichsweise kurzen Beitrag nicht ersetzt werden. Die Absicht, die wir mit diesen Zeilen verfolgen, ist vielmehr, ein – erstes – Bewußtsein für die vielfältige Problematik des Ausgleichsanspruches zu schaffen und dabei auf beliebte „faule Tricks" hinzuweisen, mit denen versucht wird, die Zahlung eines Ausgleichs zu umgehen.

Die Vermittlungstätigkeit im Strukturvertrieb ist ein knochenhartes Geschäft. Sie erfordert neben dem entsprechenden Geschick im Umgang mit Mitarbeitern regelmäßig einen hohen persönlichen Einsatz, der nach unseren Erfahrungen nur bis zu einem bestimmten Lebensalter möglich ist. Das Gros der erfolgreichen Außendienstmitarbeiter ist – jedenfalls im Strukturvertrieb – nicht älter als 45 bis 50 Jahre. Die Problematik des Ausgleichsanspruches bei Eigenkündigung des Mitarbeiters wegen Alter oder Krankheit (§ 89 b Absatz 3 Ziffer 1 HGB) stellt sich daher eher selten. Regelmäßig steht dagegen der ausscheidungswillige, ungekündigte Mitarbeiter vor der Frage, ob er durch eine Eigenkündigung seinen Ausgleichsanspruch gefährden will. Vor derselben Frage, wenn auch unter umgekehrten Vorzeichen, steht der Unternehmer oder die Vertriebsgesellschaft, der/die einem Mitarbeiter das Vertragsverhältnis aufkündigen will. Wird ordentlich gekündigt, ohne daß dafür ein vom Mitarbeiter schuldhaft gesetzter wichtiger Grund vorliegt, entsteht – jedenfalls dem Grunde nach – der Ausgleichsanspruch. Aus der Sicht des Unternehmers/der Vertriebsgesellschaft gibt es die verschiedensten Gründe, sich von einem Mitarbeiter zu trennen. Besonders im Strukturvertrieb, wo es auf die Motivation des Mitarbeiterstabes und die Integrationsfähigkeit der akquirierten Mitarbeiter für den Erfolg einzelner Strukturen oder gar des ganzen Vertriebes ankommt, sind fehlende oder nachlassende Leistungsorientierung, fehlende Vorbildfunktion der Führungskräfte, mangelnde Einordnungsbereitschaft einzelner Mitarbeiter oder schlicht Erfolglosigkeit Gründe, die eine Motivation zur Kündigung eines Mitarbeitervertrages geben können. Insbesondere die Erfolglosigkeit einer Führungskraft – sei es wegen mangelnder Fähigkeit zur Führung des vorhandenen Mitarbeiterstammes, sei es wegen Schwierigkeiten bei der Rekrutierung neuer Mitarbeiter – kann beim Unternehmer/der Vertriebsgesellschaft geradezu einen Zwang zur Beendigung des Vertragsverhältnisses mit einem leitenden Mitarbeiter erzeugen. Denn unter der Erfolglosigkeit eines einzelnen leitenden Mitarbeiters leidet nicht nur dieser selbst, weil er entsprechend weniger Umsatz und damit Provisionen macht, sondern auch die ihm vorgesetzten Mitarbeiter. Seine Erfolglosigkeit kann sich auch auf die unteren Strukturebenen auswirken, da diese mangels Zufuhr an neuen Mitarbeitern nur unter erschwerten Voraussetzungen – beispielsweise über hohen Eigenumsatz – im Karrieresystem aufsteigen können. Die Erfolglosigkeit eines einzelnen Mitarbeiters, der bereits einige Stufen im Karrieresystem aufgestiegen ist, kann sich somit auf die ganze Struktur und deren Zufriedenheit auswirken mit der Folge, daß dieser Mitarbeiter für das Unternehmen untragbar wird. Zwar wird in vielen Fällen das umsatzorientierte Karrieresystem dafür sorgen, daß ein solcher erfolgloser Mitarbeiter überholt wird und damit an Bedeutung verliert. Dabei spielt aber der Zeitfaktor eine Rolle, und sind erst einmal Unruhe und Unzufriedenheit in der Struktur aufgekommen und damit die Gefahr hoher Mitarbeiterfluktuation heraufbeschworen, so hilft aus der Sicht der Vertriebsspitze/des Unternehmens häufig nur noch die „Notbremse", also die Beendigung des Mitarbeitervertrages.

Beliebter Kündigungsgrund, der den Ausgleichsanspruch ausschließen soll (vgl. § 89 b Absatz 3 Ziffer 2 HGB), ist die Aufkündigung eines Mitarbeitervertrages „wegen Untätigkeit", womit nachlassender Erfolg gemeint ist. Indessen sieht das Gesetz einen solchen Kündigungsgrund mit der Folge des Verlustes eines Ausgleichsanspruches nicht vor. Solange ein Mitarbeiter seine dem Unternehmen gegenüber bestehende Förderungs-

pflicht nicht in erheblichem Maße schuldhaft verletzt, was im
übrigen das Unternehmen im Prozeß zu beweisen hat, kann von
ihm, der ja freier Handelsvertreter (Unternehmer) ist, nicht ein
bestimmter Umsatz gefordert werden. Ein Umsatzrückgang, der
nicht nachweisbar auf das Verschulden des Mitarbeiters zurück-
geführt werden kann, ist daher nach ständiger Rechtsprechung kein
Grund, der den Unternehmer zur Kündigung des Mitarbeitervertrages aus wichtigem Grunde berechtigen würde. Eine Kündigung aus wichtigem Grund könnte erst recht nicht auf die Behauptung gestützt werden, der Mitarbeiter habe bei der Akquise
neuer Mitarbeiter versagt. Zwar beruht das System des
Strukturvertriebes, wie oben dargelegt, in entscheidendem Maße
auch auf der Gewinnung neuer Mitarbeiter. Die Pflicht zur Gewinnung neuer Mitarbeiter, erst recht nicht einer bestimmten Anzahl
neuer Mitarbeiter in einem bestimmten Zeitraum, ist aber, soweit
ersichtlich, in keinem Mitarbeitervertrag einer namhaften Vertriebsgesellschaft zum Vertragsgegenstand gemacht. Bei der Erfolglosigkeit in Sachen Mitarbeiterakquise handelt es sich somit glei-
chermaßen um einen außervertraglichen Bereich, an dessen Ver-
letzung vertragsrechtliche Sanktionen nicht oder nur äußerst pro-
blematisch geknüpft werden können. **So lange sich also ein Mitarbeiter redlich, wenn auch nur mit mäßigem Erfolg bemüht,
Geschäfte zu vermitteln und abzuschließen, besteht für das Unternehmen keine Möglichkeit, das Vertragsverhältnis mit diesem Mitarbeiter aus wichtigem, den Ausgleichsanspruch aus-
schließendem Grund aufzukündigen.** Da dies naturgemäß den
in aller Regel juristisch beratenen Unternehmen (Versicherungs-
und Vermittlungsgesellschaften) bekannt ist, ein ehemals erfolgreicher Mitarbeiter aber sozusagen von heute auf morgen zum erfolglosen Mitarbeiter werden kann, weil die Führungsspitze des
Vertriebes ausgewechselt wurde und diese auf andere Führungskräfte setzen will oder weil von dem Mitarbeiter die Umsetzung
einer neuen Vertriebsstrategie erwartet wird, die er nicht umzusetzen vermag, wird mit anderen, häufig schikanösen und vertrags-
widrigen Mitteln versucht, eine Beendigung des Mitarbeitervertrages
herbeizuführen. **Ziel ist es dabei häufig, eine Eigenkündigung**

des Mitarbeiters zu provozieren, wodurch dieser seinen Ausgleichsanspruch verlieren soll, oder seine Leistungsfähigkeit zu
senken und/oder ihn zu eine außerordentliche Kündigung recht-
fertigenden Fehlern herauszufordern. Beispielsweise verlangt man
von dem Mitarbeiter unter Berufung auf § 86 Absatz 2 HGB oder
aufgrund entsprechender vertraglicher Regelungen umfangreiche
Berichte über seine geschäftliche Tätigkeit für das Unternehmen,
deren Erstellung ihn viel Zeit kosten und bei der Erfüllung seiner
sonstigen vielfältigen Aufgaben stark behindern würde. Das An-
fordern solcher Berichte ist indessen nur und in dem Maße rechtens, wie es mit der Stellung des Mitarbeiters als selbständigem
Kaufmann zu vereinbaren ist. Maßgeblich ist unter diesem Aspekt,
was von einem Handelsvertreter unter Zugrundelegung der Sorgfalt
eines ordentlichen Kaufmannes berichtet zu werden pflegt. Mit
der Stellung als selbständigem Kaufmann unvereinbar ist das Verlangen des Unternehmens, über jeden Kundenbesuch, über jedes
Meeting oder über jeden sonstigen Schritt seiner geschäftlichen
Tätigkeit Bericht zu erstatten. Tagesberichte können beispielsweise
unter keinen Umständen gefordert werden. Wöchentliche Bericht
können noch rechtens sein, wenn diese im Hinblick auf einen erheblichen Umsatzrückgang bei den Geschäften des Mitarbeiters
verlangt werden. Hat das Unternehmen indessen während der bisherigen Vertragslaufzeit vom Mitarbeiter nie die Abgabe entsprechender Berichte gefordert, obwohl dafür im Hinblick auf eine
schlechte Umsatzentwicklung Anlaß gegeben gewesen wäre, so
kann das Recht zur Einforderung der an sich gegebenen Berichts-
pflicht verwirkt sein mit der Folge, daß an die Nichterfüllung keine
rechtlichen Sanktionen geknüpft werden können. Entsprechendes gilt für die Forderung gegenüber dem Mitarbeiter, neue „un-
produktive" Funktionen zu übernehmen, beispielsweise Verwaltungsaufgaben, die er bisher nicht zu erfüllen hatte. Insoweit gilt,
wie ganz allgemein auch, der Grundsatz, daß einseitige Vertrags-
änderungen zu Lasten des Mitarbeiters nicht zulässig sind. Änderungen des Vertragsgegenstandes bedürfen stets der Zustimmung
des betroffenen Mitarbeiters. Ohne Zustimmung des Mitarbeiters
darf das Unternehmen die vertragsmäßige Tätigkeit des Mitarbeiters

regelmäßig nicht erschweren. Der Hinweis des Unternehmens auf im kleingedruckten Teil des Mitarbeitervertrages enthaltene Generalklauseln führt regelmäßig nicht weiter. **Von Rechts wegen ist das Unternehmen auch nicht berechtigt, dem Mitarbeiter „unterstrukturierte" Mitarbeiter zu entziehen, um ihm auf diese Weise eine Umsatzquelle zu nehmen (er verlöre den „Fremdumsatz" und damit Leitungsvergütung).** All das, was der Mitarbeiter durch seine vertragsgemäße Tätigkeit erworben hat, zum Beispiel seine Stellung innerhalb des Karrieresystemes, kann ihm das Unternehmen durch einseitige Handlungen nicht entziehen. Unzulässig ist daher auch die von dem im jeweiligen Vertrieb geltenden Karrieresystem nicht gedeckte Beförderung unterstrukturierter Mitarbeiter, wenn sie den betreffenden Mitarbeiter benachteiligen würde, oder die benachteiligende Neueinstellung von „höher gesetzten" Mitarbeitern. **Selbstverständlich ist es dem Unternehmen vertragsrechtlich auch verboten, ohne Zustimmung der davon betroffenen Mitarbeiter von diesen vermittelte Vertragsbestände auf andere Strukturen zu übertragen und damit den betroffenen Mitarbeitern eine Einnahmequelle in Form von Folgeprovisionen (beispielsweise Bestandspflegeprovision) zu nehmen.** Vertragswidrig wäre ferner eine einseitige Beschränkung des örtlichen Wirkungskreises eines Mitarbeiters, etwa eine Beschneidung seines Bezirkes.

Solche und vergleichbare Maßnahmen werden – zum Teil nebeneinander – gerne eingesetzt, um einen mißliebig gewordenen Mitarbeiter zu einer Eigenkündigung zu provozieren. Eine solche erfolgt häufig, wenn der betroffene Mitarbeiter infolge der unzulässigerweise ergriffenen Maßnahmen des Unternehmens seine Wertigkeit innerhalb der Struktur verliert und aufgrund dessen auch von seinen unterstellten Mitarbeitern boykottiert wird. Läßt der betroffene Mitarbeiter sich zunächst widerspruchslos solche, ihn benachteiligende Maßnahmen des Unternehmens gefallen und kündigt er erst zu einem Zeitpunkt, in dem er bereits seine Bedeutung in der Struktur verloren hat und wirtschaftlich wegen erheblicher finanzieller Einbußen angeschlagen ist, so riskiert er bei anschließender Eigenkündigung seinen wohlverdienten Ausgleichsanspruch. Denn zumindest – rein praktisch – sind nunmehr seine Möglichkeiten, darzulegen und zu beweisen, daß für seine Kündigung das Unternehmen begründeten Anlaß gesetzt hat, und damit seinen Ausgleichsanspruch zu wahren, erheblich herabgesetzt. Hat der betreffende Mitarbeiter zuviel Zeit bis zur Kündigung verstreichen lassen, muß er sich möglicherweise auch den Einwand der Verwirkung seines Kündigungsrechtes aus wichtigem Grund entgegenhalten lassen. Abgesehen davon dürfte der Mitarbeiter nur noch schwerlich aus dem Kreise seiner ehemaligen Mitarbeiter jemanden finden, der vor Gericht bestätigen wird, daß ihn das Unternehmen durch bestimmte gezielte, vertragswidrige Maßnahmen zur Kündigung des Vertrages bewogen hat. Ein Mitarbeiter, der in eine Situation wie die vorbeschriebene gerät, sollte sich unbedingt frühzeitig fachkundigen Rechtsrat einholen und genau überlegen, wie er auf die „Herausforderung" seitens des Unternehmens reagieren wird. Selbstverständlich hat er die Möglichkeit, seine vertraglichen Rechte einzufordern und auf die Erfüllung des Vertrages durch das Unternehmen zu bestehen; es kann sich aber auch – je nach der konkreten Situation, in der sich der Mitarbeiter in der Struktur befindet, und je nach Bedeutung des Mitarbeiters im Vertrieb des Unternehmens – anbieten, in Verhandlungen über eine einvernehmliche Aufhebung des Mitarbeitervertrages einzutreten. Zuvor sollte sich der Mitarbeiter indessen um die „Sicherung" erforderlicher Beweise für das Fehlverhalten des Unternehmens bemühen. Die Entscheidung, welcher Schritt der richtige ist, ist meist schwer zu treffen. Ob die Anstrengungen des Mitarbeiters, die ordnungsgemäße Erfüllung seines Vertrages durch das Unternehmen zu erzwingen oder eine lukrative Vertragsaufhebungsvereinbarung zu erreichen, von Erfolg gekrönt sein werden, wird unter anderem regelmäßig von der „Wertigkeit" des Mitarbeiters im Rahmen des Vertriebes des Unternehmens abhängen. Dabei können auch Sondersituationen den Ausschlag geben, beispielsweise bereits gegebene starke Abwanderungstendenzen im Mitarbeiterstamm, groß angelegte Abwerbungskampagnen von Konkurrenzunternehmen oder die Absicht des Unternehmens, ein neues Produkt flächendeckend auf dem Markt durchzusetzen oder in einen neuen Markt (seinerzeit die ehemalige DDR nach Schaffung der Währungs- und Wirtschaftsunion) einzudringen, wofür ein hoher Mitarbeiterbestand benötigt wird, der die Abwanderung wichtiger und/oder großer Strukturen nicht zuläßt.

Wie die vorstehend dargelegten Beispiele zeigen, sind die Möglichkeiten des Unternehmens, auf vertragsgemäße Weise die Verpflichtung zur Zahlung eines Ausgleichsanspruches an einen etwa wegen „Untätigkeit" gekündigten oder zu kündigenden Mitarbeiter zu unterlaufen, solange gering, als der betreffende Mitarbeiter nicht in erheblichem Maße gegen wirklich bestehende Vertragsverpflichtungen schuldhaft verstößt. Unproblematisch sind in rechtlicher Hinsicht nur Fälle von Straftaten des Mitarbeiters zum Nachteil des Unternehmens und/oder Kunden des Unternehmens (Unterschlagung von Inkassobeiträgen, grobe Beleidigungen der Unternehmensführung), ferner der wettbewerbswidrige Versuch, während bestehenden Mitarbeitervertrages andere Mitarbeiter zugunsten eines neu zu gründenden oder eines dritten Unternehmens abzuwerben, die Verleitung anderer Mitarbeiter zum Vertragsbruch, selbstverständlich auch die verbotene Tätigkeit für ein Konkurrenzunternehmen. Liegen solche eindeutigen Fälle nicht vor, ist es stets zweifelhaft und Frage des Einzelfalles, ob Gründe gegeben sind, die das Unternehmen berechtigen, den Handelsvertretervertrag wegen schuldhaften Mitarbeiterverhaltens aus wichtigem Grund zu kündigen. Ein einmaliges vertragswidriges Verhalten des Mitarbeiters wird in solchen Fällen regelmäßig für eine unternehmerseitige Kündigung aus wichtigem Grund nicht ausreichen, Voraussetzung wird in solchen Fällen vielmehr nachhaltiges oder grob vertragswidriges Verhalten des Handelsvertreters, ggf. nach entsprechender Abmahnung sein. Wird dies vom Unternehmer nicht beachtet und kündigt dieser das Vertragsverhältnis des Mitarbeiters rechtsgrundlos fristlos auf, so gibt er dem Mitarbeiter die Möglichkeit, seinerseits mit einer fristlosen Kündigung aus wichtigem Grunde zu reagieren. Gleiches gilt, wenn der Unternehmer versucht, durch vom Mitarbeitervertrag nicht gedeckte einseitige Maßnahmen – vergleiche dazu die Beispiele oben – den Mitarbeiter zu schikanieren oder ihm die Erfüllung seiner vertraglichen Verpflichtungen zu erschweren oder unmöglich zu machen. Denn solche Vertragsverstöße muß der Mitarbeiter nicht hinnehmen, er kann sie – erforderlichenfalls nach vorangegangener Einforderung seiner vertraglichen Rechte – zum Anlaß nehmen, seinerseits den Vertrag fristlos zu kündigen mit der Folge, daß der Ausgleichsanspruch bestehen bleibt (§ 89 b Absatz 3 Ziffer 1, 2. Halbsatz HGB). **Darüber hinaus begründet eine vom Unternehmer veranlaßte fristlose Kündigung des Mitarbeitervertrages Schadensersatzansprüche des Mitarbeiters wegen entgangener Provisionen für die Dauer der vertraglich vorgesehenen ordentlichen Kündigungsfrist.** Bei entsprechendem Verdienst des Mitarbeiters können diese Schadensersatzansprüche erheblich sein.

Unternehmen, die mit Strukturvertrieben arbeiten, beziehungsweise Vertriebsgesellschaften, die strukturmäßig organisiert sind, legen nicht selten eine gewisse „Rechtsblindheit" an den Tag, insbesondere wenn es sich nicht um große Vertriebe renommierter Versicherungsgesellschaften handelt, sondern um freie Vertriebe und/oder kleinere Gesellschaften. Die Methoden solcher Unternehmen, sich unliebsamer Mitarbeiter zu entledigen, sind mitunter bizarr. Einige dieser Methoden sind bereits oben aufgeführt, dabei handelt es sich aber um vergleichsweise „feinfühlige" Maßnahmen. Wesentlich härter wird der Mitarbeiter getroffen, wenn das Unternehmen Provisionen oder fällige Provisionsvorschüsse zurückhält. Begründet werden solche Maßnahmen gelegentlich mit EDV-technischen Problemen, beispielsweise anläßlich der Umstellung des Rechnungswesens, mit abrechnungstechnischen Problemen eines verbundenen Unternehmens oder einer Partnergesellschaft. Wird der Vertrieb (der unternehmenseigene Vertrieb oder eine Vermittlungsgesellschaft) gerade von einer „Stornowelle" überrollt, beruft sich das Unternehmen mitunter auch auf eine – angebliche oder tatsächlich vorhandene – Unterdeckung des Stornorisikos und zahlt keinen Pfennig Provision mehr aus.

All diese Maßnahmen sind – da vom Handelsvertretervertrag regelmäßig nicht gedeckt – vertragswidrig und sie bringen den Mitarbeiter in erhebliche Schwierigkeiten. Zum einen ist er plötzlich nicht mehr in der Lage, seinen laufenden, zum Teil hohen Verpflichtungen nachzukommen – die monatliche Leasingrate für das Auto, die Mieten für das Haus und das Büro können nicht mehr gezahlt werden. Zum anderen kann es, je nach der vertraglichen Organisation des Strukturvertriebes, in dem der Mitarbeiter tätig ist, auch zu erheblichen Problemen mit den dem Mitarbeiter unterstrukturierten, von ihm gewonnenen Mitarbeitern kommen. Besonders ist dies der Fall, wenn der betreffende Mitarbeiter echte Untervertreter im Sinne von § 84 Abs. 3 HGB unter sich hat, die also keinen Mitarbeitervertrag mit dem Unternehmen, sondern nur mit dem betreffenden Mitarbeiter haben. In diesem Falle ist die Einbehaltung von Provisionen und Provisionsvorschüssen durch das Unternehmen gleichbedeutend mit dem Einfrieren sämtlicher Zahlungen an die gesamte – dem betreffenden Mitarbeiter unterstehende – Struktur. Die strukturangehörigen Mitarbeiter geraten dann ebenso wie der betreffende Mitarbeiter in finanzielle Probleme und werden gegenüber dem betreffenden Mitarbeiter leicht vertragsuntreu, indem sie einfach ihre Tätigkeit für den betreffenden Mitarbeiter einstellen und sich einer anderen Struktur anschließen. Mit dieser Methode werden gerne ganze Strukturen oder – nicht unternehmenseigene – Vertriebsgesellschaften zur Aufgabe gezwungen. Alternativ, wenn nur eine Führungskraft „gehen" soll, wird in solchen Fällen gerne vom Unternehmen oder einem überstrukturierten Mitarbeiter der Kontakt zu den ebenfalls in wirtschaftliche Not geratenen unterstrukturierten Mitarbeitern gesucht. Diesen wird – meist mit Vorwänden – suggeriert, daß ihre Probleme von dem betreffenden Mitarbeiter verursacht seien, und man legt ihnen nahe – selbstverständlich nur aus edlen Motiven heraus –, sich einer anderen Führungskraft zu unterstellen. Damit wird erreicht, daß der betreffende Mitarbeiter möglicherweise von heute auf morgen keine Mitarbeiter mehr hat, die für ihn Umsatz schreiben. In diesem Falle steigt – sozusagen als positiver Nebeneffekt – im übrigen die Verdienstspanne der dem betreffenden Mitarbeiter überstrukturierten Führungskraft (vergleiche dazu Kapitel: Der Strukturvertrieb, Erster Unterabschnitt).

Die Methode des Einfrierens von Provisionsvorschüssen ist wegen der erheblichen finanziellen Abhängigkeiten, in denen sich der hauptberuflich tätige Mitarbeiter im Strukturvertrieb, vor allem der „Vierer, Fünfer oder Sechser" befindet, besonders wirkungsvoll. Denn wenn der betreffende Mitarbeiter in Zahlungsschwierigkeiten gerät und ihm auch noch seine Mitarbeiter davonlaufen, so daß ihm die Leitungsvergütung für deren Produktion entgeht, wird der betreffende Mitarbeiter geradezu „bewegungsunfähig". Gegen solche Machenschaften kann allenfalls ein Antrag auf Erlaß einer einstweiligen (Regelungs-)Verfügung helfen, wenn es dem Mitarbeiter gelingt, den erforderlichen Sachvortrag durch eidesstattliche Versicherung glaubhaft zu machen. Regelmäßig wird er sich dabei nicht auf die Mithilfe seiner ehemals unterstellten Mitarbeiter verlassen können, da diese sich von ihm als dem „Erfolglosen" bereits abgewandt haben. Eine Klage, gerichtet auf ordnungsgemäße Erfüllung des Handelsvertretervertrages, würde dem betreffenden Mitarbeiter nicht mehr helfen können, da ein Urteil, auch wenn es für ihn positiv wäre, in jedem Falle zu spät käme. Ein solchermaßen ruinierter Mitarbeiter ist für das Unternehmen häufig kein ernstzunehmender Gegner mehr. Denn er hat, indem er mittellos geworden und dadurch einen erheblichen „gesellschaftlichen Abstieg" erlitten hat, der zumindest vorübergehend psychisch deformieren kann, das Kämpfen aufgegeben. In einer solchen Situation wird er gegebenenfalls gar nicht mehr ernsthaft erwägen, seine Rechte gegenüber dem Unternehmen einzufordern, sprich sein Vertragsverhältnis mit dem Unternehmen fristlos zu kündigen, Schadensersatz wegen Nichterfüllung geltend zu machen und seinen Ausgleichsanspruch nach § 89 b HGB zu verlangen.

Tut er es doch, gegebenenfalls unter Inanspruchnahme von Prozeßkostenhilfe, wird das Unternehmen, wenn es Gefahr läuft, den Prozeß zu verlieren, Vergleichsbereitschaft signalisieren. Man wird ihm eine – häufig viel zu geringe – Abfindung anbieten. Es verwundert nicht, daß er in seiner Situation – er hat weder Geld noch Mitarbeiter, aber viele Schulden – lieber „den Spatz in die Hand nimmt, als die Taube auf dem Dach zu erhoffen". Anzuraten ist ihm ein solcher Kompromiß, bei dem das Unternehmen nur gewinnen kann, nicht unbedingt. Zwar kann dieser Mitarbeiter im Rahmen der Vergleichsverhandlungen häufig nur damit argumentieren, das Unternehmen könne eher die Zahlung einer hohen Abfindung verkraften als einen verlorenen Prozeß, der zu einem Imageverlust führen könne. Das sonst im Bereich des Strukturvertriebes bei rechtlichen Auseinandersetzungen übliche – wenn auch nicht unbedingt legale – Druckmittel, den für das Unternehmen vermittelten Versicherungsbestand zugunsten eines Konkurrenzunternehmens auszuspannen, damit eine Stornowelle auszulösen und dem Unternehmen eine Vielzahl der so sehr benötigten Mitarbeiter abzuwerben, steht dem ruinierten Mitarbeiter nicht mehr zur Verfügung. Gleichwohl sollte er in seiner Situation sorgsam abwägen, ob das Unternehmen einen verlorenen Prozeß eventuell fürchten muß. Ist dies der Fall – in einem solchen Prozeß können viele Themen problematisiert werden, seien es die (falschen) Provisionsabrechnungen, die (falsche, gegebenenfalls ungetreue) Behandlung der Stornoreserve, also Probleme, die sich durch die Vielzahl der Mitarbeiter im Vertrieb für den Unternehmer in der wirtschaftlichen Auswirkung potenzieren können –, lohnt es sich für ihn in den meisten Fällen, hart zu bleiben und somit mit fortschreitender Dauer des Prozesses die Abfindungssumme in die Höhe zu treiben. Andererseits kann es sich für ihn auch anbieten, die zu geringe Abfindung zu akzeptieren, um die drückendsten Verpflichtungen erfüllen zu können und sich auf den Neuaufbau einer Existenz zu konzentrieren. Die Entscheidung, welcher Weg gegangen werden sollte, muß schon aus wirtschaftlich-existentiellen Gründen, aber auch, um größtmögliche Wirkung beim Unternehmen zu erreichen und Entscheidungsdruck zu erzeugen, schnell getroffen werden. Die Wahl des richtigen Weges setzt taktisches Gespür und fundierte Rechtskenntnis voraus.

Wie oben bereits angedeutet und was auch die beispielhaft aufgeführten Fälle zeigen, ist die Durchsetzung eines Ausgleichsanspruches nach § 89 b HGB mit vielen Unwägbarkeiten verbunden. In den Genuß dieses Anspruches kommt regelmäßig nur der Mitarbeiter, dem vom Unternehmen ordentlich oder zu Unrecht fristlos gekündigt wurde oder der zu Recht seinen Handelsvertretervertrag mit dem Unternehmen aus von diesem gesetzten Anlaß fristlos gekündigt hat. Derjenige Mitarbeiter, der sich aus freien Stücken und ohne vom Unternehmen dazu gezwungen zu sein entschließt, seine Tätigkeit für das Unternehmen aufzugeben und einer anderweitigen, gegebenenfalls auch einer Konkurrenztätigkeit nachzugehen, kann einen Ausgleich nach § 89 b HGB nicht beanspruchen. **Die insbesondere bei sehr erfolgreichen und langjährigen Mitarbeitern eines Strukturvertriebs gehegte Meinung, ihnen stünde für den „Unternehmenswert", den sie zugunsten des Unternehmens geschaffen haben, unabhängig vom Vorliegen der Voraussetzungen des § 89 b HGB eine angemessene Abfindung zu, ist eine Fehlvorstellung!** Zwar werden von solchen Mitarbeitern, die zum Teil über 10 und mehr Jahre im Strukturvertrieb eines Unternehmens tätig gewesen sind und die zum Teil bis zu 1.000 und mehr Mitarbeiter in ihren Strukturen unter sich haben, manchmal enorme wirtschaftliche Werte geschaffen. Zu erwähnen ist in diesem Zusammenhang der gewaltige Versicherungsbestand, der in mehrjähriger Tätigkeit von einer großen Struktur für das Unternehmen vermittelt wird. Solche erfolgreichen Strukturen vermitteln in 5 bis 10 Jahren nicht selten mehrere Milliarden Lebensversicherungsgeschäft (Versicherungssumme). Das daraus resultierende Prämienaufkommen ist immens. Des weiteren sind die für das Unternehmen akquirierten Kunden potentielle (Neu-)Kunden für anderes Versicherungsgeschäft oder die Erweiterung des bestehenden Geschäftes. Nicht unterschätzt werden darf auch der Wert der von einem solchen Mitarbeiter aufgebauten Strukturen für das Unternehmen, wenngleich der daraus resultierende wirtschaftliche Nutzen wegen der im Strukturvertrieb hohen Mitarbeiterfluktuation und der zum Teil erdrutschartigen „Kündigungswellen", die abtrünnige Führungskräfte gelegentlich auslösen, schwer kalkulierbar ist. **Gleichwohl findet sich im geltenden Deutschen Handelsvertreterrecht kein Anknüpfungspunkt, an dem der Anspruch eines ausscheidungswilligen Mitarbeiters auf angemessenen Ausgleich für den geschaffenen „Unternehmenswert" festgemacht werden könnte.** Die einzige

Norm, die einem ausscheidungswilligen Mitarbeiter eine finanzielle Entschädigung für seine vertragsmäßige Tätigkeit gewährt, ist § 89 b HGB, dessen Voraussetzungen bei einer Eigenkündigung unter regulären Verhältnissen nicht gegeben sind.

Einige wenige, im Strukturvertrieb organisierte Unternehmen bieten langjährigen erfolgreichen Führungskräften nach einer bestimmten Vertragsdauer – etwa 10 Jahre – unter gewissen Voraussetzungen freiwillig die Zahlung einer Abfindung an. Beispielsweise wird einem solchen Mitarbeiter als Abfindung für den Fall seines Ausscheidens der nach § 89 b HGB höchstmögliche Betrag (bei Versicherungsvertretern 3 Jahresverdienste des Mitarbeiters, berechnet auf der Basis des durchschnittlichen Jahresverdienstes der letzten 5 Vertragsjahre) gezahlt. Dabei können, wie oben bereits kurz angesprochen, sehr ansehnliche Beträge zustandekommen. Hat der betreffende Mitarbeiter zum Beispiel in den letzten 5 Vertragsjahren durchschnittlich DM 500.000,— verdient, beträgt seine Abfindung DM 1,5 Mio. Unter gewissen Voraussetzungen, beziehungsweise in gewissen Situationen, sind die Unternehmen auch bereit, auf die vorgenannte Summe weitere nicht unbeträchtliche Beträge hinzuzulegen, so daß als Abfindung 4 bis 5 Jahresgehälter, in Einzelfällen auch mehr erzielt werden können. Es liegt auf der Hand, daß solche Abfindungszahlungen nicht aus sozialer Verantwortung oder besonderer Freigiebigkeit oder Dankbarkeit des Unternehmens gegenüber dem ausscheidungswilligen Mitarbeiter gezahlt werden. Ausschlaggebend für die Zahlungsbereitschaft sind vielmehr handfeste wirtschaftliche Überlegungen:

Entschließt sich eine erfahrene und erfolgreiche Spitzenführungskraft eines Strukturvertriebes nach langjähriger Tätigkeit für das Unternehmen zu einem Weggang zu einem Konkurrenzunternehmen oder zur Gründung eines solchen, führt dies beim Unternehmen häufig, wenn auch nicht regelmäßig, zu erheblichen Verlusten. Der ausscheidende Mitarbeiter wird, um sich seine eigene Existenz zu ermöglichen oder aber um seinen Marktwert bei dem Konkurrenzunternehmen, für das er tätig werden will, zu erhöhen, regelmäßig versuchen, möglichst viele seiner früheren Mitarbeiter abzuwerben. Diese würden somit dem Unternehmen verloren gehen, womit Umsatzeinbußen für die Zukunft verbunden wären. Bei solchen Verlusten würde es indessen nicht bleiben. Denn die ehemals eigenen Mitarbeiter müssen, um möglichst bald wieder fortlaufend hohe Provisionen zu erzielen, schnell neues Geschäft schreiben. Am einfachsten geht dies – diese Ausführungen gelten vornehmlich für das Versicherungsgewerbe –, indem man die alten Kunden, denen man Versicherungs- und Allfinanzprodukte des alten Unternehmens verkauft hat, davon überzeugt, daß die neuen, nunmehr vertriebenen Produkte besser sind. Gelingt dies – ca. 25 % des Neugeschäftes der Versicherer stammt aus dem Verdrängungswettbewerb –, werden die Kunden dazu veranlaßt, den alten Versicherungsbestand aufzukündigen und neuen abzuschließen. Zwar gibt es im Falle der Kündigung des Altgeschäftes, wenn die Stornohaftungszeit noch nicht abgelaufen ist, Rückprovisionen (Storni), dafür gibt es aber für das Neugeschäft die volle Abschlußprovision. Die Rückprovisionen belasten den zum Konkurrenzunternehmen gewechselten Mitarbeiter nicht unmittelbar; Voraussetzung ist ein Regreß des alten Unternehmens, bei dem fraglich ist, ob er durchsetzbar ist – dazu später –. Die Konsequenz für das alte Unternehmen ist der Verlust von Versicherungsbestand und damit der Verlust von Prämienaufkommen. Dieser Verlust addiert sich zu den vorerwähnten Verlusten, ganz abgesehen davon, daß für die Neuanwerbung und Schulung neuer Mitarbeiter wieder erhebliche Beträge aufgewandt werden müssen. Das vorstehend beschriebene Szenarium ist zugegebenermaßen für fast alle Beteiligten einschließlich der Versicherungskunden, die durch Kündigung des Altvertragsbestandes und Neuabschluß häufig erhebliche Verluste machen, mißlich. Im Versicherungsbereich gehört es heute indessen zum Tagesgeschäft, auch wenn viele Gesellschaften dies offiziell bestreiten. Sie verweisen in diesem Zusammenhang auf die Wettbewerbsrichtlinien der Versicherungswirtschaft, die die Ausspannung von Versicherungsverträgen zugunsten eines Konkurrenzunternehmens verbieten. Indessen sind die besagten Wettbewerbsrichtlinien eher ein „Papiertiger" als ein wirksames Instrument zur Reinhaltung des Wettbewerbes in der Versicherungswirtschaft und zum Schutz der

Versicherungskunden. Sie sind nicht einmal geltendes, bindendes Recht im Sinne des Gesetzes gegen den unlauteren Wettbewerb (UWG). Den Versicherungsgesellschaften gelänge es derzeit daher, selbst wenn sie es wirklich wollten, nicht, das massive Ausspannen von Versicherungsbestand zu verhindern. Ähnliches gilt auch für das beim Ausscheiden führender Vertriebsmitarbeiter immer wieder zu beobachtende gezielte und planmäßige Abwerben ganzer „Hundertschaften von Strukis". Zwar ist das Abwerben von Mitarbeitern nach den Wettbewerbsrichtlinien der Versicherungswirtschaft in vielen Fällen verboten. Auch nach § 1 UWG, der allgemeinverbindliches Recht darstellt, ist das Abwerben von Mitarbeitern verboten, wenn es gezielt und planmäßig erfolgt und/ oder unter Verleitung zum Vertragsbruch. Die Voraussetzungen solcher Verstöße gegen § 1 UWG durch unzulässiges Abwerben anderer Außendienstmitarbeiter sind aber nur schwer nachzuweisen. Denn es genügt ja nicht der – leicht zu führende – Nachweis, daß viele Mitarbeiter aus einer bestimmten Vertriebsstruktur nahezu gleichzeitig ihre Verträge aufkündigen. Gelingen muß auch der Nachweis, daß die „Kündigungswelle" von einem oder mehreren ausscheidenden Mitarbeiter(n) gezielt und planmäßig ausgelöst worden ist und daß die betreffenden Mitarbeiter dabei zumindest billigend in Kauf genommen haben, daß die kündigenden Mitarbeiter ihre Kündigungsfristen nicht einhalten oder gar nicht kündigen und einfach für ein Konkurrenzunternehmen tätig werden. Weil die vorbeschriebenen Problemsituationen nicht Ausnahmen darstellen, sondern tagtägliche Rechtswirklichkeit sind, entschließen sich manche, dem oben beschriebenen Kreis hochrangiger Mitarbeiter bei Aufgabe der Tätigkeit Abfindungszahlungen zu leisten, auch wenn § 89 b HGB nicht anwendbar wäre. Dies geschieht regelmäßig im Rahmen von Aufhebungsverträgen, bei denen sich der ausscheidende Mitarbeiter allerdings verpflichten muß, sich für eine bestimmte Dauer jedweder Konkurrenztätigkeit zu enthalten und die Abwerbung von anderen Mitarbeitern des Unternehmens zu unterlassen. Solche Abreden stellen materiell-rechtlich gesehen nachvertragliche Wettbewerbsabreden dar, die – weil nicht im ursprünglichen Mitarbeitervertrag enthalten, sondern anläßlich dessen Aufhebung vereinbart – nicht den Beschränkungen des § 90 a HGB unterliegen. Nach dieser Vorschrift ist ein nachvertragliches Wettbewerbsverbot nur für die Dauer von 2 Jahren zulässig, für eine wirksame Vereinbarung müssen bestimmte Formalia eingehalten werden. Da die Wettbewerbsenthaltung für die Zeit nach Vertragsbeendigung für das Unternehmen einen geldwerten Vorteil darstellt, der – wäre die nachvertragliche Wettbewerbsenthaltung bereits zusammen mit dem Abschluß des Handelsvertretervertrages vereinbart worden – **nach § 90 a HGB vergütungspflichtig wäre, bietet es sich anläßlich von Verhandlungen mit dem Unternehmen über die einvernehmliche Vertragsaufhebung an, für die nachvertragliche Wettbewerbsenthaltung einen zusätzlichen Abfindungsbetrag auszuhandeln.** Unter diesem rechtlichen Aspekt gelingt es mitunter, die Obergrenze eines Abfindungsbetrages nach § 89 b HGB zum Teil deutlich zu überschreiten. Allerdings wird der ausgehandelte Abfindungsbetrag vielfach nicht in einer Summe, sondern nur ratierlich ausgezahlt. Dies ist in dem vielfach gegebenen Mißtrauen des Unternehmens an der Vertragstreue des ehemaligen Mitarbeiters begründet. Man nimmt diesem nicht ab, daß er das vereinbarte nachvertragliche Konkurrenzverbot wirklich einhält. Dieses Mißtrauen verwundert nicht. Denn weil die Unternehmen teilweise (gar nicht so selten!) ihre Mitarbeiter auf das Ausspannen von Versicherungsverträgen und wettbewerbswidriges Abwerben von Mitarbeitern von Konkurrenzunternehmen gezielt schulen lassen, darüber hinaus nicht selten, wie oben gezeigt, auch die Bereitschaft der Unternehmen besteht, ihre Verträge mit Mitarbeitern zu brechen, wenn ihnen dies opportun oder erforderlich erscheint, haben auch die – ehemaligen – Mitarbeiter oftmals keine Skrupel, sich an geschlossene Vereinbarungen nicht zu halten. Um Druck im Sinne der Einhaltung des Konkurrenzverbotes auf den Mitarbeiter zu erzeugen, wird konsequent eine ratierliche Auszahlung des Abfindungsbetrages, gestreckt über die Dauer der vereinbarten Wettbewerbsenthaltung, vereinbart. Bei dieser Variante bleibt dem ausgeschiedenen Mitarbeiter nichts anderes übrig, als sich an die vereinbarte Wettbewerbsabrede zu halten, es sei denn, er nimmt in Kauf, daß ihm ein Teil seines Abfindungsgeldes nicht ausgezahlt wird. Die steuerlichen Konsequenzen einer solchen Abfindungsvereinbarung sind, je nach deren Ausgestaltung, verschieden. Handelt es sich um hohe Abfindungsbeträge, empfiehlt sich in jedem Fall vor Abschluß der Vereinbarung die Einholung des Rates eines versierten Steuerrechtlers.

Die Bereitschaft zur freiwilligen Leistung von Abfindungsgeldern für einen bestimmten hochkarätigen Mitarbeiterkreis wird von einzelnen Unternehmen offen geäußert oder gar verbindlich zugesagt. Andere Unternehmen lassen sich im Zuge von Auseinandersetzungen anläßlich des Ausscheidens eines Mitarbeiters oder im Vorfeld solcher Auseinandersetzungen zum Abschluß solcher Abfindungsvereinbarungen bewegen. Um es aber noch einmal deutlich zu sagen: Ein gesetzlicher Anspruch eines ausscheidungswilligen Mitarbeiters auf Leistung solcher Abfindungsgelder ist nach Deutschem Recht nicht gegeben. Der Mitarbeiter, der sich zu Verhandlungen über solche Zahlungen mit seinem Unternehmen entschließt, muß bei der Formulierung seiner „Ansprüche" Vorsicht walten lassen. Die Einforderung von Abfindungsgeldern mit der offenen oder versteckten Drohung, bei Weigerung des Unternehmens eine Situation wie die oben beschriebene zu inszenieren, würde eine schwere vertragliche Verfehlung darstellen, die zur fristlosen Kündigung des Mitarbeitervertrages seitens des Unternehmens berechtigen dürfte. Darüber hinaus könnte ein solches Verhalten auch strafrechtlich unter dem Aspekt der Erpressung von Relevanz sein. Clevere Mitarbeiter, die sich mit dem Gedanken einer Aufgabe ihrer Tätigkeit tragen, gehen andere Wege und lassen sich im Vorfeld qualifiziert beraten und vertreten. Dabei spielt die Psychologie eine ganz entscheidende Rolle, so daß man vermuten müßte, daß der erfolgreiche ausscheidungswillige Außendienstmitarbeiter ein Gespür für das richtige Vorgehen mitbringt. Dies ist, wie die Erfahrung zeigt, indessen keineswegs immer der Fall. Angesichts der möglichen hohen Abfindungssumme und aufgrund zum Teil völlig falscher, weil weit überzogener Vorstellungen hinsichtlich der erzielbaren Abfindungssumme, ferner in grober Unkenntnis der Rechtslage reagieren auch sehr erfolgreiche Außendienstmitarbeiter in dieser Situation kopflos. Dann ist meistens auf legaler Basis – die niemals verlassen werden sollte – oft kein gutes Ergebnis mehr zu erzielen.

Bei der Einschätzung, welche Abfindungszahlung im Verhandlungswege erzielbar ist, sind ebenso wie bei der Geltendmachung und Durchsetzung eines Ausgleichsanspruches gemäß § 89 b HGB fundierte Kenntnisse des handelsvertretervertraglichen Ausgleichsrechts erforderlich. Die nachstehenden Ausführungen beziehen sich ausschließlich auf den Versicherungsvertreter und die dortigen Besonderheiten des Ausgleichsrechts, da der Strukturvertrieb in erster Linie in dieser Branche angesiedelt ist, wobei allerdings häufig auch Bankprodukte und Immobilien mitvertrieben werden.

Zur Berechnung des Ausgleichsanspruches des ausgeschiedenen Versicherungsvertreters werden üblicherweise, wenn dies auch nicht zwingend ist, die sogenannten „Grundsätze der Versicherungswirtschaft zur Berechnung des Ausgleichsanspruches nach § 89 b HGB" herangezogen. Ausgleichspflichtig sind aber keineswegs alle dem ausgeschiedenen Versicherungsvertreter entgehenden Provisionen oder Provisionsanteile. Soweit dem Mitarbeiter aufgrund vertraglicher Vereinbarung erhöhte Abschlußprovisionen gezahlt werden oder die gesamte Tätigkeit des Vertreters mit einer einmaligen Abschlußprovision abgegolten ist, ist ein ausgleichspflichtiger Tatbestand nicht gegeben. Denn in solchen Fällen verliert der Mitarbeiter durch das Vertragsende keine Provisionsansprüche oder -anwartschaften. Dies ist regelmäßig etwa der Fall bei nicht dynamisiertem Lebensversicherungsgeschäft. Ausgleichspflichtig sind auch nicht solche durch die Beendigung des Mitarbeitervertrages verlustig gehenden Provisions- oder Vergütungsanteile, die für andere als die Vermittlungstätigkeit des Mitarbeiters geleistet werden. **Nicht ausgleichspflichtig ist daher beispielsweise die manchmal gewährte Bestandspflege- oder Verwaltungsprovision, ferner die Inkassoprovision, auch nicht etwaige Bürokostenzuschüsse oder sonstige Entgelte, die nicht die eigentliche Vermittlungstätigkeit des Mitarbeiters betreffen.** In Konsequenz dessen erhält der Außendienstmitarbeiter, der nur nicht dynamisierte Lebensversicherungsverträge vermittelt hat, auch wenn es sich um zig Millionen Versicherungssumme handelt, im Falle der Beendigung seines Mitarbeitervertrages in aller Regel keinen Pfennig Ausgleich nach § 89 b HGB. Keinerlei Anspruch kann auch der Versicherungsaußendienstmitarbeiter beanspruchen, dessen Mitarbeitervertrag keine Provisionsverzichtsklausel für den Fall des Vertragsendes vorsieht. Denn dieser Mitarbeiter könnte ihm etwa noch zustehende Provisionen oder Provisionsanwartschaften auch nach Vertragsende noch geltend machen, so daß er durch das Vertragsende keinerlei Nachteile erleidet, abgesehen von der grundsätzlich nicht ausgleichspflichtigen Tatsache, daß er mit seinem ehemaligen Unternehmen zukünftig keine provisionspflichtigen Geschäfte mehr machen kann.

Zu beachten ist auch speziell bei der Ermittlung eines Ausgleichsanspruches eines im Strukturvertrieb tätigen Versicherungsvertreters, daß der Ausgleichsanspruch für vermitteltes Geschäft nur einmal in voller Höhe entstehen kann. Da alle Mitarbeiter des Strukturvertriebes, gleichviel, in welcher Stufe des Karrieresystemes sie sich im Zeitpunkt ihres Ausscheidens befinden, grundsätzlich Anspruch auf einen angemessenen Ausgleich nach § 89 b HGB – bei Vorliegen der weiteren Voraussetzungen – haben, muß die Bemessungsgrundlage für die Berechnung eines angemessenen Ausgleiches (der Vervielfältigungsfaktor) stimmen. Anderenfalls droht der Versicherungs- oder Vertriebsgesellschaft im Ergebnis eine mehrfache Inanspruchnahme für dasselbe Geschäft. Die Ermittlung des zutreffenden Faktors ist zum Teil schwierig; aufwendig und schwierig ist zum Teil auch die Feststellung des ausgleichspflichtigen Geschäftes. Dies leuchtet ein, wenn man an einen Mitarbeiter denkt, der über viele Jahre mit mehreren hundert Mitarbeitern zig Millionen Versicherungsgeschäft vermittelt hat. Verfügt das Unternehmen, für welches er tätig war, nicht über ein entsprechendes EDV-Programm – ob ein solches, welches auch den Fremdumsatz des Mitarbeiters richtig ermitteln kann, überhaupt existiert, ist fraglich und den Verfassern nicht bekannt –, bleibt dem Mitarbeiter nichts anderes übrig, als das von ihm während seiner vertraglichen Tätigkeit vermittelte, noch bestehende und damit ausgleichspflichtige Geschäft zusammenzuschreiben, um es sodann zur Basis der Ausgleichsberechnung zu machen.

In der Praxis wird häufig so verfahren, daß der Mitarbeiter oder sein rechtlicher Vertreter die Gesellschaft auffordert, den Ausgleichsanspruch zu berechnen. Fraglich ist schon, ob ein solcher Anspruch von Rechts wegen überhaupt gegeben ist. Kommt das Unternehmen diesem Verlangen nach, so muß unbedingt beachtet werden, daß das Unternehmen der Berechnung des Ausgleichsanspruches oft lediglich den Eigenumsatz – also den unmittelbar vom ausscheidenden Mitarbeiter selbst vermittelten Umsatz – zugrundelegt, während der Fremdumsatz des Mitarbeiters, der jedenfalls bei entsprechend hochrangigen Mitarbeitern den weitaus größten Teil darstellt, schlicht außen vor gelassen wird. **Die Unternehmen vertreten in diesem Zusammenhang nicht selten die Auffassung, die „Grundsätze der Versicherungswirtschaft" berücksichtigten eben nur den Eigenumsatz, weshalb auch nur dieser ausgleichspflichtig sei. <u>Diese Auffassung findet in § 89 b HGB, der nun einmal ausschließlich die das Ausgleichsrecht statuierende Rechtsform darstellt und der zwingendes Recht ist, keine Grundlage, und sie ist auch falsch.</u>** Dies entspricht ständiger Rechtsprechung. Folglich sind Eigen- wie Fremdumsatz des ausscheidenden Mitarbeiters ausgleichspflichtig.

Auf die weiteren Einzelheiten der Ausgleichsberechnung und der weiteren Anspruchsvoraussetzungen soll an dieser Stelle nicht eingegangen werden. <u>**Entgegenzutreten ist lediglich einer häufig anzutreffenden Fehlvorstellung, eine langjährige Tätigkeit für ein und dasselbe Unternehmen steigere die Höhe des zu zahlenden Ausgleiches. Das Umgekehrte ist – jedenfalls im Bereich der Versicherungswirtschaft – der Fall.**</u> Je kürzer der Mitarbeiter für das Unternehmen tätig war, je kürzer also die von ihm vermittelten Versicherungsverträge gelaufen sind, um so höher sind die bei Vertragsende ihm entgehenden Provisionen. Die Argumentation im Rahmen einer Verhandlung über die Angemessenheit eines zu leistenden Ausgleiches, wegen der langen Dauer der Vertriebszugehörigkeit stehe dem ausscheidenden Mitarbeiter ein besonders hoher Ausgleich zu, verdeutlicht daher nur die mangelnde Erfahrung und Unkenntnis des Verhandlungsführers.

Zusammenfassend muß man feststellen, daß es in erster Linie vom Geschick und von der Erfahrung und den Kenntnissen des Mitarbeiters und seines rechtlichen Vertreters abhängt, ob und in welcher Höhe der ausgeschiedene Mitarbeiter in den Genuß einer Abfindung (nicht nur einer solchen nach § 89 b HGB) für seine Tätigkeit für das bisherige Unternehmen gelangt. Unabhängig davon ist Voraussetzung, daß der ausscheidungswillige Mitarbeiter in seinem Vertrag einen „hohen Marktwert", also eine herausragende Position und eine Vielzahl unterstrukturierter Mitarbeiter hat, um einen wirklich hohen – sechs- oder siebenstelligen – Abfindungsbetrag zu erhalten. Gelingt es dem Mitarbeiter nicht, bis zum Schluß seiner Abfindungsverhandlungen bei dem Unternehmen seinen „Marktwert" hochzuhalten, schwinden seine Aussichten auf eine hohe Abfindungszahlung. Je nach Seriosität wird das Unternehmen versuchen, auch unter Inanspruchnahme fauler Tricks die Position des Mitarbeiters im Vertrieb zu unterlaufen und damit die von ihm bei einem Wechsel ausgehende Gefahr bzw. seinen Marktwert zu drücken. Hier spielen die Vorsicht des ausscheidungswilligen Mitarbeiters und seine psychologischen Fähigkeiten eine erhebliche Rolle. Ist der Marktwert des Mitarbeiters gering oder hat es das Unternehmen geschafft, den – mittlerweile – ausscheidungswilligen Mitarbeiter „kaltzustellen", indem man ihm – wenn auch rechtswidrig – seine Mitarbeiter genommen oder diese zumindest gegen ihn aufgebracht oder ihn einfach „freigestellt" hat – dies kann bei vollem Ausgleich der Vergütung und Vereinbarung im Handelsvertretervertrag zulässig sein –, bleibt dem Mitarbeiter – gegebenenfalls nach Ausspruch einer fristlosen Kündigung aus wichtigem Grund – nur der Ausgleichsanspruch, dessen Höhe von den vorgenannten sowie weiteren Voraussetzungen der Ausgleichsregelung abhängig ist.

Die Zeit danach

DER AUSSTIEG

Schon Jahre vor meinem Ausstieg war ich mit der Führung der Organisation äußerst unzufrieden. Solange die „Legende" der Gesellschaft das Ruder der Vertriebsorganisation in der Hand hielt, konnte ich mir eine langfristige Tätigkeit vorstellen. Alle, die nach ihm kamen, waren nicht einmal mehr Mittelmaß. Die Intrigen innerhalb der Organisationsleitung nahmen immer mehr zu, und der neue Vertriebsdirektor hatte eine Profilneurose. Wahrscheinlich deshalb, weil er als früherer, eher mittelmäßiger Mitarbeiter der Position 6 dazu ernannt wurde und von Anfang an viele Führungskräfte der Position 6 ihn nicht akzeptierten.

Die Organisation wurde mehr und mehr zu einem Beziehungsgeflecht, in welchem die Umsatzleistung fast eine untergeordnete Rolle spielte. Um etwas zu bewegen, war es viel wichtiger, die richtigen Leute in der Organisationsleitung zu kennen und deren Sparschwein aufzufüllen. Diese Spardose ist für mich symbolisch für die Veränderung der Kultur innerhalb des Innendienstes. War dieses früher als eine Art Kaffeekasse gedacht, verkam es mehr und mehr zu einem Gefäß, in dem sich die Hundert- und Tausendmarkscheine sammelten. Wer an diesem Gefäß vorüberging, ohne eine Spenderreaktion zu zeigen, der war so gut wie aus dem Geschäft. Ein Mitarbeiter der Organisationsleitung wies deshalb die Besucher meist auf das zu vollziehende Ritual hin, welchem sich meines Wissens kaum jemand entzog.

Im Jahr 1990 öffnete sich der ostdeutsche Markt für die Versicherungswirtschaft. Ein beispielloser Boom begann. Es wurden Stufen in Zeiträumen erlangt, von denen die Beteiligten Jahre zuvor nur geträumt hatten.

Einzig der Einstieg in das Österreichgeschäft fünf Jahre zuvor hatte eine ähnlich stürmische Entwicklung, jedoch mit geringerer Auswirkung gezeigt.

Manche Mitarbeiter schrieben vom Grundseminar weg die Stufe 1 in ein oder zwei Tagen. Ein ehemaliger Mitarbeiter der Stufe 1 erreichte gar innerhalb von sechs Monaten die Stufe 5. Der Aufstieg des einen war oft der Fall des anderen. Strukturhöhere wurden reihenweise von ihnen unterstellten Mitarbeitern überholt. Dies betraf nicht nur die unteren Stufen. Nach jahrelanger Zusammenarbeit mit dem Mann, der mich ins Geschäft gebracht hatte, wurde dieser von mir von der Stufe 5 in die Position 6 überholt. Er verlor damit nicht nur meine gesamte Struktur als Produktions- sondern auch als Verdienstgrundlage, da meine Struktur weit über 80 % seines Gesamtumsatzes bewirkte. Es waren zum großen Teil taktische Entscheidungen von überstellten „Führungskräften", die zu solch ungereimten Vorgängen führten. Meist hatte der überstellte Mitarbeiter, wie bei meinem Strukturhöheren der Fall, die Finger im Spiel, wenn er nicht sogar allein dafür verantwortlich war.

Wurde jemand überholt, so wurde ihm ein lapidarer Ratschlag gegeben, wie er eventuell seine Struktur wiedergewinnen könne. In der Praxis war dies aber meist nicht realisierbar.

Die Machtkämpfe wurden durch das zunehmende Strukturvolumen innerhalb der Organisation immer gewaltiger. So beschlossen meine direkten Mitarbeiter der Positionen 5 und 6 und ich selbst, eine eigene Vertriebsorganisation zu gründen und von der Gesellschaft wegzugehen.

Leider hatte ich die Persönlichkeitsentwicklung derjenigen unterschätzt, die eben erst diese höheren Positionen erreicht hatten.

Die Herren hielten sich plötzlich für etwas Besseres – speziell ein Mitarbeiter der Position 6, für den ich noch zwei Jahre zuvor die Steuerschulden bezahlt hatte, weil der Gerichtsvollzieher schon vor der Haustür stand. Dieser Mitarbeiter legte eine fast nicht mehr zu überbietende Menschenverachtung und Arroganz an den Tag. Die ihm unterstellten Vermittler hatten vor jedem größeren Meeting Angst, da es nicht selten vorkam, daß Mitarbeiter vor der Gruppe bloßgestellt und lächerlich gemacht wurden.

Auf einer Incentivereise, die ich anläßlich der Erreichung meiner Position 6 mit diesen „Topleuten" veranstaltete, entschloß ich mich, mein Vorhaben vorerst fallenzulassen.

Mit solchen Leuten wollte und konnte ich mir keine fruchtbare geschäftliche Partnerschaft vorstellen, ausgenommen ein direkter Mitarbeiter der Position 5, der einigermaßen normal geblieben war.

Das alles ereignete sich zu Beginn des Jahres 1991.

Nur sechs Wochen später sollte bekannt werden, was selbst für mich überraschend kam: daß meine Ernennung zum Generalrepräsentanten bevorstand. Damit hatte ich die höchstmögliche Position nach einer sechseinhalbjährigen Tätigkeit erreicht. Es war mir sofort klar, daß dies bei einem Ausstieg nur nützlich sein konnte.

Auf der anderen Seite keimte in mir erneut die Hoffnung, endlich eigene Vorstellungen verwirklichen zu können. Diese wurde aber schon auf der ersten Direktionskonferenz jäh zerstört, an der alle „Generäle", der Direktor und sein Advokat teilnahmen. Noch im Verlauf dieser Konferenz fiel für mich die Entscheidung, auszusteigen. Es wurde mir nämlich sehr schnell klar, daß Generalrepräsentanten bestenfalls die Möglichkeiten hatten, ihre Vorschläge einzubringen, jedoch keinerlei Entscheidungsgewalt besaßen. Diese lagen allein beim Vertriebsdirektor und dem Vorstand. Jahrelang war nicht nur ich der Meinung, die Unternehmenspolitik mit beeinflussen zu können. Dies erwies sich nun als totale Fehleinschätzung.

Trotzdem sollte aber noch mehr als ein Jahr vergehen, bis ich mein Ziel verwirklichen konnte.

Der Boom im Ost-Geschäft flachte im Verlauf des Jahres 1991 nach und nach ab, und der Geschäftsverlauf normalisierte sich. Die Stornoquoten stiegen an, und die Zahl der aktiven Mitarbeiter nahm dramatisch ab. Das Pendel schlug nun in die entgegengesetzte Richtung aus.

Die Krise betraf all jene, die ihren Hauptumsatz aus den neuen Bundesländern bezogen. Dieser Anteil belief sich nicht nur in meiner

Struktur auf über 80% vom Gesamtumsatz. Damit waren Konflikte bereits vorprogrammiert!

Bereits Mitte 1991 kam es zwischen dem erwähnten Sechser und mir während einer Geschäftsstellenleiterkonferenz zum Bruch. Vorausgegangen war eine nicht hinnehmbare Provokation seinerseits, welche auf seine schlechte Kinderstube zurückzuführen war.

Das Signal Stimmung gegen mich zu machen war gekommen, als ich mich Anfang 1992 von einem direkten Mitarbeiter der Position 5 trennte. Dieser wurde von mir aus privaten Mitteln mit einem erheblichen Betrag abgefunden.

Der erwähnte Sechser begann nun, offen über einen Wechsel zu einer anderen Gesellschaft zu reden; er gab vor, allein zu gehen, wenn andere nicht mitziehen würden. Im Februar 1992 zog er durch seine Angstkampagne meinen weiteren direkten Sechser auf seine Seite, und beide gründeten eine gemeinsame Firma, um neben dem Versicherungsgeschäft geschlossene Immobilienfonds im Strukturvertrieb zu vermitteln.

Da diese Mitarbeiter weder für den Immobiliensektor ausgebildet waren, noch der Immobilienvertrieb, für den sie vermittelten den besten Ruf hatte, verbot ich derartige Aktivitäten, als ich davon erfuhr.

Sie hatten natürlich versucht, die Sache hinter meinem Rücken durchzuziehen, weil sie sich der Konsequenzen bewußt waren: Es war nämlich vertraglich nicht zulässig, einen Strukturvertrieb im Allfinanzdienstleistungsbereich parallel aufzubauen. Die erwähnten Herren hatten jedoch den gut funktionierenden Informationsfluß nicht bedacht, der in großen Strukturen herrscht. So bekam ich sehr schnell Wind von der Geschichte.

Erst als der mir überstellte General begann, mit den beiden Sechsern gemeinsame Sache zu machen, um mehr Geld zu verdienen, überschlugen sich die Ereignisse.

Bei Umsatzrückgängen und Problemen gerade im finanziellen Bereich bietet es sich an, den Kopf zu liquidieren, damit mehr Geld verdient werden kann. Das System war und ist eben besonders anfällig, wenn stufengleiche Mitarbeiter vorhanden sind.

Das Motiv, mich hinauszudrängen, war also die Hoffnung auf eine Vergrößerung der Struktur und damit des Verdienstes (s. Kap. Faule Tricks). Durch die neuen Strukturverhältnisse, die sich im Falle meines Ausstiegs ergaben, erhielt der mir überstellte General zwei direkte Sechser-, zwei 4er- und eine 3er-Struktur sowie einige Agenturmitarbeiter, die bis dahin pro Monat mit ca. DM 2.500,— bis DM 5.000,— zu meinem Gesamtverdienst beitrugen.

Um einen General zu Fall zu bringen, bedarf es schon einiger professioneller Taktiken.

Als ich die Situation im März 1992 erkannte, stand für mich die Entscheidung an, entweder auszusteigen oder alles durchzustehen.

Noch bis zum Juni 1992 überlegte ich hin und her, was wohl besser wäre.

Weder der damalige Vertriebsdirektor noch sein verbündeter, mir überstellter General wären in der Lage gewesen, mir irgendein nennenswertes Fehlverhalten nachzuweisen. Sonst wäre niemals eine Trennung im beidseitigen Einvernehmen erfolgt.

Ein privates Ereignis gab dann den Ausschlag, aufzuhören. Mein jüngster Bruder wurde genau zu diesem Zeitpunkt schwer krebskrank und die Ärzte prognostizierten nur ein halbes Jahr weiterer Lebenszeit.

Es war mir sofort klar, daß ich in meiner Situation, die einen Kampf mit allen Konsequenzen erfordert hätte, nicht die Zeit für ihn hätte aufbringen können, die er mir wert war.

Deshalb entschloß ich mich, zum nächstmöglichen Zeitpunkt, dem 31.7.1992, auszusteigen.

Was ich nicht ahnen konnte war, daß es mich noch zwei weitere Jahre kosten sollte, bis all meine Forderungen erfüllt sein würden. Dazu erwies sich noch ein Gerichtsprozeß gegen die Gesellschaft als notwendig, den ich weitgehend gewann.

Damals entschloß ich mich auch, dieses Buch zu schreiben.

DIE EHEMALIGE STRUKTUR

Zurück blieben fünf ehemals direkte Strukturen, die nun dem mir überstellten Sechser wieder unterstellt wurden, nachdem ihm im Jahr 1990 die Führung über mich und meine Struktur entzogen worden war.

Lange währte dessen Freude allerdings nicht, da drei Strukturen innerhalb kurzer Zeit zur Konkurrenz wechselten. Gerade diese Strukturen hätten sich aber finanziell rentiert, da die Strukturhöheren maximal in der Stufe 4 waren.

Übrig blieben schließlich die beiden erwähnten Sechserstrukturen. Diese reduzierten sich nach und nach im Lauf des darauffolgenden Jahres.

In der Mitte des Jahres 1993 kam dann auch der Knall in der Vertriebsorganisation, für die ich tätig war. In einer Nacht- und Nebelaktion wechselten ca. 800 bis 900 Mitarbeiter zur Konkurrenz.

Einer der Hauptinitiatoren war der von mir bereits erwähnte Sechser.

Die Rechnung des mir ehemals überstellten Generals ging also nicht auf. Überdies warben seine vormaligen Protegés, mit denen er sich verbündet hatte, kräftig Kunden ab, die sie vorher für die Gesellschaft vermittelt hatten.

Sie verursachten dadurch nicht nur einen materiellen Schaden in zweistelliger Millionenhöhe für die Gesellschaft, sondern produzierten auch enorme Stornoquoten. Da sich die meisten der ausgespannten Verträge noch in der Stornohaftung befanden, mußte natürlich auch die bevorschußte Provision zurückbezahlt werden.

Von all den großen Strategien und Taktiken waren also nichts als Riesenverluste für die Versicherungsgesellschaft und ihren Strukturvertrieb verblieben.

Und das nur, weil ein General mit der Rückendeckung des damaligen Vertriebsdirektors sein persönliches Spielchen spielen wollte, um sich reicher zu machen!

Der Gesichtsverlust, den er bei seinen eigenen Führungskräften und bei der Gesellschaft erlitt, sind gut vorstellbar!

Die beiden Sechser mußten sich wie die Größten vorgekommen sein, da sie noch eine ganze Reihe weiterer Mitarbeiter mitnehmen konnten (ca. 200).

Nach ihrem Weggang hingen sie sich an einen anderen Strukturvertrieb an und gründeten im Jahr 1994 eine eigene Firma. Zwischenzeitlich zerfiel deren neugegründete Firma in drei Teile, und von den anfänglichen Mitarbeitern ist nur noch ein Bruchteil übriggeblieben.

Ein Beispiel, wie es richtig gemacht wird, ist dagegen Carsten Maschmeyer, der mit seinem AWD heute zu den ganz großen Strukturvertrieben gehört. Auch er ging von der OVB weg und hat es auf Grund seiner Professionalität geschafft.

Es gehört also schon etwas mehr dazu, einen Wechsel so zu vollziehen, daß dieser gelingt und sich auch rentiert.

Damit soll dem AWD aber keinesfalls ein Gütesiegel verliehen werden.

SCHICKSALE VERBLIEBENER

Das Image des erwähnten Generals hat seither weiter stark gelitten: Ein weiterer Mitarbeiter der Stufe 6 schied im Jahr 1993 mit einer Abfindung aus.

Auch andere Mitarbeiter der Stufe 6 bekamen Angst vor dem großen Zampano, der sich gern so locker und leutselig gab.

Ein nächster Schritt war Ende 1993 die Liquidierung eines Mitarbeiters der Stufe 6, der auch in Österreich Strukturen hatte (mit einem erheblichen Anteil am Österreichgeschäft). Da jeder, der in Österreich tätig war, einen zusätzlichen separaten Vertrag hatte, wurde dieser Mitarbeiter zunächst nur in Österreich gekündigt. Im Jahr 1994 wurde er dann auch in Deutschland entlassen. Und nun kommt der Clou: Im Dezember 1994, kurz vor dem Ablauf der Kündigungsfrist, wurde er wieder eingestellt. Warum wohl? Richtig! Es sollte vermutlich die Abfindung eingespart werden!

In der Führungsspitze der Gesellschaft bzw. deren Vertriebsorganisation ging es indes turbulent zu. Der Vertriebsdirektor ging im Februar 1994, der Vertriebsvorstand der Gesellschaft im März 1994, der Leiter des gesamtem Agentursystems wurde versetzt und die rechte Hand des Vertriebsdirektors verließ noch bis Juni 1994 die Organisation. Interimistisch wurde die Vertriebsorganisation von zwei Vorständen geführt. Der jetzige Direktor und frühere Vorstand einer anderen Vertriebsorganisation der Gesellschaft, erklärte in einem Meeting in Frankfurt, daß es ab sofort keine „Almosen" (damit sind freiwillige Abfindungen an langjährige verdiente Mitarbeiter gemeint) mehr geben werde. Zwischenzeitlich hatten nämlich im Jahr 1994 nochmals zwei weitere Generäle, die dem ehemaligen Direktor sehr nahe standen, das Feld geräumt.

Ende des Jahres 1994 hatte ich die Gelegenheit, mit einigen Mitarbeitern der Stufe 6 zu reden.

Es war kein einziger dabei, der nicht große Angst hatte, entweder gekündigt zu werden oder zumindest auf der Abschußliste zu stehen.

Im Zuge des neuen Provisionssystems, das im Jahr 1995 eingeführt wurde, müssen praktisch alle Mitarbeiter mit erheblichen Einbußen im Verdienst rechnen. Als Grundlage für die Berechnung der Provision wird seither bei den meisten Gesellschaften nicht mehr die Versicherungssumme, sondern die Summe der Beiträge als Bemessungsgrundlage herangezogen.

Hatte man in der Vertriebsorganisation erst ein Jahr zuvor die Mitarbeiter der Stufen A, 1 und 2 erheblich in ihrer Provision beschnitten, so war diese Umstellung mit einem weiteren Rückschritt verbunden.

Die meist katastrophalen Stornoquoten nicht nur im erstjährigen Bereich führen immer zu einer Art Lähmung bei den Verantwortlichen in Strukturvertrieben, die demzufolge selbst Angst um ihre Stühle haben müssen.

So ging nach den erwähnten Herren im Jahr 1994 auch der Vorstandsvorsitzende der Gesellschaft zum Ende des Jahres 1995.

Die Nachfolge ist schon geregelt – ein Mann, der zuvor bei einer anderen Versicherung mehrere Jahre tätig war und mitgeholfen hat, diese zu sanieren. Im Gespräch mit einem der Landesdirektoren dieser Gesellschaft konnte ich erfahren, daß praktisch alle Verträge mit Strukturvertrieben aufgelöst wurden und eine Rückkehr zum alten System des Außendienstnetzes mittels Agenturen erfolgte. Sollten die Versicherung und speziell die Organisation, für die ich tätig war, eine ähnliche Umstrukturierung erwarten, kann man sich vor allem die Zukunft der Mitarbeiter im Strukturvertrieb vorstellen.

Die Situation wird sich deshalb wohl eher verschlechtern als verbessern. Zudem haben die Mitarbeiter in Vertrieben als Vertreter mit Ausschließlichkeitsverträgen nicht gerade die rosigsten Zukunftsaussichten zu erwarten.

DIE SITUATION DER STRUKTURVERTRIEBE HEUTE

Nicht nur die HMI, sondern auch der AWD, die DVAG, die OVB und Kleinere mußten in den vergangenen Jahren kräftig Federn lassen. Die Mitarbeiterzahlen und das Neugeschäft gingen zum Teil stark zurück, wohingegen die Storno- und Abgangsquoten gewaltig anstiegen.

Es ist nicht ganz von der Hand zu weisen, wenn davon gesprochen wird, daß ein maßgeblicher Teil des Neugeschäfts (ca. 25 %) durch die sogenannte Umdeckung bestehender Versicherungsverträge von Gesellschaft A zu B an der Tagesordnung ist.

Fast jeder Strukturvertrieb arbeitet heute mit Finanz- oder Bedarfsanalysen. Diese sind aber eigentlich nichts anderes als ein Ersatz für die erforderliche Bedarfsanalyse im Kundengespräch, und sie dienen dazu, den Strukturvertrieben einen Hauch von Verbraucherschutz und Seriosität zu geben.

Die meisten freien, nicht gesellschaftseigenen Strukturvertriebe haben ein oder mehrere Versicherungsgesellschaften als Kooperationspartner, für die der Hauptumsatz eingeworben wird.

Viele große Versicherungsgesellschaften wären wohl ohne ihre Strukturvertriebe nicht mehr konkurrenzfähig.

Man liebt sie nicht, aber man braucht sie noch. Die Frage ist nur, wie lange? So dürfte sich die Situation beschreiben lassen.

In den vergangenen Jahren sind viele Strukturvertriebe aus dem Versicherungsbereich dazu übergegangen, auch Immobilien oder Immobilienfonds zu vermitteln. Eine reuige Mitarbeiterin aus diesem Bereich hat sogar ein Buch darüber mit dem Titel verfaßt: „Der Traum vom Schnellen Geld" (s. Literaturverzeichnis).

Den meisten Mitarbeitern fehlt es auch in diesem Bereich an Kompetenz. Der Unterschied zu Lebensversicherungsabschlüssen besteht für die Kunden nur darin, daß diese in ganz anderen Dimensionen geschädigt werden können.

Mit Versprechen von geradezu unglaublichen Verlustzuweisungen, Steuervorteilen und Renditen werden auch viele Anleger geködert, die sich nicht unbedingt in der höchsten Steuerprogression befinden und demzufolge irregeleitet werden.

Liest man aber die einschlägigen Fachzeitschriften zu diesem Thema, muß gerade von diesen Anlageformen, wenn sie nicht eine absolut seriöse Grundlage haben und auf die Bedürfnisse des Anlegers zugeschnitten sind, dringend abgeraten werden.

Die meisten Mitarbeiter in Strukturvertrieben kämpfen, auch wenn sie sich in den höchsten Stufen befinden, wirtschaftlich ums nackte Überleben.

Viele haben die Steuerkeule aus den Jahren 1990 bis 1992 zu spüren bekommen und müssen nun zusätzlich mit enormen Verdiensteinbußen leben.

Mir ist ein Mitarbeiter der Stufe 6 persönlich bekannt, der in seiner Struktur keinen stufengleichen Mitarbeiter und fünf direkte Strukturen hat, zu den guten Produzenten zählt, aber trotzdem gerademal pari am Ende des Monats aussteigt, und das nach dreizehn Jahren Zugehörigkeit. Stellt man sich die Frage, wovon diese Menschen leben, so lautet die Antwort zumeist, von der Bank oder von Mitarbeiterdarlehen und damit von immer weiteren Schulden.

Viele Strukturvertriebsmitarbeiter stehen entweder vor dem finanziellen Bankrott oder haben in andere Berufe gewechselt, um von der Bank überhaupt noch Geld zu bekommen oder sie ruhigzuhalten.

DIE ZUKUNFT DER STRUKTURVERTRIEBE

Strukturvertriebe gibt es schon mehr als ein halbes Jahrhundert, und es wird sie auch weiterhin geben. Die Expansionsraten, egal ob nun in der Finanzdienstleistungs- oder einer anderen Branche, werden nie mehr die Größenordnungen der Vergangenheit erreichen.

Die Zeit der weißen Flecken auf der Landkarte ist vorüber. Viele Leute wurden bereits auf eine Mitarbeit angesprochen. Nimmt man alle in Deutschland zusammen, müßte jeder Bundesbürger schon mehrfach rekrutiert worden sein. Die negativen Erlebnisse der Ausgeschiedenen haben sich in deren Bekanntenkreisen herumgesprochen. Millionen Kunden, die durch Strukturvertriebsmitarbeiter geworben wurden, sind in der Zwischenzeit wieder abgesprungen. Diese Tatsachen werden in der Zukunft einen Aufbau dieser Vertriebsform erheblich erschweren.

Mit den Multimediatechniken und den Datenautobahnen der Zukunft werden der Direktvertrieb und der Telefonverkauf stark in den Vordergrund rücken. Es ist heutzutage schon fast üblich, seine Bankgeschäfte via Telefon abzuwickeln. Warum soll das in anderen Bereichen nicht auch möglich sein? Die Vereinigten Staaten von Amerika spielen in diesem Bereich wieder einmal den Wegweiser.

In Zukunft wird, da keine Heerscharen an Mitarbeitern mehr benötigt werden, die fachliche Kompetenz im Vordergrund stehen.

Sollte es zudem noch Wirklichkeit werden, daß die Vermittler auf der Basis eines einmaligen Beratungshonorars bezahlt werden, ist der klassische Strukturvertrieb so gut wie tot. Der Vermittler könnte dann die günstigsten Produkte wie z. B. provisionsfreie Lebensversicherungen anbieten und müßte nicht mehr nach der Abschlußhöhe bezahlt werden. Die Tendenzen gehen bereits heute in diese Richtung, und die ersten Produkte sind schon auf dem Markt.

Der Klinkenputzer und Umsatzklopfer wird also der Vergangenheit angehören.

Die Träume vom großen Geld sind bei den meisten schon lange ausgeträumt. Die Vorstellung, Strukturen mit mehreren Tausend Mitarbeitern mit Hilfe des Schneeballsystems aufbauen zu können, ist im Ergebnis illusorisch.

Es werden eher viele kleine Vertriebe in einer Größenordnung von 10 bis 30 Mitarbeitern entstehen und sich halten können. Ein großes Heer an ehemaligen „Führungskräften" aus den großen Strukturvertrieben steht zur Verfügung. Diese Mitarbeiter haben genug Erfahrung, um derartige Größenordnungen zu beherrschen. Der Unterschied zu Mitarbeitern in großen Strukturvertrieben besteht z. B. im Verdienst, da man mit Karrieresystemen arbeiten kann, die nur zwei oder drei Stufen aufweisen. Damit steigt der Verdienst, was die Eigenproduktion anbelangt. Neue Mitarbeiter können hinsichtlich der Provision schon bei deren Einstieg höher eingestuft werden und die Leitungsvergütungsdifferenzen sind größer. Da kleine Vertriebe heutzutage fast schon so gut wie die großen bezahlt werden, ist es nur noch eine Frage der Zeit, bis sich dies in der Branche herumgesprochen hat. Deshalb wird der Zerfall der großen Strukturvertriebe beschleunigt werden. Ein positiver Nebeneffekt für die Versicherungsunternehmen ist die Lösung von machtpolitischen Fragen. Durch die Aufsplittung der großen Strukturvertriebe sind Probleme hinsichtlich der Abhängigkeit und Kontrolle leichter zu lösen. Einen ersten Ansatz in diese Richtung bietet z. B. die Lukramount AG (Colonia), die ein Franchisesystem für Aussteiger von Strukturvertrieben in der mittleren Führungsebene anbietet. Ob sich dieser durchaus interessante Ansatz durchsetzen wird, bleibt allerdings abzuwarten.

Das System der großen produziert also genau die Leute, die es später indirekt zerstören.

Der Kundenservice und damit die Dienstleistungsbereitschaft gewinnt immer mehr an Bedeutung. Eine hohe Fluktuation, wie sie in Strukturvertrieben regelmäßig vorherrscht, stellt aber ein großes Hindernis dar.

Zukünftig geht es darum, Bestände zu sichern, Verdrängungswettbewerb abzuwehren und zu reduzieren und um Vertrauen zu werben.

Dies alles ist nur durch gute Agentur- und Servicesysteme zu erreichen, also durch Vertriebssysteme, die eine möglichst hohe personelle Kontinuität und ein stark zu steigerndes Ausbildungsniveau der Vertriebsleitung gewährleisten können.

Das neue Zeitalter ist bereits angebrochen!

Zusammenfassung

Strukturvertrieben liegt ein Verkaufssystem zu Grunde, welches es zwar theoretisch erlaubt, sehr schnell sehr viel Geld zu verdienen und Karriere zu machen, in der Praxis aber großteils nur für einige wenige funktioniert. Um Erfolg zu haben oder das einmal Erreichte zu sichern, arbeiten nicht wenige „Strukis" mit unlauteren und manchmal gar mit nahezu kriminellen Methoden. Strukturvertriebe werden nicht nur von den großen Versicherungsunternehmen oder Banken direkt oder indirekt benutzt, um Umsatz von meist geringer Qualität (hohe Stornoquoten) zu klopfen, sondern sind in vielen Wirtschaftsbereichen stark vertreten. Die prinzipielle Arbeitsweise ist dabei fast überall gleich.

Die positive Seite an Strukturvertrieben ist, daß Mitarbeiter einen Einblick in die Verkaufspraxis und deren Erfordernisse bekommen und dadurch unter Umständen nicht mehr so leicht übers Ohr zu hauen sind. Des weiteren lernen sie sehr schnell, wie wertvoll der „gute" Bekanntenkreis wirklich ist. Wer zum Vertriebsclochard absteigt, lernt seine wahren Freunde kennen. Viele, die einer nebenberuflichen Tätigkeit nachgehen, haben zudem die Möglichkeit, die Selbständigkeit ohne großen finanziellen Einsatz zu testen, um eventuell später tatsächlich selbständig etwas zu tun, was sie vielleicht ohne diese Erfahrung nicht gewagt hätten. Diejenigen, die Reisen und Preise gewonnen haben, können – wenn alles mit rechten Dingen zugegangen ist – mit Recht stolz auf ihre Leistung zurückblicken und eventuell Zertifikate für spätere Bewerbungen verwenden.

Während einer Strukturvertriebstätigkeit lernt man auch die eigene Frau noch ein bißchen besser kennen (positiv oder negativ) und die eigenen Charakterzüge prägen sich sehr schnell schärfer aus (manche zeigen ihr wahres Gesicht!), was manchmal einen echten Gewinn darstellt. Leider überwiegen die negativen Gesichtspunkte bei den meisten Aussteigern. Es sind nicht nur die finanziellen Verluste, die fast alle hinnehmen müssen, sondern vor allem ein enormer Knick im Selbstwertgefühl und Selbstvertrauen. Der Bekanntenkreis muß neu aufgebaut, die Niederlagen verkraftet und ein neuer Hauptberuf gesucht werden. In die alte hauptberufliche Tätigkeit können und wollen viele ehemalige Strukturvertriebler nicht mehr zurück. Nicht selten kommt es durch die Strukturvertriebsbelastung zu Trennungen und Scheidungen. Mitarbeiter werden zu Alkoholikern, verschleudern ihr ganzes Vermögen (wenn sie vorher eines gehabt haben) und tragen im nachhinein sogar noch zu einer Glorifizierung des Systems (als Selbstschutz) bei.

Strukturvertriebe sind Systeme, die keinen Mißerfolg zulassen und akzeptieren können. Dementsprechend stehen deren Mitarbeiter permanent unter Druck. Nur zu oft tendieren die Köpfe in den Rotlicht- und Zuhälterbereich, weil sich viele selbst so sehen wollen. Sie sind Zuhälter, die ihre Mitarbeiter als Huren halten, ausbeuten und wegwerfen und wenn nötig bedrohen, wenn es für sie gefährlich werden könnte. Einige haben nicht nur gute Kontakte zur Unterwelt, sondern auch die Möglichkeit, wie mir ein General einmal glaubhaft versicherte, jederzeit einen Killer zu bekommen, wenn sie einen brauchen würden. Es sollte sich also jeder immer bewußt sein, auf was er sich einläßt, wenn er in einem Strukturvertrieb arbeitet.

Im Strukturvertrieb zählt nicht der Mensch, sondern der Umsatz. Entsprechend ist auch das Führungsverhalten: Es geht meist nur darum, möglichst viele Schweine, die Scheine bringen, einzustellen und anzutreiben. Geldgeile Menschen soll es schließlich genug geben. Viele Anfänger versuchen, selbstbewußter zu werden, haben mit Egoproblemen zu kämpfen und Komplexe zu überwinden. Strukturvertriebe bieten eine Scheinwelt an, in der alles möglich erscheint, vom Millionär über den Scheich mit 20 Frauen und Nebenfrauen bis hin zum Möchtegernphilosophen. Tatsächlich sind die Realität und dieses in sich geschlossene System nicht vereinbar. Wen interessiert es denn schon, ob jemand ein Mitarbeiter der Stufe 4 oder 5 ist, wenn er mit Strukturvertrieben nichts am Hut hat. So wird in den sozialen Beziehungen meist nur der Kontakt zu „Kollegen" (Über- und Unterstellten) gepflegt. Bei der Freizeitgestaltung sieht man nicht selten Strukturvertriebler hordenweise in Diskotheken oder ähnlichen Lokalitäten wie In-Cafes als Macher und Anmacher auftreten. Die Prinzen, die eigentlich Frösche sind, haben den Bezug zur normalen Welt verloren, können und wollen sich vielleicht auch nicht mehr mit ihr identifizieren, weil sie schon zu „verbogen" sind. Durch das ständige Sich-verkaufen-Müssen werden Strukturvertriebler (vor allem Hauptberufler in höheren Stufen) zu Menschen mit zwei Gesichtern: des Verkäufers und der einsamen Führungskraft, die betrunken vor dem Spiegel im Hotelzimmer steht, während im Bett eine mehr oder weniger gut bekannte Gespielin auf den vermeintlichen Mitarbeiter der Stufe 6 wartet. „Ehrliche" Menschen werden manchmal zu Lügnern und Gaunern, die nur eines im Sinn haben: das zu erzählen, was der andere hören will. Und so lügen sie sich und ihre Umwelt an, wenn sie den Mund aufmachen.

Ist das Strukturvertriebssystem erst einmal durchlaufen, haben die meisten kaum noch Skrupel. Erst wenn der Kontakt zur Struktur so stark nachläßt, daß eine gewisse Distanz entsteht, beginnen viele, wieder ihre alten Gewohnheiten anzunehmen. Meist ist dies aber auch der Punkt, an dem viele bereits die innere Kündigung ausgesprochen haben und nur noch auf eine gute Gelegenheit zum Ausstieg und eine hohe Abfindung spekulieren.

Mitarbeiter, die in Strukturvertrieben beginnen, pflegen ihren Traum, in kurzer Zeit Millionär zu werden und nichts mehr arbeiten zu müssen. Nur wenigen ist es allerdings vorbehalten, dieses Ziel zu erreichen. Viele Stolpersteine sind auf dem Weg zum Erfolg zu bewältigen – aufhören und genießen können ihn aber auch die meisten Erfolgreichen trotzdem nicht. Strukturvertriebe sind meist sehr kurzlebige Organisationen, die sich ständig erneuern müssen, da ansonsten der Zusammenbruch droht.

Nur wer solide Strukturen, bestehend aus qualifizierten und aufrechten Mitarbeitern aufbaut, die kundenorientiert denken, hat zukünftig überhaupt eine Chance, es zu schaffen.

Mit der Zeit bildet sich in Strukturvertrieben eine eigene Kultur heraus. An der Sprache, der Kleidung, am Umgang mit anderen ist sehr schnell zu erkennen, welches Niveau in einer Struktur herrscht – und dementsprechend sollte gehandelt werden! Einen Strukturvertrieb unbeschadet zu durchlaufen gleicht einem Sprung aus dem Flugzeug aus 5.000 m Höhe mit einem angerissenen Fallschirm. Nicht von ungefähr bezeichnet man Strukturvertriebler auch als Verkaufsakrobaten, die ohne Netz arbeiten.

Jedem bleibt es selbst vorbehalten, dieses Abenteuer zu wagen. Gezwungen werden kann zum Glück niemand (auch wenn der Verkaufsdruck noch so hoch ist).

Nachwort

Moneymaker und Peoplemaker oder Rattenfänger in Designer-klamotten – nun können Sie selbst entscheiden, was Sie von solchen Systemen halten. Heute bin ich nicht nur aus finanziellen Gründen froh, dieses System durchlaufen zu haben. Mein Ziel, als Mitarbeiter der Stufe 4, in der Stufe 6 oder als Generalrepräsentant eine Verbesserung dieses Systems bewirken zu können, hat sich als Illusion erwiesen.

Trotzdem glaube ich nach wie vor, daß es möglich wäre, einen seriösen Strukturvertrieb mit ehrlichen Spielregeln und wirtschaftlichem Erfolg für die meisten Mitarbeiter, aufzubauen. So lange aber in solchen Organisationen, der Kopf, sprich die Vertriebsleitung verfilzt und die Moral unterwandert ist, so lange wird sich nichts grundlegend ändern.

Deshalb verstehe ich auch jeden, der sich aus Strukturvertrieben zurückzieht! Nach dem Motto meines verstorbenen ehemaligen Kollegen, Manfred Kauer, „Die Guten gehen und die Deppen bleiben!"

Literaturverzeichnis

Autor	Titel	Ort	Jahr
Alfred Mohler	Die 100 Gesetze produktiven Denken und Handelns	München	1988
Alfred R. Stielau	Ab heute erfolgreich	Bonn	1985
Alice Miller	Am Anfang war Erziehung	Frankfurt	1983
Antoine de Saint-Exupery	Der kleine Prinz	Düsseldorf	1988
Aristoteles	Rhetorik	München	1989
Arthur L. Williams	Das Prinzip Gewinnen	Landsberg a. Lech	1989
Bräuninger/ Hasenbeck	Die Abzocker	Düsseldorf	1994
Dale Carnegie	Sorge Dich nicht – lebe!	München	1975
Dale Carnegie	Wie man Freunde gewinnt	München	1981
Dieter Losinski, Ha. A. Mehler	Spitzenverdiener der Versicherungsbranche	Bonn	1990
Dr. Joseph Murphy	Die Macht Ihres Unterbewußtseins	München	1991
Dr. Joseph Murphy	Die Gesetze des Denkens und Glaubens	Genf	1970
Enkelmann	Überzeugen, aber wie?	Hamburg	1987
Eric Berne	Spiele der Erwachsenen	Hamburg	1970
Eric Berne	Struktur und Dynamik von Organisationen und Gruppen	Frankfurt	1986
Ernest Dichter	Gezielte Motivforschung	München	1991
Frank Bettger	Erlebte Verkaufspraxis	Zürich	1990
Frank Bettger	Lebe begeistert und gewinne	Zürich	1990
Friedrich Nietzsche	Menschliches – Allzumenschliches	Stuttgart	1978

Günter Ogger	Nieten in Nadelstreifen	München	1992
Günter Schaub	Ich mache mich selbständig	München	1989
Gustave Le Bon	Psychologie der Massen	Stuttgart	1982
Ha. A. Mehler	Die Erfolgreichen	Bonn	1985
Hans Emge	Wie werde ich Unternehmer	Hamburg	1990
Harald Scherer	Gewinne mit Gleichmut, verliere mit Lächeln	München	1989
Herbert Frese	Mitarbeiterführung	Würzburg	1984
Horst Rückle	Körpersprache für Manager	Landsberg a. Lech	1981
Josef Kirschner	So wehrt man sich gegen Manipulation	München	1984
Josef Kirschner	Manipulieren – aber richtig	München/ Zürich	1974
Kim Feldmann	Der Traum vom schnellen Geld	Frankfurt	1992
Klaus Rischer	Schwierige Mitarbeitergespräche	Landsberg a. Lech	1990
Lawrence Miller	Die Sieben Leben des Managers	Düsseldorf	1990
Lee Iacocca	Eine amerikanische Karriere	Berlin	1987
Leonard und Natalie Zunin	Kontakt finden Die ersten vier Minuten	München	1989
Lothar J. Seiwert	Das 1 x 1 des Zeitmanagements	Speyer	1985
Manfred J. Kunz	Wie Profis motivieren	Landsberg a. Lech	1989
Manfred Jahrmarkt	Das Tao-Management	Freiburg im Breisgau	1989
Manfred Kluge	Konfuzius	München	1986
Maximilian Weller	Die schlagfertige Antwort	Bergisch Gladbach	1973
Michael Birkenbihl	Chefbrevier	München	1990
Michael LeBoeuf	Das oberste Erfolgsprinzip für Manager	München	1990

Napoleon Hill	Denke nach und werde reich	München	1989
Neil Rackham	Die neue Welle im Verkauf	Hamburg	1989
Norbert A. Harlander	So motiviere ich meine Mitarbeiter	Köln	1982
Norbert Kalischko	Private Versicherungen	München	1987
Og Mandino	Das Geheimnis des Erfolgs	Bonn	1986
Peter Lauster	Statussymbole	Düsseldorf	1988
Rupert Lay	Dialektik für Manager	München	1983
Rupert Lay	Manipulation durch die Sprache	Hamburg	1986
Rupert Lay	Ethik für Manager	Düsseldorf	1989
Samy Molcho	Körpersprache	München	1983
Samy Molcho	Körpersprache als Dialog	München	1988
Samy Molcho	Partnerschaft und Körpersprache	München	1990
Seneca	Vom glückseligen Leben	Stuttgart	1978
Siegfried und Inge Sterck	Sokrates für Manager	Düsseldorf	1989
Stiftung Warentest	Richtig versichert	Berlin	1990
Thomas A. Harris	Ich bin o.k. Du bist o.k.	Hamburg	1975
Thomas A. Harris	Einmal o.k. immer o.k.	Hamburg	1985
Thomas J. Peters/ Robert H. Waterman	Auf der Suche nach Spitzenleistungen	München	1990
Udo M. Nix	Überzeugend und lebendig reden	Landsberg a. Lech	1987
Vera F. Birkenbihl	Kommunikationstraining	München	1991
Vera F. Birkenbihl	Psycho-logisch richtig verhandeln	München	1990
Viktor Stötter	Das Recht der Handelsvertreter	München	1987
W.R. Bion	Erfahrungen in Gruppen	Frankfurt	1990
Walter Krämer	So lügt man mit Statistik	Frankfurt	1991
Wolfgang Zielke	Frag Dich vorwärts	Landsberg a. Lech	1987
Zig Ziglar	Der totale Verkaufserfolg	München	1984

Roman Hofmeister

DIE BANK -
PARTNER ODER GEGNER?

Strategien für
Bankkunden

▬ Ein Praxisratgeber ▬

Abgestimmt auf
deutsches Recht

256 Seiten, Leinen mit
Schutzumschlag
ISBN 3-7064-0188-6

Roman Hofmeister verfügt über jahrzehntelange Bankpraxis wie auch Geschäftsführungspraxis in Industrie- und Handelsbetrieben; er ist nunmehr als selbständiger Unternehmensberater in Deutschland, Österreich und zahlreichen ehemaligen Oststaaten tätig. Darüber hinaus unterrichtet er als Lehrbeauftragter an den Universitäten Klagenfurt und Linz und ist in der Erwachsenenbildung tätig; zahlreiche Fachpublikationen.

Gegen das Diktat der Bankenmacht

Das Unbehagen zwischen Banken und Kunden wächst, auch wenn die Banken diese Tatsache zumeist leugnen. Es gibt einfach zu viele Fälle, die genau das Gegenteil dessen beweisen, was Banken in ihren Werbeslogans behaupten. Überall dort, wo Werbung nur verführerisch, aber nicht wahr ist, überall wo Versprechen und Wirklichkeit voneinander abweichen, überall dort, wo Macht, Arroganz und Präpotenz den Kunden einschüchtern und in wirtschaftliche Abhängigkeit bringen wollen, will der Autor aufzeigen, mahnen und vor allem: warnen und durch Strategieempfehlungen unterstützen. Es geht ihm darum, zwischen Bank und Kunden zu vermitteln, ohne sich dem Diktat der Bankenmacht zu beugen oder sich auch nur davor zu verneigen. Sein Ziel ist es, den Kreditnehmer selbstbewußter zu machen – nicht, um die Bank in irgendeiner Form „hereinzulegen", sondern um eine faire Geschäftsbeziehung zu erreichen.

Seine Grundsätze lauten:
■ Geld ist eine Ware, die zu bestimmten Bedingungen verkauft und gekauft wird;
■ Schulden sind nicht gleichzusetzen mit Schuld;
■ sinnvoll eingesetzte Kredite haben keinerlei moralischen Makel.

Überall im Buchhandel

336 Seiten, Paperback
ISBN 3-7064-0212-2

Dr. Franz Zink präsentiert die Ratgeber-Tips seit der Erstausstrahlung der WISO-Sendung mit; Autor und Mitautor vieler erfolgreicher Ratgeber-Bücher.

Der optimale Weg zu den eigenen vier Wänden

Wer ein individuelles, auf seine Bedürfnisse zugeschnittenes Haus bauen will, braucht im allgemeinen gute Nerven und Verhandlungsgeschick, muß sich mit vielen einzelnen Gewerken beschäftigen, mit Verträgen, Baustoffen, Grundrissen, Materialien, Plänen, und, und, und. Ganz zu schweigen von steuerlichen Fragen, Darlehensverträgen, Beleihungswert und Zweckerklärung, Makler- und Notarkosten. Auch will insbesondere der Umgang mit Bauhandwerkern, Architekten und Behörden gelernt sein.

Wer Haus und Wohnung „schlüsselfertig" kauft, kann sich einerseits denkbarem Ärger althergebrachten Bauens – Stein auf Stein – entziehen; andererseits bringt der Erwerb vom Bauträger eine ganze Reihe finanzieller und rechtlicher Risiken mit sich.

Schließlich geht es auch um steuerliche Möglichkeiten und um die richtige, die optimale Finanzierung. Ein schwieriges Kapitel für jeden, ob Häuslebauer oder Immobilienkäufer. Das Buch bietet sich als Ratgeber in allen wichtigen Fragen an, mit dessen Hilfe der Leser in der Lage ist, Gefahrenquellen rechtzeitig zu erkennen und teure Fehler zu vermeiden.

Überall im Buchhandel

MICHAEL JUNGBLUT (HRSG.)

EIN RATGEBER DER ZDF- WIRTSCHAFTS- REDAKTION

WISO

GELD-BUCH

- EINKOMMEN
- VERMÖGENSVERWALTUNG
- KREDITE
- MIETE
- FREIZEIT
- VERSICHERUNGEN
- GEWÄHRLEISTUNGEN

UEBERREUTER

250 Seiten, Paperback
ISBN 3-7064-0151-7

Die Autoren *Kai Dietrich, Michael Jungblut, Claudia Krafczyk, Ursula Lindenberg, Michael Opoczynski, Uli Röhm, Brigitte Weining* arbeiten für die WISO-Redaktion.

Ratschläge, die den Umgang mit dem Geld erleichtern sollen

Machen Sie mehr aus Ihrem Geld: Zunehmend kommt es auf den klugen Kunden, Verbraucher oder Mieter an. Es macht sehr wohl einen Unterschied, ob Sie gewitzt und umsichtig mit Ihrem Einkommen hantieren, oder ob Sie bei gleichem Einkommen vor vermeintlich untragbaren Belastungen in die Knie gehen. Dieses Buch will mit aktuellen Tips und Ratschlägen den Umgang mit dem Geld erleichtern. Ob es um den Versicherungsschutz, die Wohnsituation, eine notwendige Kreditaufnahme oder die Anlage von Geldern geht – stets hält dieses Buch einfach zu praktizierende Ratschläge bereit, die dem Leser im Dschungel der Bestimmungen und Gebühren den Weg weisen. Ein praktischer Ratgeber für das erfolgreiche Kostenmanagement.

Die WISO-Redaktion ist darauf spezialisiert, Strategien für den Umgang mit dem Geld zu entwickeln. Wöchentlich verfolgen Millionen von Zuschauern die erfolgreichste Wirtschaftssendung im deutschen Fernsehen. Über die dreißig Minuten kurzen TV-Sendungen hinaus bietet dieses Buch ausführliche Ratschläge zum Umgang mit dem Geld.

Überall im Buchhandel